이 책은 출간 과정 또한 인상적이다. 그는 자신이 고안한 아이디어 설계와 검증의 방법론 '프리토타입(pretotype)'을 설명하는 책 출간에도 이 방식을 적용했다. 이 책의 실효성을 확인하기 위해, 2011년 '프리토타입'의 주요 내용을 정리한 소책자《프리토타이핑하라(Pretotype It)》를 소량 제작하여 주변의 개발자들에게 무상 배포했다. 이 소책자가 실리콘밸리 창업자와 개발자들 사이에서 화제가 되자 그는 인쇄소 소량 제작 방식에 한계를 느껴 온라인상에 무료 PDF 버전을 업로드했으며, 이후 이 파일은 10년간 자체 추산 수만 건의 다운로드를 기록했다. 결국 미국의 대형 출판사인 하퍼콜린스와 정식 계약을 맺어 2019년 단행본으로 출간되었으며, 2020년 드디어 한국의 독자들과 만나게 되었다. 지난 10년간 구글을 비롯해 아마존, 델, 뉴발란스 등 수많은 기업가와 창업가들이 이 책과 강연의 도움으로 쓰라린 실패를 피하고 탁월한 성공을 거머쥐었다. 이제 당신의 차례다.

저자 홈페이지 albertosavoia.com

Thank you and best wishes,

Alberto Savoia

아이디어 불패의 법칙

THE RIGHT IT

: Why So Many Ideas Fail and How to Make Sure Yours Succeed

Copyright ⓒ 2019 by Alberto Savoia
All rights reserved.

Korean translation copyright ⓒ 2020 by Influential, Inc.
This edition published by arrangement with HarperOne, an Imprint of HarperCollins
Publishers through EYA(Eric Yang Agency).

이 책의 한국어판 저작권은 EYA(Eric Yang Agency)를 통해 저작권자와 독점계약한 ㈜인플루엔셜에
있습니다.
저작권법에 의해 국내에서 보호를 받는 저작물이므로 무단 전재와 무단 복제를 금합니다.

아이디어 불패의 법칙

구글 최고의 혁신 전문가가 찾아낸
비즈니스 설계와 검증의 방법론

알베르토 사보이아 지음 | 이지연 옮김

INFLUENTIAL
인 플 루 엔 셜

실패를 사냥하고 성공을 포획할
모든 시장 탐험가들에게

정재승 (뇌과학자, 《열두 발자국》, 《과학콘서트》 저자)

세상에서 가장 독한 사람은 자신의 실패를 복기해보는 사람이다. 실패는 마주하는 것만으로 고통스럽다. 하지만 다음에 똑같은 실패를 반복하지 않기 위해서는 내가 냈던 아이디어의 민낯을 마주하고 실패의 과정을 복기해보아야만 한다. 그것이 연애이든, 스타트업이든 말이다.

세상에 나온 대부분의 신제품들은 10개 중 9개가 실패한다. '시장 실패의 법칙'이라 불릴 만큼 성공하기 힘든 냉혹한 현실에서, 우리는 어떻게 '될 놈'(유능하게 실행할 경우 시장에서 성공할 신제품 아이디어를 말한다)을 찾아 성공시켜낼 수 있을까? 아이디어 불패의 법칙은 과연 존재할까? 모두가 궁금한 이 질문에 답을 내놓은 엔지니어가 있었으니, 바로 이 책의 저자 알베르토 사보이아다. 그는 이 책에서 부정하기 힘든 해답을 우리에게 던져준다.

그가 제시한 아이디어 불패의 법칙은 매우 간단하다. 만약 당신에게 시장에서 통할 좋은 아이디어가 있다면, 그것을 검증 가능한 XYZ가설의 형태로 바꾸어보라는 것이다. 과학자들이 좋아하는 XYZ가설이란 '이 제품은 적어도 X퍼센트의 Y는 Z할 것이다' 같은 구체적이고 검증 가능한 형태의 명제를 말한다.

그렇다면 이 XYZ가설을 어떻게 검증할 것인가? 이 책의 가장 중요한 대목이기도 한 이 과정을 그는 '프리토타이핑(pretotyping)'으로 해결하라고 역설한다. 제품이 제대로 작동하는지 확인하고 시장 조사를 통해 사용자에게 의견을 묻는 수준의 시제품, 그러니까 프로토타입(prototype)이 아니라, XYZ가설 검증에 필요한 '나만의 데이터'를 제공할 수 있는 프리토타입 말이다. 이 녀석은 우리에게 내 아이디어가 추구하고 만들 만한 가치가 있는지 값싸고 빠르게 검증해준다. 프리토타입은 우리가 '될 놈'을 찾아 신속히 추진할 수 있도록 빠른 의사결정을 도와준다.

만약 프리토타이핑 과정을 통해 '될 놈'이라고 검증됐다면, 이제 필요한 건 적극적인 투자, 즉 일찍이 나심 니콜라스 탈레브가 강조했던 '스킨 인 더 게임'을 통해 '행동과 책임의 균형'을 이루어야 한다는 것이다. 미적거릴 시간이 없다. 적극적인 투자를 유치하고 빠른 실행력을 보여 세상에 남들보다 먼저 물건을 내놓아야 한다. 그것이 성공의 지름길이다.

그렇다면 프리토타이핑은 '어떻게' 해야 할까? 궁금증이 자연스럽게 머릿속에 차오를 것이다. 저자는 구글의 엔지니어답게 실리콘밸리의 수많은 성공과 실패 사례를 통해 프리토타이핑 과정을 상세히 설명해준다. 저자도 이미 여러 차례 초대박 성공 사례를 경험했고, 실패 사례 또한 가지고 있기에 그의 설명은 가슴에 비수처럼 꽂힌다. 그가 실리콘밸리에서 관찰한 사례들도 생생한 현장감과 함께 소개하고 있어 고개를 끄떡이게 만든다.

인간의 뇌처럼 사고하는 컴퓨터를 만들고 싶었던 기업가이자 컴퓨터 설계 구루 제프 호킨스는 책상 위의 데스크톱 컴퓨터를 손안의 팜 컴퓨터로 옮기고 싶어 했다. 결국 그의 프로젝트는 실패로 끝났지만, 그로부터 15년 후 스티브 잡스는 아이폰으로 그의 아이디어를 성공시켰다. 몇 해 전 미국의 한 잡지와의 인터뷰에서 그가 자신의 팜 컴퓨터가 왜 실패했는지를 언급하는 대목에서 '이 사람은 자신의 실패를 수없이 복기했구나!'라는 인상을 받았다. 결국 세상에 통찰을 던지는 사람은 실패에서도 교훈을 얻는다는 걸 깨달은 대목이었다.

가격과 매출, 고객의 리뷰 등을 통해 냉정하게 평가받는 비즈니스 정글에서 아이디어를 팔려는 모든 이들에게 이 책은 길을 잃지 않고 성공으로 나아갈 보석 같은 나침반을 선사한다. 이 책을 읽고 나서, 얼른 당신의 아이디어를 검증해볼 프리토타입을 만들어보길 바란다. 이 책의 고갱이가 그저 지식이 아니라 실행으로 옮겨지길 진심으로 기대한다. 머릿속으로만 상상하지 않고 구체적으로 검증하는 당신의 탐험길에 성공의 햇살이 가득하길!

이 책을 먼저 읽고 찬사를 보낸 분들

알베르토의 연구는 점점 더 강력해지고 있다. 수년간 그를 지켜보면서 나 역시도 많은 것을 배웠다. 그의 통찰과 지혜를 모든 이들과 함께 나눌 수 있게 되어 기쁘다. 이 책은 기업가를 지망하는 모든 이들에게 읽혀져야 한다.

- **티나 실리그**Tina Seelig, 스탠퍼드대학 경영과학공학과 교수, 베스트셀러 《스무 살에 알았더라면 좋았을 것들》저자

성공의 확률을 획기적으로 높이고 싶은 기업가나 혁신가라면 반드시 읽어야 한다. 이 책을 읽고 당신도 기필코 '될 놈'을 찾을 수 있기를 바란다.

_ **패트릭 코플랜드**Patrick Copeland, 아마존 리테일 부문 부사장

알베르토는 강력한 혁신 전략을 단순하고 실용적이며 효과적인 도구로 바꾸는 탁월한 전문가다. 우리 리더십 팀도 그의 연구 내용을 회사의 디지털 혁신을 위한 핵심 전략으로 설정했다. _ **바스크 아이어**Bask Iyer, VM웨어·델 테크놀로지스 CIO

알베르토가 알려주는 전략들이 뉴발란스의 더 나은 혁신과 '표준'에 도전하는 건강한 문화를 이끌고 있다고 확신한다. _ **로버트 드마티니** Robert Demartini, 뉴발란스 CEO

연초 우리 회사도 여느 회사들처럼 연간 사업계획을 세우기 위한 시간을 갖는다. 팀원이 모두 모여 머리를 맞대고 멋진 연간 계획을 세웠고, 나뿐만 아니라 팀원 모두 이 사업계획에 뿌듯해했다. 바쁜 한 주를 보내고, 어느 주말 느긋한 마음으로 이 책

을 읽어 내려가기 시작했다. 얼마 지나지 않아 내 머릿속은 새로운 계획에 대한 기대와 흥분이 아니라, 반성과 겸손으로 채워졌다. 우리가 뿌듯해한 신년 사업계획이 이 책에서 말한 잘못된 고객 조사 데이터, '생각랜드' 위에 세워진 긍정 오류와 확증 편향으로 만들어진 사업계획이 아닐까 하는 걱정이 들었기 때문이다. 또 우리가 만든 가설을 정말 검증하기 위해서는 어떻게 해야 할지, 우리가 제대로 된 제품을 만들고 있는지 어떻게 측정할 수 있을지 고민이 꼬리를 물며 머릿속이 복잡해졌다.

고백하건대, 나는 알베르토의 '프리토타이핑'을 일찍부터 접했고, 나름대로 많이 연구했으며, 실제 업무에도 적극 활용한 경험이 있다. 이미 인터넷에 올라와 있는 프리토타이핑에 관한 블로그 글들과 방법론들에 꽤 익숙해 있음에도 불구하고, 새로운 사업계획에 들뜬 나머지 이런 것들을 무시한 채 많은 시간과 돈을 투자하려고 덤벼들었다.

프리토타이핑은 내 아이디어가 정말 고객에게 가치를 주는지 검증하는 매우 효과적인 도구다. 구글과 같은 테크 기업뿐 아니라, 식료료나 소매업부터 정유, 조선업 등 다양한 분야에 적용해볼 수 있는 아주 유연한 도구다. 또 많은 돈과 인원이 필요하지 않아 작은 규모의 스타트업에 특히 적합하다. 스타트업에 서 빠른 실행력은 매우 중요하지만 무턱대고 빠른 속도로 밀어붙이다 보면 아무도 원하지 않는 제품을 만들어 실패할 확률이 크다. 프리토타이핑은 빠른 실행력이라는 부스터뿐만 아니라, 제대로 된 길을 알려주는 지도가 되어준다. 저자의 말처럼 생각랜드에서 잘못된 의사결정으로 실패의 야수들에게 잡아먹히지 않으려면, 우리는 모두 프리토타이핑이라는 지도를 갖고 데이터의 바다로 나가야 한다.

_ **임정민**, 500스타트업코리아 공동대표파트너, 前 구글캠퍼스 서울 총괄

한때는 대기업의 신사업 리더로서, 이제는 스타트업 창업자로서, 오랫동안 나는 머릿속 아이디어를 현실화하기 위한 고투를 벌여왔다. 예나 지금이나 나를 가장 괴롭히는 건, 이렇게 많은 시간과 에너지를 투여한 아이디어가 과연 시장에서 성공할 수 있을까 하는 의문이다. 이 책은 그 불안을 최소한의 시간과 에너지를 들여 잠재울 수 있는 방법을 제안한다. '감'과 자기 확신만으로 사업 성공을 확언할 수는 없다. 10개 중 9

개의 아이디어는 실패하는 것이 현실이다. 내 아이디어가 살아남은 하나가 되길 원한다면, 그전에 대여섯 개의 '실패할 아이디어'를 미리 걸러낼 필요가 있지 않을까. 저자의 친절한 안내에 기대어, 우선 나부터 우리 회사의 여러 가설들을 검증해보고 싶다. '숫자'와 실험은 분명 우리 팀에 더 많은 정보와 전략적 착안점을 제시해줄 테니.

_ **이나리**, 헤이조이스 CEO, 디캠프 초대 센터장

이제 막 사업을 시작한 스타트업 창업자들이 설익은 아이디어를 가지고 와서 "이거는 무조건 된다"고 주장하는 경우가 많다. 간단한 설문조사와 주위의 반응만을 가지고 성공을 섣불리 확신하는 것이다. 이 책은 '프리토타입'이라는, 저자가 고안한 방법론을 통해 새로운 창업 아이디어의 성공 여부를 빠르게 검증해볼 수 있는 구체적인 방법을 제시한다. 창업 아이템의 성공 확률을 높이고 투자자들을 논리적으로 설득할 필요가 있는 모든 스타트업 창업자들에게 이 책을 추천한다.

_ **임정욱**, TBT 파트너스 공동대표, 前 스타트업얼라이언스 센터장

경험상, 좋은 책을 읽고 나면 내 반응은 두 가지 중 하나다. "아, 이걸 진작 읽었어야 했는데." 혹은 "이 책을 지금이라도 알게 되어서 다행이야." 첫 번째는 이 책을 모르고 흘려보낸 시간에 대한 뼈아픈 후회이고, 두 번째는 책에서 얻은 배움이 미래에 요긴하게 쓰일 거라는 강렬한 느낌이다. 스타트업뿐만 아니라 창업이나 프리랜서로 '내 일'을 스스로 만들어본 경험이 있는 분이라면, 《아이디어 불패의 법칙》을 나처럼 첫 번째 마음으로 한 줄 한 줄 읽게 될 것이다. 좀 더 빨리 알았더라면 아꼈을 시간과 돈, 피했을 의사결정의 실수들이 머릿속에 둥둥 떠오를 것이다. 하지만 우리가 이미 알고 있듯, 지금도 늦지 않았다. 중요한 건 앞으로 어떻게 하느냐니까. 한편, 독립해서 새로운 커리어 출발을 꿈꾸고 있는 분들에게는 두 번째 마음으로 예방주사를 맞는다 생각하면서 꼭 읽으시길 권한다. 내 일을 시작한 후 1년이 지나서 한 번 더 읽으면 훨씬 많은 것을 배울 듯하다.

_ **박소령**, 퍼블리 CEO

일러두기

♦ 이 책은 국립국어원의 표준어규정 및 외래어 표기법을 따랐으나 일부 인명, 브랜드명, 마케팅 용어
  등은 실제 발음을 따른 경우가 있다. 특히 통상 약칭으로 사용하는 경우는 원어 그대로 표기했다.

♦ 저자가 언급한 도서 중 국내에 번역 출간된 경우 한국어판 제목만 표기하고, 국내 미출간 도서의 경
  우에는 영어 제목도 병기했다.

♦ 저자의 주석은 '*'를 표기하고 본문 하단에, 독자들의 이해를 돕기 위한 옮긴이의 주석은 본문 내 괄
  호 안에 표기했다.

'실패'라는 야수에게 바친다.
네 덕분에 많이 배웠어.
이제 내 차례야.

놈이 기다리네요. 끈덕지게.

틀림없이 금세 먹잇감을 찾아낼 겁니다. 늘 그래왔으니까.

저 이빨을, 저 촉수를 누구도 벗어나지 못합니다.

이렇든 저렇든 실패라는 야수가 우리 모두를 덮칠 겁니다.

| 1부 | **불변의 사실**

완벽했던 우리의 아이디어는
왜 처참하게 실패했을까

새벽 3시. 도저히 잠을 이룰 수 없었다. 여섯 시간 후면 내가 공동 설립한 회사의 마지막 이사회가 열린다. 5년간 사업을 궤도에 올리기 위해 온갖 노력을 다하고, 여러 가지 새로운 시도들도 해보았지만 이제는 헐값의 매각 제안을 받아들이는 수밖에 없었다. 기술력을 인정받아 상도 타고 쓸 만한 자산도 보유한 회사였다. 내가 채용했던 수십 명의 사람들, 나를 믿고 내 비전을 신뢰했던 사람들이 곧 실직자가 될 것이다. 회의실에 들어서면 우리에게 2500만 달러(약 300억 원, 이 책에서는 1달러당 일괄 1200원의 환율을 적용함 – 옮긴이)를 맡기고, 귀중한 시간을 투자하고, 인맥을 연결해주고, 조언을 아끼지 않던 세계 최고의 벤처캐피털 세 곳이 도끼눈을 뜨고 나와 내 공동 설립자 그리고 우리 경영진을 노려볼 것이다. 나는 실패라는 야수에게 물렸다. 그 통증은 지옥과도 같았다.

가장 아팠던 것은 내가 어디서부터 잘못했는지 알 수가 없었다는 점이다. 실패는 남들에게만 해당되는 얘기였다. 경험이 부족하거나, 능력이 없거나, 준비가 덜 된 사람들이나 겪는 일이었다. 그때까지 나는 스타트업이나 기업 경영과 관련해 완벽한 경력을 자랑하고 있었다. 나는 이제 막 날갯짓을 시작하던 회사 두 곳에 입사해 훌륭한 커리어를 쌓았고, 두 회사는 나중에 업계의 거물(선마이크로시스템스와 구글)이 됐다. 나와 동업자가 벤처캐피털로부터 300만 달러(약 36억 원)를 투자받아 설립한 회사는 18개월 만에 1억 달러(약 1200억 원)에 팔렸다. 나의 점수판은 3대 0의 완벽한 스코어를 기록하고 있었고, 이 점수판이 4대 0이 되는 것은 시간문제라고 확신하고 있었다. 성공의 공식은 간단했다. 큰 문제를 해결해줄 새로운 제품이나 서비스에 대한 아이디어를 찾아내, 확실한 팀원들을 모으고, 벤처캐피털의 투자를 받아 아이디어를 구체화해서 시장에 내놓은 다음, 회사를 상장하거나 최악의 경우 많은 돈을 받고 팔면 됐다.

우리는 모든 걸 공식대로 했다. 우리의 야심찬 아이디어는 중요 소프트웨어의 엔지니어링상의 문제를 아주 혁신적인 방식으로 해결해주는 제품이었다. 주의 깊게 시장조사도 했는데, 기업들이 자사의 개발자들을 위해 우리 제품을 필요로 할 뿐만 아니라 원하고 있고, 실제로 구매도 할 거라는 결과가 나왔다. 우리는 엄청난 인재들로 팀을 꾸렸고, 그들은 5년간 믿기지 않을 만큼 열심히 일했다. 우리에게는 근사한 사업 계획이 있었고 세계 최고의 벤처캐피털들로부터 그 계획을 실행에 옮길 자금도 충분히 공급받았다. 그리고 우리는 실행했다. 계획한 그대로 말이다.

그런데 이게 뭐야? 왜 실패한 거야? 대체 어디서부터 잘못된 거지?

잠이 오지 않던 나는 침대를 빠져나와 창밖을 내다봤다. 그리고 얼마나 많은 사람들이 그동안 나와 같은 곤경에 처했고, 지금도 처해 있으며, 앞으로도 처하게 될지를 생각했다.

지금 이 순간에도 세계 곳곳에서는 출시만 하면 성공할 아이디어를 현실로 만들기 위해 수백만 명이 구슬땀을 흘리고 있다. 그중 일부는 결국 우리를 깜짝 놀라게 할 성공작이 되어 이 세상과 우리 문화를 크게 바꿔놓을 것이다. 제2의 구글, 제2의 소아마비 백신, 제2의 '해리 포터' 시리즈, 제2의 적십자, 제2의 포드 머스탱이 될 것이다. 다른 일부는 좀 더 작고 좀 더 개인적이겠지만 여전히 의미 있는 성공작이 될 것이다. 작은 식당이 동네 인기 맛집으로 자리 잡고, 베스트셀러가 되지는 못했으나 중요한 이야기를 들려주는 자서전이 나오고, 버려진 애완동물들을 돌보는 지역 비영리단체가 생길 것이다.

같은 순간 똑같이 열심히 노력하고 있는 또 다른 부류의 사람들이 있다. 이들이 개발한 새로운 아이디어는 시장에 나오면 실패할 것이다. 일부는 처참하게, 보란 듯이 실패할 것이다. 뉴코크 (New Coke)나 영화 〈존 카터〉, 포드 에드셀(Edsel)이 그랬던 것처럼. 다른 일부는 좀 더 작고 개인적이겠으나 여전히 고통스러운 실패작이 될 것이다. 집에서 시작한 사업이 한 번도 제대로 꽃피지 못하고, 동화책을 썼지만 출판사도 아이들도 눈길을 주지 않고, 사회적 목적을 위한 자선단체를 세웠으나 충분한 관심을 끌지 못할 것이다.

만약 여러분이 직접 혹은 어느 팀의 일원으로 새로운 아이디어를 개발하는 중이라면 이 중 어디에 속할까? 혹은 지금 이 순간 아이디어 개발에 뛰어들지 말지 아직 '생각'만 하고 있다면 앞으로 여러분은 어디에 속할까?

대부분의 사람은 자신이 첫 번째 카테고리에 속하거나 앞으로 속하게 될 것이라고 생각한다. 아이디어가 성공할 거라고 생각하는 것이다. 그저 열심히 노력하고 제대로 실행하기만 하면 된다고 생각한다. 하지만 안타깝게도 그것은 사실이 아니다. 대부분의 신제품, 신규 서비스, 신규 사업, 새로운 사회운동은 오래가지 못하고 실패한다. 아무리 유망한 아이디어처럼 보이고, 아무리 개발자들이 헌신적이고, 아무리 제대로 실행해도 마찬가지다.

인정하기 어렵겠지만, 엄연한 사실이다. 우리는 다른 사람들이 실패하는 이유는 그들이 서툴러서라고 생각한다. 그들은 처음부터 그런 사업을 해서는 안 될 사람들이라고 말이다. 그러면서 나와 내 아이디어는 여기에 해당하지 않는다고 생각한다. 과거에 여러 번 승리를 경험해본 사람이라면 그런 성향은 더 심하다. "나는 위너(winner)야. 전에도 성공했지. 이번에도 성공할 거야. 두고 보라고!"

나 역시 그렇게 생각했었다. 나는 그렇게 우쭐할 이유가 충분하다고 생각했다. 비교적 작은 몇 번의 차질을 제외하고는 줄줄이 성공만을 경험했다. 실패는 남의 얘기였다.

그렇게 나의 자신감과 오만이 절정에 달했을 때 실패라는 야수가 촉수를 뻗어 나를 휘감더니, 콱 하고 깨물었다. 절대로 무시할 수도, 잊을 수도 없는 강렬한 한 방이 똑똑하고 유능하고 잘 준비되어 있던 나를 녹다운시켰다.

나는 상처를 돌볼 수도, 반격할 수도 있었다. 나는 후자를 택했다.

실패는 내가 받은 천벌이었고, 그걸 깨부수는 일은 나의 집착이었으며, 그 요령을 남들에게 전파하는 일은 내 미션이다.

이 책은 바로 그 미션의 일부다.

개관

나는 실용적인 사람이고, 이 책은 실용서다. 나는 목표를 달성하고, 난관을 극복하고, 문제를 해결하는 최선의 방법은 제대로 된 팩트(fact)와 도구, 전략을 결합하는 것이라고 생각한다. 이 책은 바로 그런 원칙에 따라 집필됐다.

1부 불변의 사실

1부는, 말하자면, 어린 시절 우리가 꾹 참고 들을 수밖에 없었던 기초 성교육 시간 같은 것이다. 다만 나는 아기가 어떻게 태어나는지 설명하는 게 아니라 신제품 아이디어가 어떻게 알을 깨고 나오는지, 그 아이디어 앞에는 어떤 운명이 기다리고 있는지, 내 나름의 비유법으로 설명할 것이다.

먼저 1장에서는 담대하게 '시장 실패의 법칙'을 살펴볼 것이다. 결코 아름다운 풍경은 아닐 것이다. 대부분의 아이디어를 기다리고 있는 시련은 마치 차마 눈 뜨고 보지 못할 자연 다큐멘터리의 한 장면을 연상시킬지도 모른다. 방금 알을 깨고 나온 수백 마리의 바다거북이 거대한 파도를 향해 죽기 살기로 해변을 달려가는 동안, 온갖 포식자들이 마치 뷔페에서 음식을 낚아채듯 아기 거북을 한 마리 한 마리 채가는 모습이 떠오를지 모른다. 오직 운이 좋은 몇몇 아기 거북만이 바다에 닿을 테고, 어른 거북이 되는 녀석은 그보다도 적을 것이다. 대자연은 잔혹하다. 시장도 마찬가지다. 지속적으로 실패와 싸워 이기려면, 실패를 깊이 연구하고 이해해야 한다.

2장에서는 시장 실패의 법칙을 이겨낼 유일한 방법은 '될 놈'인 아이디어를 갖는 방법뿐임을 알게 될 것이다. 여기서는 될 놈과 함께 그의 사악한 쌍둥이인 '안 될 놈'(시장에서 실패할 운명인 아이디어)이 소개될 것이다. 그리고 우리가 어쩌다가 그렇게 자주 '안 될 놈'에게 투자하게 되는지를 설명할 것이다. 여러분은 내가 왜 '의견'을 존중하지 않는지도 알게 될 것이다.

'데이터! 내가 너를 얼마나 사랑하는지, 이렇게 설명하면 될까 (엘리자베스 배럿 브라우닝의 애절한 사랑시 첫 구절을 패러디한 것 – 옮긴이).' 3장은 도구 사랑, 특히나 시장 데이터에 대한 사랑에 온전히 헌정하는 장이다. 그러나 내가 모든 데이터를 동등하게 사랑하는 것은 아니다. 실제로 나는 데이터에 대해 아주, 아주 까다롭다. 3장의 목표는 여러분이 나만큼 데이터를 사랑하고, 나만큼 까다로워지게 하는 것이다.

2부 쓸모 있는 데이터를 수집하는 방법

'연장이 반이다', '갖고 있는 연장보다 더 좋은 결과가 나올 수는 없다'라는 얘기를 들어보았을 것이다. 우리는 어마어마하게 많은 일을 해야 하는데, 제대로 된 도구가 없다면 성공 가능성은 제로라고 봐야 한다. '2부 쓸모 있는 데이터를 수집하는 방법'은 말하자면 우리의 '도구상자'다. 실패와의 싸움에서 우위를 점하게 해줄 강력한 여러 도구가 소개될 것이다.

대부분의 실패는 흐릿하고 애매하고 뒤죽박죽인 생각이 원인이다. 신제품 아이디어를 처음부터 끝까지 분명하게 설명할 수 없다면, 시장에서 성공할 확률을 높일 수 없다. 4장에서는 놀랄 만큼 간단하지만 믿기지 않을 만큼 효율적인 여러 도구를 배우게 될 것이다. 이 도구들은 흐리멍덩하던 사고를 면도날처럼 날카롭게 다듬어줄 것이다.

5장에서는 '프리토타이핑(pretotyping)'이라는 개념을 설명한다. 프리토타이핑이 프로토타이핑(prototyping)과는 어떻게 다른지, 모음 하나의 차이가 '될 놈'을 찾는 여정을 얼마나 바꿔놓는지 알아볼 것이다. 그리고 강력한 여러 프리토타이핑 기법과 함께 이런 기법을 이용해 신제품 아이디어에 대한 시장 반응을 테스트하는 방법을 많은 사례와 같이 설명할 것이다.

프리토타이핑 실험을 통해 여러분은 직접 조사한 따끈따끈한 시장 데이터를 한아름 갖게 될 것이다. 그러나 훌륭한 데이터만으로는 충분하지 않다. 올바른 의사결정을 내리려면 데이터를 엄격하고 객관적으로 해석하고 분석해야 한다. 6장에서는 바로 그런 해석과 분석 도구를 설명한다.

3부 유연한 전략

마지막 3부에서는 여러분이 새롭게 배운 지식과 도구를 가장 잘 활용할 방법을 공유할 것이다. 7장에서는 가장 효율적으로 시장 검증 테스트를 준비하고 실행할 수 있는 강력한 네 가지 전략을 설명한다. 8장에서는 우리가 배운 도구와 전략들을 활용하면 신사업 아이디어가 어떻게 바뀌는지를, 현실감 넘치는 시나리오를 통해 처음부터 끝까지 차근차근 살펴본다.

이 책의 8장까지는 대부분 팩트에 기반하여 기본과 요령을 설명하는 실용적 내용을 담고 있다. 하지만 마지막 장인 9장에서는 논의의 수준을 한 단계 높여서 좀 더 추상적이고 철학적인 이야기를 한다. 새롭게 배운 도구와 전략을 통해 여러분은 실패라는 야수에게 상당한 우위를 점할 수 있는 새로운 힘을 갖게 된다. 그렇게 생긴 우위와 힘을 이용해 여러분은 무엇을 할 것인가? 성공 확률이 아주 높다는 사실을 안다면 어떤 종류의 신제품, 신규 서비스 혹은 신사업을 시작할 것인가? 나는 여러분에게 크게 생각하고 높이 겨냥하라는 이야기를 해줄 것이다.

긴 이야기, 짧은 스토리

이 책에는 많은 사례가 등장한다. 사례는 각각의 교훈, 기법, 정신을 가장 잘 보여줄 수 있는지를 기준으로 선정했다. 하지만 사례는 그저 하나의 '스토리'에 불과하다는 사실을 기억해야 한다. 모든 스토리가 그렇듯이, 사람에 따라 같은 스토리에서도 서로 다른 것을 보고, 다른 것을 기억하며, 다른 결론을 끌어낸다. 게다가 이 스토리들은 각각이 한 권의 책으로 엮어도 될 만큼 흥미로운 여러 교훈과 복잡한 사정을 내포하고 있음에도, 나는 겨우 한두 단락으로 그 내용을 요약할지도 모른다.

예를 들어 여러분은 식료품 가정 배송이라는 기업 비전을 기초로 10억 달러(약 1조 2000억 원) 가까이를 투자했으나 보란 듯이 실패했던 웹밴(Webvan)이라는 회사를 보게 될 것이다. 이 사례는 흥미로운 여러 하부 플롯과 교훈을 가진 거대한 스토리다. 벤처 투자자와 CEO, 수백 명에 이르는 온갖 부문의 직원(매니저, 물류 직원, 회계 직원, 트럭 기사, 기타)에 이르기까지 수천 명이 등장한다. 회사의 실패와 연관되고, 실패의 영향을 받고, 실패를 바라보는 방식은 사람에 따라 다르며 종종 서로 모순되기도 한다. 웹밴 투자자들의 스토리는 웹밴 CEO의 스토리와는 다를 것이며, CEO의 스토리는 트럭 기사나 회계 담당 직원의 스토리와는 다를 것이다.

구로사와 아키라의 고전 영화 〈라쇼몽〉을 보면 똑같은 살인사건을 두고 네 명의 증인이 서로 모순된 증언을 한다. 신제품이나 신생기업이 실패하면 증인의 숫자만큼 많은 목격담이 나온다. '라쇼몽 효과(Rashomon Effect)'가 판을 친다. 심지어 내 스토리와 사례들, 그러니까 내가 직접 목격하고 참여했던 일들조차 나만의 관점과 편향, 불완전한 기억으로 인해 왜곡될 수밖에 없다.

신제품 혹은 신생기업을 성공시킬 수도, 실패시킬 수도 있는 복잡하고 계량화하기 힘든 무수한 요인들을 고려한다면 100퍼센트의 정확성과 철저함을 달성하는 것은 불가능한 목표다. 하지만 여전히 우리는 그런 스토리 속에서 우리에게 도움이 될 만한 귀중한 교훈과 경험칙들을 뽑아낼 수 있다.

요약하면 이렇다. 나는 최대한 유용하고 강렬하고 기억하기 쉬운 것을 목표로 여러 사례를 선택하고 요약했다. 많은 스토리와 케이스 스터디를 '최대한 기억나는 대로', 여러분이 기억하기 좋고 가장 도움이 되는 방식으로 옮겼다. 그리고 혹시 내게 각 사례를 완벽하게 설명해내는 재주가 있었다고 해도, 나는 여전히 여러분에게 이것들을 다른 시대와 다른 환경에 처한 다른 사람이 들려주는 하나의 일화로만 생각하라고 경고했을 것이다. 나중에 이 책에서 '그들의 데이터'라고 소개하는 것으로 여기라고 말이다.

그러니 각각의 스토리를 읽을 때는 가감하여 생각하기 바란다.

용어에 관해

이 책에서 설명하는 도구나 전략들은 어떤 종류의 아이디어에든 적용이 가능하다. 신제품 아이디어(또는 기존 제품에 새로운 사양을 추가하는 아이디어), 새로운 서비스 아이디어(또는 기존 서비스에 새로운 혜택을 추가하는 아이디어), 새로운 사업이나 온갖 유형의 조직에 관한 아이디어(영리 조직, 비영리 조직, 사업 조직, 정치 조직, 이념 조직 등), 뭐든 말이다. 그러나 내가 글을 끝없이 길게 쓰고 싶지 않듯이, 여러분도 끝없이 긴 글을 읽고 싶지는 않을 것이기에, '새로운 제품·서비스·사업·조직 아이디어'라는 표현 대신에 주로 그냥 '제품'(혹은 '될 놈'에서처럼 '놈')이라고 쓸 것이다. 이 책에서는 '제품'이나 '놈'이라는 단어가 새로운 악기를 가리킬 수도 있고, 모바일 앱, 기저귀 정기 배송 서비스, 소셜 미디어 스타트업(과연 더 필요할까?), 비디오게임, 유전자 조작을 통해 알레르기를 덜 일으키는 햄스터, 새로운 대학 수업 혹은 학과(실패학?), 자선단체, 새로운 종교나 사이비종교(제발 아니기를!) 등등을 가리킬 수 있다.

마찬가지로 이 책에 사용된 '시장'이라는 용어도 반드시 지갑을 든 사람들만 가리키는 것이 아니라 여러분의 아이디어를 원하거나 사용하거나 채용하는 등 어떤 식으로든 관계를 맺게 될 모든 집단을 의미할 수 있다. 만약 여러분이 새로운 고등학교 수업을 설계하거나 개설하려고 한다면, 여러분의 '시장'은 학생들이다. 만약 새로운 규제법률, 예컨대 '우리 동네에 적용될 자전거 속도 제한' 같은 것을 고려하고 있다면, 여러분의 시장은 자전거를 타는 시민들이다.

다시 말해 이 책에 나오는 도구나 전략은 다음의 사항들이 예상되는 모든 시장, 프로젝트에 적용될 수 있다.

① 적지 않은 규모의 투자

② 높은 실패 가능성

③ 그런 실패를 피하고 싶은 욕망

아마 인간의 거의 모든 주요 활동이 여기에 해당할 것이다.

고마운 분들

내 역할도 이 책의 목적도 지금까지 알려지지 않았던 사실이나 완전히 처음 들어보는 아이디어를 제시하는 것이 아님을 분명히 밝혀두고 싶다. 여기에 나오는 도구와 기법 중에는 이미 수백 년 전부터 우리 곁에 있던 것들도 있다. 다만 지금까지 한 번도 제대로 눈에 띄거나 가치에 걸맞은 주목을 받거나 이름을 부여받지 못했을 뿐이다. 나는 그런 것들을 발굴해서 그 위에 쌓인 먼지를 닦아내고, 약간의 윤을 내고, 쇼윈도에 올렸다. 나를 바로 그런 아이디어를 수집하는 수집가나 큐레이터나 가이드라고 생각하라.

지난 몇 년간 여기에 나오는 수많은 사건과 사례, 시나리오를 수집하면서 이 도구와 기법들을 개발하고 연습하는 일에 매진했고, 듣고 싶어 하는 사람이 있으면 가르쳐주려고 했다. 구글과 스탠퍼드대학교 덕분에 수백 건의 강연과 세미나, 워크숍을 개최할 기회를 가졌고, 학생들이나 기업가, 심지어 〈포천〉 선정 500

대 기업의 CEO들과 나란히 앉아 여기에 나오는 기법들을 실제 프로젝트에 적용하며 직접 코칭한 경우도 수없이 많다. 이들 단체와 사람들은 여기에 나오는 아이디어를 단순히 실천만 한 것이 아니라 새로운 도구와 많은 개선점도 제안해주었다. 또 여러 업계에서 벌어진 관련 스토리나 설명까지 제공해주었다. 그러니 여러분이 어떤 제품, 서비스, 사업을 추구하든 이 책은 분명 도움이 될 것이다.

언행일치

나는 과연 내가 가르치는 내용을 그대로 실천하고 있을까? 물론이다! 나는 남에게 보이기 위해서가 아니라 여기 소개하는 내용들이 효과가 있기 때문에 실제로도 활용 중이다. 나나 내 학생들, 내 고객들에게는 이 책의 내용이 정말로 놀라운 효과가 있었다. 사실 이 책에서 배우게 될 도구나 기법들은 효과가 없으려야 없을 수가 없다. 이미 증명된 사실에 근거를 두었거나 자명한 논리에 기초하고 있기 때문이다. 이 책에 나오는 내용들을 완전히 능숙하게 활용한다면, 시장에서 성공할 확률은 높아질 것이며, 실패라는 야수와의 싸움에서 대부분 승리할 것이다.

이 책은 내가 가르치는 내용을 직접 실천하고 있다는 훌륭한 예시가 되기도 하는데, 설명을 하면 이렇다. 책을 집필하는 것은 작은 프로젝트가 아니다. 대부분의 작가는 자신의 책을 출판해줄 출판사를 끝내 찾지 못하거나, 자신의 얘기를 들어줄 독자를 충분히 확보하지 못한다. 다시 말해 대부분의 책은 시장에서 실패한다.

그래서 나는 1년 또는 그 이상을 집필에 투자하기로 결정내리기 전에, 그리고 그 책을 아무도 읽지 않거나 아무도 유용하게 생각하지 않을지도 모른다는 위험을 무릅쓰기 전에, 먼저 실험을 했다. 나는 닷새라는 시한을 정해놓고 짧은 소책자를 한번 써보기로 했다. 그리고 이 소책자에는 '프리토타이핑하라 : 제대로 만들기 전에 될 놈을 만드는 법'이라는 제목을 붙였다.* '될 놈'의 개념과 함께 이 책에 소개되는 몇 가지 도구와 기법이 초안 수준으로 소개된 소책자였다. 나는 이 소책자를 직접 몇십 부 프린트하고 스테이플러로 철해서 친구와 동료들에게 나눠줬다.

이틀 후 소책자를 더 달라는 요청이 들어오기 시작했다. "알베르토, 그 소책자 정말 좋더라. 10부만 더 줄 수 있어? 우리 팀원들한테 좀 나눠주려고. 비용은 내가 낼게."

그런 요청은 어느 순간 내가 수작업으로 만들 수 있는 양을 넘어섰다. 그래서 나는 인쇄소에 대량 주문을 넣었다. 다시, 또다시. 결국 인쇄소를 오가며 무거운 상자를 나르는 것에 지친 나는 이 소책자의 PDF 파일을 온라인에 올리고 누구든 공짜로 보게 했

---

* 이 소책자가 궁금하다면 온라인에서 'Pretotype It Alberto Savoia'를 검색해보라.

다. 원한다면 누구나 직접 프린트할 수 있게 했다. 사람들의 요청에 따라 킨들 버전의 전자책도 만들어 아마존에 99센트(그 이하의 가격으로는 판매가 허용되지 않았다)에 내놨다.

며칠 후부터 나는 생면부지의 사람들로부터 이 소책자의 내용이 정말 좋다고, 이런 책을 만들어주어 고맙다는 이메일을 받기 시작했다. 그중 다수가 내게 더 많은 기법과 사례를 넣어서 제대로 된 책을 한번 써보라고 용기를 주었다. 대형 기업과 대학에서는 될 놈과 프리토타이핑에 관한 강연과 워크숍을 열어달라는 요청이 들어오기 시작했다. 몇몇 다른 나라 사람들이 이 소책자를 자기네 언어로 번역하겠다고 자원했다. 나는 번역본의 PDF 역시 무료로 배포한다는 조건하에 번역을 허락했고, 그들의 노력 덕분에 《프리토타이핑하라(Pretotype It)》는 10여 가지의 번역본이 나오게 됐다.

이 소책자의 첫 번째 버전이 나온 것이 2011년이었다. 이후 PDF와 전자책(그리고 번역본들)이 수많은 웹사이트에 게재됐으니, 실제로 이것을 다운로드받아 읽은 사람이 얼마나 되는지는 알 길이 없다. 아마도 수만 명은 되리라 생각한다. 모든 게 아무런 마케팅이나 광고 없이, 순전히 입소문으로만 이뤄진 일이었다.

출판업을 비롯한 사업에서 혹은 인생에서 '보장된 것'은 아무것도 없다. 하지만 내가 만든 실험적 소책자에 대해 사람들은 처음부터 꽤나 강한 관심을 보여주었고 그 관심은 시간이 지나도 계속되고 있었다. 거기다 소책자에 들어 있는 여러 기법과 교훈을 적용해서 성공했다는 사례를 많이 듣게 되니 이제야말로 제대로 된 책을 쓰기 위한 시간과 노력을 투자할 때라는 생각이 들었다. 그게 바로 이 책이다.

과감하되, 조심하라

이 책에 나오는 사례를 따르거나 도구를 적용할 때는 반드시 관련 법규나 업계 표준을 존중하고 스스로 최선의 판단력을 발휘하기 바란다. 조직마다 조건이 다르므로 이 책의 조언이나 전략이 각자의 상황이나 제품 아이디어에는 적합하지 않을 수도 있다. 실제로 특정 제품(예컨대 의약품)이나 고도의 규제가 적용되는 일부 산업(예컨대 항공산업)의 경우에는 이 책에 나오는 일부 기법이 불법적이거나 비윤리적일 수 있다. 여러분이 이 책에 나오는 아이디어를 활용한다면 그에 따른 책임은 온전히 여러분이 져야 한다. 저자도, 출판사도 이 책에 포함된 정보에 의해 발생한, 혹은 발생했다고 주장하는, 어느 개인이나 단체의 직·간접적 손실이나 우연적, 결과적 손해에 대해 일체의 법적, 도덕적 책임을 지지 않을 것이다. 그럼 행운을 빈다.

알베르토 사보이아

1부

불변의 사실

1장

시장 실패의 법칙

나는 팩트를 좋아한다. 확고한 팩트일수록 더 좋다. 나는 나의 바람이나 선호에 반하는 팩트조차 좋아한다. 내가 팩트를 좋아하는 이유는 그것이 '현실'에 기초하기 때문이고, 그 기초를 토대로 무언가를 쌓아올릴 수 있기 때문이다. 팩트를 직시하고 받아들이는 일이 처음에는 언짢을 수도 있지만, 팩트를 무시하기로 결심한 사람들을 기다리고 있을 여러 문제와 고통에 비하면 그런 불편은 아무것도 아니다.

우리가 탐구할 팩트는 세 가지 특징을 가지고 있다.

① 받아들이기가 힘들다. 적어도 처음에는, 인정하기 힘들 수 있다.

② 확고하고 객관적인 데이터에 기초한다. 가느다란 희망이나 위태

로운 신념 또는 언제든 바뀔 수 있는 의견에 기초한 것이 아니다.

③ 견고하고 단호하고 영구적이라는 의미에서 확고하다. 팩트는, 적어도 우리 평생에는, 변할 가능성이 거의 없다.

팩트는 2번과 3번의 특징, 즉 객관성과 영구성 때문에 보편적이며 시대를 초월한다. 따라서 여러분은 팩트에 익숙해질 필요가 있다.

1부의 목표는 실패와 성공에 대한 핵심적 팩트들을 분명히 알려주는 것이다. 내가 이 임무를 잘 수행하고, 또 여러분이 마음을 열고 용기를 내준다면 여러분도 나처럼 팩트를 인정하고 존중할 뿐만 아니라 팩트에 의존하고, 팩트를 소중히 여기며, 팩트를 찾아나니게 될 것이나. 확고한 팩트를 찾아냈다는 것은 좋은 일이다.

실패는 옵션이 아니다, 절대 아니다!

"실패는 옵션이 아니다!" 액션 영화에서, 동기부여 강연에서, 절박한 직원회의에서 이런 말을 들어보았을 것이다. 훌륭한 말이다. 아주 낙천적이고 고무적이며 자신만만하지만 그만큼 틀린 말이기도 하다.

신제품 아이디어를 시장에 내놓을 때 실패는 '언제나' 옵션이다. 사실 누구든 새로운 것, 색다른 것을 시도한다면, 실패할 확률이 성공할 확률보다 훨씬 높다. 예술, 과학, 연애 등 분야를 막론하고 어디에나 마찬가지지만, 특히 비즈니스의 세계만큼 이 원칙이 확고하게 적용되는 분야도 없다. 대부분의 신사업은 실패하고 기존 기업이 출시하는 대부분의 신제품은 실패한다.

만약 여러분이 할리우드 액션 영화의 영웅이거나 꽉 막힌 일방통행 도로에 갇혀 있는 처지라면 실패는 옵션이 아니라는 말을 되뇌는 게 혹시 도움이 될지도 모른다. 하지만 시장에 신제품을 출시할 계획이라면 '실패는 옵션이 아니다'라는 말을 믿거나 그에 따라 행동하는 것은 비현실적이다. 절대로 좋은 생각이 아니다. 그 말이 처음에는 뭔가 자신감이나 동기를 부여해줄지 몰라도 그런 격려는 결코 오래가지 못하며, 오히려 실패라는 야수의 아가리 속으로 곧장 떠밀리게 될 것이다.

좀 더 현실적인 공식은 다음과 같다.

여러 결과 중에서 확률이 가장 높은 것은 '실패'다.

이 문장을 첫 번째 팩트라고 생각하라. 그리고 이 팩트야말로 여러분의 친구임을 기억하라. 처음에는 그렇게 보이지 않더라도 말이다. 어떤 아이디어든 결국에 가면 실패할 확률이 가장 높다고 생각해야 한다. 그렇게 생각하는 것이 왜 가장 효과적인지는 이 책을 읽다 보면 알게 될 것이다. 왜냐하면 그게 시장의 현실과 부합하기 때문이고, 그렇게 현실에 발맞춰야만 궁극적으로는 더 많이 지속적으로 시장에서 성공할 수 있기 때문이다.

실패에 관한 이 첫 번째 팩트는 너무나 중요하고 또 존중되어야 하기 때문에 '법칙'으로 생각하는 편이 나을 것이다.

시장 실패의 법칙

앞서 실패를 '야수'라고 표현했지만 이후에도 계속 '실패라는 야수'의 은유법을 사용할 것이다. 왜냐하면 심리적으로 야수의 이미지야말로 대부분의 사람이 실패에 직면했을 때 느끼는 바로 그런 정서와 공포를 불러일으키기 때문이다. 이런 심리적 효과를 무시해서는 안 된다. 심리적 효과는 우리의 생각과 행동에 영향을 미치기 때문이다. 그런데 나는 실패를 좀 더 객관적이고 분석적인 방식으로 다루고 설명하고 싶다. 신제품이 시장에 나왔을 때 실패는 예외가 아니라 원칙이다. 실패는 일관되고 집요하며 사방에 있기 때문에 법칙으로 생각하고 존중하는 편이 우리에게 이롭다.* 시장 실패의 법칙은 다음과 같다.

대부분의 신제품은 시장에서 실패한다.
유능하게 실행해도 마찬가지다.

내가 시장 실패의 법칙을 두 줄로 표현한 것은 그 안에 원투 편치가 들어 있기 때문이다.

원 펀치 : 대부분의 신제품은 시장에서 실패한다.
'이런!'
투 펀치 : 유능하게 실행해도 마찬가지다.
'젠장!'

어떤 신제품이든 결국에 가면 실패할 확률이 가장 높다는 팩트에 대해서는 이를 뒷받침할 증거들을 곧 제시하겠다. 하지만 그전에 '시장 실패'라는 말, 그리고 그보다 더욱 규정하기 힘든 '시장 성공'이라는 말이 무슨 의미인지부터 분명하게 짚고 넘어가자.

---

* 이것을 법칙이라고 부르는 게 다소 무리라는 사실은 나도 알고 있다. 분명 이건 뉴턴의 운동 제1법칙과 같은 법칙은 아니다. 그렇다면 나는 왜 이걸 법칙이라고 부르는 걸까? 왜냐하면 여러분이 신경 쓰고, 존중하고, 고려해야 할 사항이기 때문이다. 내가 이걸 '경험칙'이나 '견해'라고 불렀다면 충분한 무게감을 갖지 못했을 것이다

시장 실패, 시장 성공이란 무엇인가?

이 책에서 '시장 실패'란 신제품에 투자했지만 시장 결과가 '기대에 미치지 못하거나 기대와 상반된 것'을 뜻한다.

좀 더 설명해보자. 신제품을 출시할 때 우리는 투자를 한다. 돈, 시간, 자원, 명성을 투자한다. 그렇게 투자할 때는 매출이 늘어나거나 이윤이 커지거나 시장점유율이 올라가거나 새로운 고객이 유입되거나 인지도가 높아지는 등의 어떤 바람직한 결과를 이루겠다는 기대가 있다. 예를 들면 아래와 같다.

◎ 직원 두 명이 안정된 직장을 그만두고 자신들의 저축을 투자해서 회사를 설립할 때는 스스로 사장이 되면 더 행복해지거나 더 많이 돈을 벌 거라는 '기대'가 있다.

◎ 회사가 기존 제품의 개선된 버전인 신제품을 개발할 때는 기존 제품보다 신제품이 더 잘 팔리고 이익률이 높을 거라는 '기대'가 있다.

◎ 어느 분야의 전문가가 무급 안식년을 갖고 책을 써서 전문 지식을 공유할 때는 이 책이 출판되면 자신의 명성을 더해줄 거라는 '기대'가 있다. 출판사가 이 책을 출판한다면 잘 팔릴 거라는 '기대'가 있다.

◎ 인기가 있어 이윤을 많이 내는 식당을 운영하는 사람이 2호점을 낸다면 2호점 역시 인기를 끌고 이윤을 창출할 거라는 '기대'가 있다.

◎ 고속도로 관리공단이 붐비는 고속도로에 유료 차선을 증설하기 위해 투자한다면 이를 통해 교통 정체가 풀리고 비용을 회수할 만큼의 수입이 생길 거라는 '기대'가 있다.

출시된 신제품이 기대한 성과를 내지 못하거나 오히려 기대에 어긋나는 결과를 낸다면 그게 바로 '시장 실패'다.

'시장 성공'에 대한 우리의 정의는 '시장 실패'의 반대다. '시장 성공'이란 신제품에 투자했는데 실제 시장 결과가 '기대에 부응하거나 기대를 능가하는 것'을 말한다.

시장 실패를 한 제품이라도, 다른 기준에서는 성공으로 여겨질 수 있다. 어느 영화가 비평가들의 찬사를 받았지만 흥행에 실패했다면 여전히 '시장 실패'다. 적어도 이윤을 낼 거라는 희망을 가지고 투자했던 사람들에게는 그렇다. 어떤 신제품이 정확히 기대한 그대로의 성능을 내고 다른 제품보다 우수하더라도 이윤을 낼 만큼 팔리지 않는다면 엔지니어링의 기적일 수는 있어도 여전히 '시장 실패'다. 새로운 유료 도로가 교통 정체 해소에는 도움을 주었으나 충분한 매출을 내지 못한다면 통근자들에게는 성공으로 여겨질지 몰라도 납세자들 입장에서는 시장 실패다. 무언가를 시작하기 전에 자신의 성공 기준을 명확하게 세워두는 게 중요하다.

이제 시장 실패와 시장 성공이 무엇인지 분명하고 구체적으로 정의했으니, 대부분의 신제품이 얼마나 자주, 어떤 식으로, 왜 실패하는지를 자세히 탐구해보기로 하자.

실패할 확률

시장 실패의 법칙에서 원 펀치는 '대부분의 신제품은 시장에서 실패한다'다. 여기서 '대부분'이란 전체 신제품의 50퍼센트 이상을 의미한다. 이 정도면 충분히 보수적으로 잡은 수치다. 나는 아직까지 다수의 신제품이 지속적으로 성공하는 산업은 보지 못했다. 충분히 이해되는 일이다. 왜냐하면 그것은 어마어마한 수의 신제품을 계속 흡수할 수 있는 무한한 수요와 자원을 가진 산업이나 시장이 존재한다는 뜻이기 때문이다. 그런 것은 있을 수가 없다.

그렇다면 실제로 실패율은 얼마나 될까? 51퍼센트? 70퍼센트? 95퍼센트? 99퍼센트? 사업의 형태나 산업의 종류, 조사 대상 기업이나 제품의 수, 실패의 정의 등 여러 요인에 따라 답은 달라진다.

일반적인 소비자제품 시장에서 신제품 실패와 관련해 훌륭한 데이터를 많이 내놓는 곳은 저 유명한 닐슨리서치(Nielsen

Research)다. 닐슨은 수십 년간 신제품 출시와 관련된 수만 개의 데이터를 추적해왔다. 그리고 매년 이 신제품들이 시장에서 어떤 성과를 냈는지 보고서를 발행한다. 그 결과는 놀랄 만큼 일관되다. 약 80퍼센트의 신제품이 처음의 기대에 미치지 못하고 '실패'나 '실망', '취소' 등으로 분류된다. 예외 없이 매년 그렇다.

작가, 출판사, 모바일 앱 개발자, 벤처 투자자, 식당 운영자 등과 대화를 나누거나 그들을 조사해보아도 같은 얘기를 들을 것이다. 대략 80퍼센트라는 숫자를 계속해서 받아들게 될 것이다. 그러니 '시장 실패의 법칙'에서 '대부분'이라는 단어를 대체할 숫자를 찾고 있는 사람이라면 70퍼센트에서 90퍼센트 사이의 수치라면 뭐든 괜찮을 것이다. 나는 여러분에게 지나칠 정도로 조심하라는 뜻에서 그 어떤 신제품 아이디어든 실패 확률이 90퍼센트라고 가정하고 시작할 것을 제안한다.

신제품 실패에 관한 통계는 명확하고 일관되고 설득력 있다. 이 수치들 뒤에는 과연 뭐가 숨어 있는 걸까? 왜 대부분의 신제품은 실패할까? 팩트는 그 원인을 이해하고 나면 인정하고 받아들이기가 쉬워진다. 그러니 왜 실패할 확률이 성공할 확률보다 훨씬 더 높은지 논리적 설명을 통해 위 질문에 대한 답을 찾아보자.

성공 방정식

성공은 여러 핵심 요인에 좌우된다. '요인'이란 성과나 결과에 영향을 주는 조건, 팩트, 사건 등이다. 아이디어가 성공하려면 '핵심 요인'들이 '반드시' 적합하거나 적합한 방향으로 전개되어야 한다. 성과나 결과는 대개 다수의 핵심 요소 간의 상호작용에 따라 결정된다. 따라서 성공적 결과를 얻으려면 모든 핵심 요인이 적합하거나 적합한 방향으로 전개되어야 한다.

이 개념을 시각화하고 분석하기 위해 '성공 방정식'을 만들어보았다.

적합한 A × 적합한 B × 적합한 C × 적합한 D × 적합한 E 등 = 성공

여기서 A, B, C, D, E 등이 성공의 핵심 요인이다.

유능하고 숙련된 주방 직원은 새로 오픈한 식당의 성공 요인이다. 이것을 핵심 성공 요인 A라고 하자. 그러나 식당이 성공하려면 적합한 동네에 적당한 장소도 찾아내야 하고(B), 좋은 식재료 공급자(C)와 요령 있는 서빙 직원(D), 건전한 재무관리(E), 훌륭한 마케팅과 충분한 마케팅 예산(F), 능숙한 운영 역량 등이 필요하다. 여기에 경제 상황, 경쟁자, 비평가 등 우리의 통제 범위를

벗어나 있는 수많은 요인도 협조를 해주어야 한다. 이 모든 게 핵심 요인이다. 이 모든 게 식당이 성공하도록 적합한 방향으로 전개되어야 한다. 줄줄이 '적합해야' 하는 게 너무나 많다.

반면에 실패하려면 그 많은 핵심 요인 중에 딱 하나만 잘못되면 된다. 딱 하나만!

적합한 A × 적합한 B × 적합한 C × <u>부적합한 D</u> × 적합한 E 등 = 실패

적합한 A × <u>부적합한 B</u> × 적합한 C × 적합한 D × 적합한 E 등 = 실패

수학을 처음 배울 때 아무리 큰 숫자라고 해도 거기에 0을 곱하면 결과 역시 0이 된다고 배웠다. 성공 방정식에도 바로 그 일반 개념이 그대로 적용된다.

영향력 있는 비평가가 기분이 아주 나쁠 때 쓴 부정적 평가 하나가 식당을 망하게도 하는 것이다. 마케팅에 1000달러(120만 원)를 썼든 100만 달러(12억 원)를 쏟아부었든 상관없다. 아무리 많은 성공 요인이 제대로 갖춰지고 좋은 방향으로 흘러갔다고 하더라도 한 가지 요인만 잘못되거나 잘못된 방향으로 전개되면 모든 게 무용지물이 될 수 있다. (수학을 좋아하는 사람들을 위해 수학적으로 설명하면, n개의 핵심 요인이 적합해야 성공적 결과가 나올 수 있는 경우 실패할 수 있는 경우의 수는 $2^n - 1$개인 반면 성공할 수 있는 경우의 수는 하나

뿐이다.) 성공하지 못할 확률이 이렇게 높다 보니, 대부분의 신제품이 실패하는 것도 놀라운 일이 아니다. 오히려 정말로 신기한 (혹은 놀라운) 일은 일부 제품이 이런 확률을 뚫고 성공한다는 사실이다.

'시장 실패의 법칙'을 이루는 통계 뒤에는 이런 혹독한 논리가 숨어 있다. 그런데 바로 이 논리를 이용해서 확률을 이겨낼 수도 있다.

우리는 절대로 실패하지 않는다고?

시장 실패 법칙의 원 펀치에 대해서는 이의를 제기하는 사람이 별로 없다. 통계적 증거와 이면의 논리를 알려주면 결국에는 다들 대부분의 신제품이 시장에서 실패한다는 준엄한 사실을 받아들인다. 하지만 시장 실패 법칙의 투 펀치에 대해서는 훨씬 심한 저항을 만나게 된다. '유능하게 실행해도 마찬가지'라는 부분 말이다.

이 부분을 기꺼이 인정할 사람은 거의 없다. 충분히 이해한다. 나도 그렇게 생각했었기 때문이다. 나도 실패는 신제품을 실행에 옮기는 과정에서 하나 이상의 영역에서 능력이 부족하거나 경험

1부 불변의 사실

이 부족해서 나오는 결과라고 생각했다. 그러나 안타깝게도 '유능한 실행력'은 실패에 대한 해결책이 되지 못한다. 받아들이기 쉽지 않겠지만, 여러분이 반드시 인정하고 넘어가야 할 부분이다. 주어진 분야나 해당 시장에 관한 경험과 능력이 여러분을 시장 실패의 법칙으로부터 지켜줄 거라는 생각은 착각이다. 그런 착각 속에서 행동한다면 여전히 실패하는 것은 물론, 오만함에 대한 벌로서 더 크고 고통스럽게 실패할 것이다.

나는 워크숍이나 수업 시간에 각 시장에서 최고로 여겨지는 기업이나 인물들의 극적인 실패 사례를 차례로 보여주며 이런 사실을 분명히 지적한다. 몇 가지 예를 들면 아래와 같다.

코카콜라와 펩시코(PepsiCo)는 청량음료 업계의 양대 산맥이다. 두 회사는 뭐가 되었든 병에 담기거나 거품이 생기는 것들을 만들고 마케팅하고 유통시키는 데는 세계 최고의 전문가다. 그들은 수십 년의 경험과 함께 독보적인 노하우와 자원을 보유하고 있다. 그러나 이 모든 것 앞에서도 시장 실패의 법칙은 끄떡하지 않는다. 코카콜라는 뉴코크(1980년대 중반에 역사상 가장 상징적인 제품인 '코카콜라'의 맛을 바꿔서 내놓았던 제품이다)를 내놓으면서 광범위한 시장조사와 홍보 활동을 펼쳤다. 하지만 그런 노력과 조사 그리고 준비 작업에도 불구하고 뉴코크에 대한 사람들의 반응은 부정적이거나, 아니면 아예 대놓고 적대적이었다. 코카콜라는 서둘러 원래의 제조법으로 돌아갈 수밖에 없었다. 펩시코 역시 '크리스털 펩시(Crystal Pepsi)'를 통해 비슷한 실패 사례를 겪었다. 무색소, 무카페인의 대체 상품이었는데 말이다.

혹시 〈존 카터〉라는 영화를 봤는지? 못 봤다고 해도 여러분만 그런 것이 아니니 안심하시길. 〈존 카터〉는 실패작이다. 2억 5000만 달러(약 3000억 원)의 제작비와 1억 달러(약 1200억 원)의 마케팅비가 투입된 디즈니의 대작 영화였는데 말이다. 영화 제작과 마케팅 분야에서 디즈니는 결코 어설픈 회사가 아니다. 아니, 정반대로 역사상 가장 발 빠르고 노련하고 성공적인 영화사 중 한 곳이다. 그러나 디즈니가 유능하다고 해서 시장 실패의 법칙으로부터 자유로워지지는 않는다. 이 점은 영화 제작자 조지 루카스(George Lucas)도 마찬가지다. 루카스가 어마어마한 성공을 거둔 〈스타워즈〉 뒤에 내놓은 〈하워드 덕(Howard the Duck)〉은 흥행에 참패했다.

구글은 인터넷 제품의 개발과 출시에서는 전 세계에서 가장 경험 많고 유능한 회사다. 구글 서치와 구글 맵스, 지메일을 내놓은 바로 그 구글이 2010년에 출시한 제품이 구글 웨이브(Google Wave)다. 구글 웨이브는 새로운 방식으로 팀원들의 온라인 협업을 도와주는 제품이었고, 구글은 열정적으로 대대적인 광고와 언론 홍보를 펼쳤다. 그러나 구글 웨이브는 시장 실패의 법칙에 세게 부딪혔고, 몇 달 만에 구글은 해당 제품을 서서히 철수했다. 구글 버즈(Google Buzz)나 구글 글래스(Google Glass) 등 다른 수많은 구글의 제품도 열심히 홍보하고 이목을 끌었으나 똑같은 운명을 맞았다. 잘 알려지지는 않았지만 실패하거나 흐지부지된 구글 제품이 수십 개는 더 있다. 자이쿠(Jaiku)나 구글 앤서즈(Google Answers) 같은 것은 아마 대부분의 사람들이 들어보지도 못했을 것이다.

수업 시간에 나는 학생들에게 자신이 사용하고 있거나 알고 있는 구글이나 마이크로소프트의 제품을 한번 불러보라고 한다. 그런 다음 구글과 마이크로소프트의 실패한 제품 목록을 보여준다. 내가 보여주는 목록은 학생들이 불러준 목록보다 늘 다섯 배는 더 길다. 온라인에서 '구글 실패(Google failures)'나 '마이크로소프트 실패(Microsoft failures)'를 검색하면, 이들 회사의 성공하지 못한 제품 목록을 여럿 찾을 수 있다. 소셜미디어 핀터레스트(Pinterest)에 들어가 보면 '구글 묘지(Google Graveyard)'라는 페이지도 있고, '마이크로소프트 영안실(Microsoft Morgue)'이라는 페이지도 있다.

물론 대부분의 기업은 자신들의 실패를 크게 떠들지 않는다. 기업들은 시체는 조용히 묻고 다음으로 넘어간다. 하지만 조금만 파보면 아무리 성공한 기업이라도 구글 묘지나 마이크로소프트 영안실만큼의 실패 목록이 나온다. 예를 들어 맥도널드의 영안실이라면 맥랍스터(McLobster)와 훌라 버거(Hula Burger, 고기 대신 파인애플 슬라이스를 넣었다), 그리고 맥스파게티(McSpaghetti, 이탈리아

인으로서 솔직히 이 제품은 나에게도 충격이었다)가 들어 있을 것이다.

유능한 기업으로서 공격적이고 혁신적이라는 평가를 받는 회사라면 실패한 제품과 성공한 제품의 비율이 거뜬히 5대 1은 될 것이다. 하지만 유능한 기업으로서 보수적인 회사라고 해도 성공한 제품보다는 실패한 제품의 수가 월등히 많을 것이다. 이렇게 실패한 제품과 관련해 가장 충격적인 사실은 그런 실패의 배경이 된 인물이나 자원, 기업 등이 유능할 뿐만 아니라 때로는 수십 년의 경험까지 지닌, 해당 분야의 최고라는 사실이다. 시장 실패의 법칙은 결코 상대를 가리지 않는다.

여기서 반드시 기억해야 할 사실은 이것이다. 시장이 원하는 제품으로 지속적인 성공을 거두기 위해서는 경험과 능력이 필수이긴 하지만, 시장이 그 제품에 관심을 갖지 않는다면 그 모든 것이 무용지물이라는 사실이다. 실제로 경험과 능력 때문에 오히려 더 크고 공개적으로 실패하는 경우도 많다. 왜냐하면 그런 경우 투자도 더 많이 하고 기대치도 비현실적으로 높게 잡기 때문이다.

실패공포증

요약하면, 대부분의 신제품은 실패한다. 실패의 방법은 다양할 수 있다. 유능한 실행력도 시장 실패의 법칙을 깨기에는 충분치 않다. 그런데 이 모든 실패의 가장 큰 원인이 뭘까? 그 주범, 즉 제1의 적을 찾아내 피해갈 방법은 도저히 없을까? 내가 생각하는 주범이 있었지만, 순전히 내 경험만을 바탕으로 일반적 결론을 내리고 싶지는 않았다. 그래서 처음으로 큰 실패를 경험한 후 나는 구글로 돌아가 예전에 하던 일을 다시 하기로 했다. 새로운 프로젝트를 작업하면서 실패에 관해 더 많이 배워볼 작정이었다. 다행히도 구글은 나를 다시 받아주었을 뿐만 아니라, 두 팔을 활짝 벌려 환영하면서 실패를 연구할 수 있는 훌륭한 기회를 주었다. 구글은 실패가 자사의 혁신 능력과 신제품 출시 능력에 어떤 영향을 미치는지에 큰 관심을 보였다. 그러면서 몇몇 다른 사람들과 함께 이 문제를 조사하고 몇 가지 해결책을 제시해보라고 했다. 나에게 이보다 더 좋은 조건은 없었다.

기업으로서의 구글은 실패에 대해 비교적 관대하다. 그러나 실패라는 야수가 구글이라는 기업 전체를 위협하지는 않을지 몰라도, 직원 개개인으로 보면 분명히 많은 직원들이 실패에 대해 잔뜩 겁을 먹고 있었다. 구글이라는 기업은 실패가 혁신의 불가피한 부산물임을 잘 알고 있었고, 그대로 인정했다.

그러나 구글의 직원 대부분은 이미 성공했거나 잘 알려진 제품 관련 부서에서 일하는 쪽을 선호했다. 아직 증명되지 않은 새로운 아이디어를 추진하는 팀에 들어가 실패의 위험을 감수하고 싶어

하지는 않았다. 직원들은 친구나 가족들에게 "지메일 알지? 내가 거기서 일해!"라고 말하고 싶어 하지, "스나프블라트(SnarfBlatt)라는 프로젝트에서 엔지니어를 맡고 있어"라고 말하고 싶어 하지는 않았다.

'성공' 하면 떠오르는 사람이 되고 싶고, 실패는 피하고 싶은 것이 인간의 깊은 욕구다. 이 욕구, 즉 실패공포증 때문에 이미 성공한 많은 기업들이 혁신을 지속하지 못한다. 심지어 조직 자체는 실패를 어느 정도 용인할 준비가 되어 있을 때조차 말이다.

회사 차원에서 보면 지메일처럼 신제품 하나가 정말로 크게 성공할 경우 구글 웨이브 같은 실패작 10개 정도는 우습게 지워버릴 수 있다. 하지만 개별 직원의 차원에서 보면 실패한 프로젝트에서 2, 3년간 일한 사실이 이력서에 남는다. 구글에서 엔지니어링 디렉터로 일할 때 나는 새롭고 흥미진진하지만 위험이 따르는 프로젝트에서 핵심 역할을 맡아줄 엔지니어나 PM(product manager)을 영입하려 할 때마다 그런 행태를 목격했다. 대부분의 지원자는 실패공포증 때문에 이미 성공한 프로젝트에서 더 작은 직책을 맡는 쪽을 선호했다.

그러나 많은 구글 직원들은 새로운 실패를 기피하면서도, 과거의 실패담을 이야기할 때는 거리낌이 없었다. 실은 그런 무용담을 아주 좋아했다. 그런 얘기를 들을 때면 나는 영화 〈죠스〉에서 로버트 쇼와 리처드 드레이퍼스가 연기한 인물들이 상어에 공격

당했던 무용담을 나누는 장면이 생각나곤 했다. 두 사람은 전투의 상흔을 자랑스러워하면서 서로 상대방보다 더 극적인 경험담을 얘기하려고 안간힘을 썼다. "그래, 뭐 네 실패도 처참했던 건 알겠는데, 내 얘기 한번 들어볼래?"

그렇게 똑똑하고 유능한 사람들이 실패담을 늘어놓는 모습이 매혹적이었다. 그러나 내가 가장 관심이 갔던 것은 다음의 질문에 대한 답이었다. '네 제품이 왜 실패했다고 생각해?'

실패의 패턴 FLOP

내가 수십 명을 인터뷰하며 실패담을 들어보니 뚜렷한 패턴이 하나 있었다. 대부분의 프로젝트가 실패하는 이유는 세 가지였다.

실패(Failure)는 출시(Launch) 또는 운영(Operation) 또는 전제(Premise) 때문이었다.

머리글자를 따면 FLOP(영어로 flop은 '실패작'이라는 뜻도 된다 – 옮긴이)이라는 기억하기 쉽고 아주 적절한 단어가 된다.

출시 때문에 실패하는 경우는 신제품의 세일즈, 마케팅, 유통을 위한 노력이 의도한 시장에서 충분히 눈에 띄거나 이용 가능하지 않은 때에 발생한다. 다시 말해 우리 제품이나 서비스를 원하거나 필요로 할 거라고 생각했던 사람들(즉 의도했던 표적 시장) 중에 다수가 우리 제품의 존재를 모르거나, 우리 제품에 관해 충분히 알지 못하거나, 우리 제품을 접할 수 없는 경우다. 역사상 가장 훌륭한 아이디어를 기가 막히게 구현했고 아주 큰 문제를 완벽하게 해결해준다 하더라도, 제품이나 제품에 관한 소식을 표적 시장에 내놓을 수 없다면 제품은 실패할 것이다.

운영 때문에 실패하는 경우는 신제품의 디자인, 기능, 안정성이 이용자들의 최저 기대치에도 미달하는 때에 발생한다. 예를 들어 의자가 보기에는 아름답지만 불편하다거나, 식당의 음식은 훌륭한데 서비스가 형편없다거나, 모바일 앱이 계속해서 멈춰서는 경우 등이다. 소수의 얼리어답터가 여러분의 제품이나 서비스를 구매하게 만들 수는 있을지 몰라도, 아이디어의 구현이 충분히 훌륭하지 못하다면 결국에는 말이 나올 것이고 제품은 실패할 것이다.

전제 때문에 실패하는 경우는 그냥 사람들이 여러분의 아이디어에 관심을 갖지 않을 때에 발생한다. 사람들은 제품에 관한 얘기를 들었고, 그게 무엇인지 이해하며, 약속한 기능이 안정적이고 효율적으로 수행

될 거라고 믿는다. 쉽게 찾을 수 있고, 테스트해볼 수도 있고, 살 수도 있지만, 그냥 관심이 없다.

인터뷰 내내 나는 이 세 가지가 대부분의 제품이 시장에서 실패하는 주요 원인임을 확인했다. 그런데도 뭔가 찜찜한 구석이 남았다. 사람들은 실패를 설명하면서 다들 무언가를 탓하는 것부터 시작했다. 그것 때문에 결과를 망쳤다고 했다. 프로젝트가 실패하면 사람들은 비난의 화살을 돌릴 곳을 찾는다. 예를 들어 첨단기술 프로젝트라면 개발은 마케팅을 탓하고, 마케팅은 개발을 탓하고, 모두가 세일즈를 탓하고, 세일즈는 모두를 탓한다. 마찬가지로 식당이 실패하면 사람들은 요리사나 서빙 직원, 마케팅팀, 심지어 인테리어 업자를 탓한다.

그러나 내가 인터뷰 대상을 압박해서 그런 화살 돌리기 게임을 그만두게 하면, 그리고 프로젝트가 실패한 더 근본적인 원인을 찾아보라고 하면, 사람들은 프로젝트 참여자 대부분이 설계나 건축, 마케팅, 판매라는 각자의 분야에서는 나름 유능한(심지어 종종 아주 뛰어난) 사람이었다는 사실을 깨닫곤 했다. 출시나 운영에서 뭔가 문제가 있었을 수도 있지만, 그게 실패의 근본 원인은 아니었다.

사람들은 화살 돌리기 게임 단계를 지나고 나면 대부분 비슷한 깨달음을 얻었다. "이렇게 다 지나고 보니, 우리는 충분히 제품을 잘 만들고 마케팅도 잘했는데, 그냥 사람들이 정말로 원하거나 필요로 하는 제품이 아니었던 것 같네요. 젠장!" 비난과 원망의 안개가 모두 걷히고 나면, 다른 모든 것들 위로 하나의 근본 원인이 우뚝 솟아올랐다. 바로 '전제'였다. 개발과 출시에 문제가 있어, 시장에서 실패하는 제품의 비율은 얼마 되지 않는다. 대부분의 제품이 실패하는 이유는 처음부터 제품 아이디어가 잘못되었기 때문이다. 드디어 나는 내가 찾던 '주범'을 찾아냈다. 신제품이 시장에서 실패하는 가장 흔한 이유는 그거였다.

이런 결과에 대해 대부분의 사람은 놀라움을 표시했고, 그건 나도 마찬가지였다. 신제품을 작업할 때마다 나는 제품 개발이 제대로 되고 있는지(튼튼하고, 고품질에, 확장 가능하고, 많은 사양), 그 다음에는 마케팅과 세일즈가 제대로 되고 있는지 확인하는 데 대부분의 시간과 에너지를 바쳤다. 그러나 우리는 처음부터 옳은 제품을 만들고 있다고 가정했기 때문에, 실제로는 시장에 맞지 않는 것으로 밝혀질 제품에 시간과 노력, 능력을 투입한 경우가 많았다.

대부분의 신제품이 실패하는 것은 설계나 개발, 마케팅이 허술해서가 아니라 그냥 그 제품이 시장이 원하는 제품이 아니기 때문이다. 우리는 제품을 제대로 만들지만, '될 놈'을 만들지 않는 것이다. 해당 제품의 개발을 정당화해줄 만큼 충분히 많은 사람이 원하거나 필요로 하는 제품이 아닌 것이다.

나는 이런 깨달음을 다음과 같은 한 문장으로 요약했다. 이 문장은 나의 '주문(呪文)'이 됐고, 내가 이 책을 쓴 동기이자 이유이기도 하다.

제대로 만들기 전에,
'될 놈'을 만들어라.

2장

될 놈

'될 놈'은 단순히 이 책의 제목이 아니다(이 책의 원서 제목은 "The Right It"으로 의역하면 '될 놈' 정도기 된디 옮긴이). '될 놈'은 이 책의 주인공이다. 시장 실패의 법칙을 이기는 데 필요한 것이고, 실제로 시장 실패의 법칙을 깰 수 있는 '유일한' 것이다. 그러니 먼저 '될 놈'이 무슨 뜻인지부터 명확히 하고 넘어가자. 내가 '될 놈'이라고 명명한 단어의 정의를 내리면 다음과 같다. '될 놈은 유능하게 실행할 경우 시장에서 성공할 신제품 아이디어다.'

비즈니스에서 좋은 아이디어, 나쁜 아이디어는 없다. 그저 시장에서 성공하는 아이디어와 실패하는 아이디어가 있을 뿐이다. 앞서 보았던 것처럼 대부분의 아이디어는 실패한다. 유능하게 실행하더라도 마찬가지다. 시장에서 성공하는 몇 안 되는 아이디어에는 공통점이 있는데, 바로 처음부터 '될 놈'이라는 점이다. 다시 말해 '될 놈'인 아이디어를 잡아서, 유능하게 실행하면, 그 아이디어는 시장에서 성공한다.

그렇다면 누구라도 '될 놈'인 아이디어를 유능한 실행력과 결합하면 성공이 보장될까? 미안하지만 그렇지는 않다. 첫째, 비즈니스에서 보장되는 것은 아무것도 없다. 둘째, 앞의 정의가 말해주는 것처럼 '아이디어'가 성공하는 것이지, '여러분'이 성공하는 게 아니다. 다른 누군가가 똑같은 아이디어를 여러분보다 더 훌륭하게 혹은 더 빨리 실행할 가능성은 언제나 열려 있고, 이는 늘 벌어지는 일이다. 실제로 어느 아이디어에 대한 시장이 증명되고 나면, 남들도 그 아이디어가 '될 놈'임을 깨달을 테고, 시장에 뛰어들어서 남보다 더 잘하거나 아니면 좀 다르게 해보려고 기를 쓸 것이다. '피자'는 '될 놈'의 훌륭한 사례다(어쩌면 내가 가장 좋아하는 사례). 차를 타고 10분만 동네를 둘러보라. 얼마나 많은 크고 작은 기업들이 피자 시장의 한 조각을 차지하려고 뛰어들었는지 눈에 보일 것이다.

비록 비즈니스에서 아무도 성공을 보장할 수는 없지만, '될 놈'에 해당하는 아이디어를 가지고 작업한다면 성공 확률은 극적으로 높아질 것이다. 그리고 이 책에 나와 있는 도구와 전략들을 적용한다면 어느 아이디어가 '될 놈'인지 빠르고 정확하게 결정할 수 있을 것이다. 그렇다 해도 여러분의 실행이 어설프거나, 경쟁자가 여러분보다 더 잘 실행에 옮긴다면 결국 여러분이 실패할 수도 있다. 하지만 '안 될 놈'을 쥐고 있을 때의 확률에 비하면 이는 어마어마한 비교 우위다. 말이 나왔으니 말인데, '안 될 놈'을 한번 보고 가자.

안 될 놈

'안 될 놈(The Wrong It)'은 '될 놈'의 사악한 쌍둥이다. 나는 안 될 놈을 다음과 같이 정의한다. '안 될 놈은 유능하게 실행해도 시장에서 실패할 신제품 아이디어다.'

경험 많고 유능한 사람들이 팀을 짜서 열심히 노력해 고품질의 신제품을 개발하고 출시했지만 시장에서 실패하는 경우는 알고 보면 번번이 '안 될 놈'의 희생양이었던 경우다. 아이디어의 기본 전제(FLOP을 기억하자)가 현실(실제 니즈)에 어긋났던 것이다. 아무리 실행력이 뛰어나도(눈부신 디자인, 영리한 엔지니어링, 흠잡을 데 없는 품질, 완벽한 마케팅, 뛰어난 세일즈) 잘못된 전제에 기초한 제품을 심폐 소생할 수는 없다. 사실 잘못된 전제에 더 많은 시간과 노력을 투자할수록 더 오래, 더 크게, 더 고통스럽게 실패한다. 안 될 놈인 아이디어를 시장에 내놓는 것은 희망이 없는 일이다. 처음에는(아마도 화려한 마케팅으로) 어떻게 좀 화제가 되고 관심을 불러일으킨다 하더라도 '장기적' 성공 가능성은 0퍼센트다.

이제 '될 놈'과 '안 될 놈'을 모두 정의하고 설명했으니 두 가지 핵심 질문에 답해보자.

① 왜 그렇게 많은 노련한 사람들이 안 될 놈을 실행하는 데 경험과 능력을 낭비하는 함정에 빠질까?

② 어떻게 하면 이미 너무 많은 투자를 하기 '전에' 그 아이디어가 될 놈인지 여부를 알 수 있을까?

첫 번째 질문에 대한 답은 이어지는 몇 페이지에서 설명하고, 두 번째 질문은 이 책의 2부와 3부에서 초점을 맞춘다.

생각랜드

유능하고 성공한 사람들과 기업들이 그토록 많은 시간과 에너지를 투자해 제품을 개발하는데도 시장에서 성공하는 경우보다 실패하는 경우가 더 많은 것은 대체 어찌된 노릇일까? 그 정도 전문가라면 당연히 그보다는 더 잘 알아야 하는 거 아닌가? 그들은 신제품을 본격적으로 내놓기 전에 시장조사라도 좀 해야 한다는 걸 모르는 걸까? 저들은 '안 될 놈'이라는 함정에 왜 자꾸 빠질까?

다시 한 번 나는 위 질문들에 대한 답을 찾기 위해 여러 업종에 속한 사람들 수십 명을 인터뷰하기로 했다. 그리고 다음과 같이 성가신 질문들을 퍼부었다.

"지금 만들고 있는 제품이 시장이 원하는 것인지 어떻게 아시나요? … 그렇군요. 시장조사를 하시는군요. 어떤 시장조사 기법을 사용하시나요? … 흥미롭네요. 그런 시장조사 기법이 과거에는 얼마나 효과가 있었나요? … 저런. 그 정도면 전적이 훌륭한 것 같지는 않은데요? 적중한 경우보다 틀린 경우가 더 많잖아요. 그건 그렇고, 그 조사에 비용은 얼마나 들었나요? … 와, 별로 미덥지도 못한 결과에 상당한 시간과 돈을 쓰셨네요. … 동의하신다고요? 그런데 왜 계속 그 기법을 쓰고 계세요?"

인터뷰를 통해 내가 알게 된 사실은 대부분의 성공한 사람이나 기업들은 제품이 시장에서 성공하려면 제품의 '전제'가 옳아야 한다는 사실을 충분히 잘 알고 있더라는 점이다(그렇다!). 이 제품이 '될 놈'인지 확인하려고 그들은 시장조사에 상당한 돈과 시간을 투자했다. 그런데도 그들의 제품은 대부분 실패했다. 대체 어찌된 영문일까?

나는 광범위한 시장조사에도 불구하고 실패했던, 수많은 제품의 시체를 해부해보았다. 그랬더니 문제가 되는 패턴이 계속해서 재발하는 모습을 확인할 수 있었다. 해당 제품에 대한 '소위' 시장조사라는 것들은 대부분 실제 시장을 조사한 게 아니라 내가 '생각랜드(Thoughtland)'라고 부르는 허구의 환경을 조사한 것이었다. 생각랜드란 모든 잠재적 신제품이 단순하고 순수하고 추상적인 아이디어의 형태로 제품의 수명 주기를 시작하는 상상 속 공간이다. 즉 아이디어라는 알들이 부화되는 곳이라 보면 된다. 여기까지는 문제가 없다.

문제가 발생하는 지점은 이 아이디어들이 부화된 이후에도 생각랜드에서 너무 오랜 시간을 보낸다는 점이다. 그렇게 되면 마치 배 밑바닥에 따개비가 달라붙듯 아이디어에 의견들이 달라붙기 시작한다. 누구는 이 아이디어가 훌륭하다고 하고, 누구는 시시하다고 한다. 소위 전문가라는 사람들 사이에서도 의견은 갈린다. 아이디어에 대한 '의견'은 데이터가 아니다. 데이터 비슷한 것조차 아니다. 의견은 주관적이고 편향된 판단이다. 적극적으로 투자한 것이 아무것도 없는 사람들이 별 생각 없이, 증거도 없이, 비판적으로 던지는 '추측'에 불과하다(여기서 '적극적 투자'라는 말뜻을 잘 모르겠다면 잠시만 기다려라. 이 중요한 개념에 대해서는 뒤에서 자세히 설명한다). 아이디어가 생각랜드에서 너무 긴 시간을 보내면 아이디어 주변에는 근거 없는 즉흥적 판단과 신념, 선호, 예측 등이 수북하게 쌓여서 마치 북슬북슬한 공처럼 아이디어를 둘러싸게 된다.

'생각'만으로는 어느 아이디어가 '될 놈'인지 아닌지 결정할 수 없다. 여러분이 아무리 깊이 생각해도 마찬가지다. 남들의 생각이나 의견을 통해서도 결정할 수 없다. '전문가'들의 생각이라 해도 마찬가지다.

여러분은 노스트라다무스가 아니다. 나도 노스트라다무스가 아니고, 누구든 마찬가지다. 기껏해야 우리의 예측은 '가끔씩' 옳았던 것으로 밝혀질 뿐이다. 그리고 그 대부분은 '운빨'이다.

'될 놈'은 '생각랜드'에서 연역이나 귀납으로 도출될 수 있는 성질의 것이 아니다. '될 놈'은 실제 세상에서 실험을 통해 발견되어야 한다. 그런데도 대부분의 시장조사는 생각랜드에 기초를 두고 있다. 이는 결코 좋은 소식이 아니다. 생각랜드에 기초한 시장조사가 왜 위험한지, 가장 흔한 시장조사 도구인 '포커스그룹(focus group)'을 보면 뚜렷이 알 수 있다.

수리수리 마수리 포커스그룹

마케팅에서 사용하는 포커스그룹에 익숙하지 않은 사람들을 위해 기업들이 왜, 어떤 식으로 포커스그룹을 이용하는지 사례를 먼저 보자. 나는 맥주를 좋아한다. 맥주는 내가 좋아하는 다른 사례인 피자와도 잘 어울리니 이번에는 맥주를 예로 들어보겠다. 하지만 이 과정은 어느 제품이나 서비스 할 것 없이 동일하다.

ABC라는 맥주회사가 있다고 치자. ABC는 성공한 맥주회사로서 음료 분야에서 고도의 경험을 쌓은 경영진이 경영하고 있다. 그런데 ABC는 여성 맥주 고객의 점유율을 크게 높이고 싶다. 여성 맥주시장이라는 세분화한 시장을 더 잘 이해하기 위해 ABC는 포커스그룹 인터뷰를 이용하기로 했다. 먼저 맥주를 마시는 여성들을 한 방(종종 밖에서 안을 들여다볼 수 있는 거울이 설치된 방)에 모아 놓고, 다음과 같은 질문들을 한다.

술을 고를 때 얼마나 자주 맥주를 선택하시나요?

맥주가 아닌 술을 선택하는 이유는 뭔가요?

맥주를 더 자주 선택하려면 뭐가 더 필요할까요?

그런 다음, 결과를 모아서 '인사이트' 목록을 만드는데, 이를테면 다음과 같은 식이다.

◉ 포커스그룹 참여자의 55퍼센트가 맥주보다 화이트와인을 선호한다고 함. 여성이 마시기에 적절한 술이라고 생각하기 때문. 샘플

인용 : "바텐더한테 '버드와이저 주세요'라고 하면 여성스럽게 들리지가 않잖아요."

◎ 31퍼센트는 라이트 맥주가 '너무 가볍다', '향이 없다'는 데 동의했고, 라이트가 아닌 맥주는 보통 '너무 무겁다', '맛이 너무 쓰다'는 데 동의함.

◎ 38퍼센트는 좀 더 '여성적'으로 보이고, 여성적인 맛이 나는 브랜드가 있다면 맥주를 주문할 가능성이 높아질 것이라고 답함.

이런 '데이터'로 무장한 ABC맥주회사는 '레이디라이크(LadyLike)'라는 신제품을 생각해낸다. 가벼우면서도 향이 있는 맥주를 슬림한 병에 담은 제품이다. 이 아이디어가 아주 마음에 들었던 경영진은 시험 삼아 맥주를 소량 만들고(아마도 몇 가지 다양한 향으로), 예쁜 새 병과 로고도 디자인하고, 두 번째 포커스그룹 인터뷰를 진행해 ABC맥주회사가 제대로 가고 있는지 보기로 한다.

두 번째 포커스그룹 인터뷰에서 참여자들은 새로운 브랜드가 될 수도 있는 신제품을 소개받는다. 그리고 시음을 해본 후 다시 일련의 질문을 받는다.

레이디라이크 맥주를 구매할 수 있다면 화이트와인 대신 레이디라이크를 선택할 마음이 얼마나 있으신가요?

레이디라이크와 일반적인 라이트 맥주 사이에서 선택할 수 있다면 어느 것을 고르시겠나요?

복숭아 향과 칸탈루프 향 중에 어느 쪽 레이디라이크가 더 좋으신가요?

다시 한 번 포커스그룹 인터뷰 결과가 정리된다.

◉ 평소 화이트와인을 선택하는 참여자의 47퍼센트가 레이디라이크를 구매할 수 있다면 주문하겠다고 함.

◉ 54퍼센트가 일반 라이트 맥주 브랜드 대신에 레이디라이크를 선택하겠다고 함.

◉ 82퍼센트가 칸탈루프 향보다 복숭아 향을 선호.

상당히 혹하는 결과다. ABC 경영진은 시장점유율이 두 자릿수로 증가하는 것을 상상하며 눈을 반짝인다. 경영진은 수백만 달러의 마케팅 예산과 함께 레이디라이크 출시를 결정한다. 그리고 보너스를 받으면 어디에 쓸까 고민하기 시작한다.

9개월 후 수백만 달러의 멀티미디어 마케팅 공세와 함께 레이디라이크 맥주가 술집과 매장 선반을 공략한다. 그러나 몇 달 후 첫 출하량의 다수가 아직도 그대로 선반 위에 남아 있다. 어찌어찌하여 가정집 냉장고로 들어간 6개들이 레이디라이크도 한 병만 사라진 채 나머지는 그대로 냉장고에 있다. 그 많은 시장조사와 홍보에도 불구하고 레이디라이크를 마셔본 여성은 많지 않고 레이디라이크를 다시 찾는 여성은 그보다 더 적다. 레이디라이크는 어쩌면 슬로건을 이렇게 잡았어야 할지 모른다. "한 모금 마셔보면 끝이에요." 다시 한 번 시장 실패의 법칙이 강타한다.

포커스그룹은 수개월의 노력과 수백만 달러의 돈을 한순간에 펑 하고 사라지게 만드는 '수리수리 마수리 그룹'이었던 것으로 밝혀진다.

포커스그룹을 설명하면서, 혹은 생각랜드에 기초한 시장조사 등을 설명하면서 내가 좀 가혹하게 보인다면, 그런 조사에 심하게 데인 이야기를 내가 너무 많이 들었기 때문이다. 기업들은 최고의 리서치회사를 고용하고 어마어마한 돈을 들여서 몇 달 후에 인상적으로 보이는 보고서를 받아 들지만, 그런 보고서는 잘못된 방향을 가리킬 뿐이다. 나 역시 생각랜드에 기초한 시장조사의 함정에 두어 번 빠져본 적이 있고, 그때마다 나와 내 투자자들은 수년간의 노력과 수백만 달러의 돈을 공중에 날렸다.

만약 생각랜드 기반의 시장조사가 더 신뢰할 만한 결과를 내놓을 수 있다고 하더라도 여전히 나는 그 방법을 첫 번째로 선택하지는 않을 것이다. 왜냐하면 앞으로 보게 되듯이 우리에게 필요한 데이터를 얻을 더 빠르고 저렴할 뿐만 아니라 훨씬 더 좋은 방법이 있기 때문이다. 물론 못을 박을 때 값비싼 이탈리아제 구두

굽을 사용해도 된다. 하지만 적당한 망치가 수중에 있는데 왜 굳이 페라가모를 학대할까?

여러분이 위와 같은 시장조사를 이용해본 결과, 나보다 긍정적인 경험을 했다면 좋은 일이다. 굳이 나 때문에 그 방법을 그만둘 필요는 없다. 다만 내가 소개할 도구와 기법들로 여러분의 방법을 보강해보라. 다시 말해 두 가지 방법을 모두 써서 두 개의 시장조사를 나란히 시행해보라. 두 방법의 결과가 일치하지 않는다면 둘 중 하나는 거짓이라는 뜻이다. 건강상의 중요한 결정을 내려야 할 때 사람들은 보통 두 군데, 세 군데, 심지어 네 군데 병원에서 의견을 들어본다. 제품 결정도 그렇게 해보라.

지금쯤 눈치챘겠지만, 나는 팩트를 아는 것만으로는 만족하지 못하는 사람이다. 나는 팩트 뒤에 숨어 있는 이유와 원리를 이해하고 싶어 한다. '근본 원인'을 알고 싶다. 그 팩트가 일반의 상식이나 관행과 어긋날 때는 더욱더 그렇다. 이번의 경우 생각랜드 기반의 시장조사는 정말로 흔히 쓰는 방법일 뿐만 아니라 겉으로는 지극히 합리적으로 보였다. 그런데도 어떻게 그토록 미덥지 못한 결과, 신뢰할 수 없는 결과가 나올 수 있을까? 나는 다시 한 번 답을 찾아 나섰다.

실패를 부르는 네 마리 요괴

포커스그룹 인터뷰나 시장 설문조사와 같은 생각랜드 기반의 시장조사 도구는 그 자체가 하나의 큰 산업이다. 기업들은 신제품 하나를 위해 이런 유형의 조사에 수십만 달러, 심지어 수백만 달러까지도 쓴다는 얘기가 심심찮게 들린다. 그리고 공평하게 말해서, 계획을 잘 세워 제대로 수행한다면 이런 유형의 시장조사도 종종 흥미로운 인사이트를 '일부' 내놓을 수 있다. 하지만 그런 인사이트에 얼마나 비중을 둘 것이냐에 관해서는 주의가 필요하다. 왜냐하면 이것들은 생각랜드 기반의 도구여서 다양한 함정에 빠질 수 있기 때문이다.

실패라는 야수는 혼자서 활동하지 않는다. 열심히 심술궂은 행동을 해대는 작은 조력자들의 도움을 받는다. 장난기 많은 요괴 같은 이 조력자들은 생각랜드에 살면서 각종 술수를 부려 우리가 낸 아이디어를 아수라장으로 만들어놓는다. 마음속 작은 요괴들이 유발하는 가장 흔한 문제 네 가지는 다음과 같다.

① 아이디어 전달 문제
② 예측력 문제
③ 적극적 투자가 없다는 문제

④ 확증 편향 문제

하나씩 자세히 살펴보자.

아이디어 전달 문제

생각랜드에서 우리가 직면하는 첫 번째 문제는 일종의 소통 문제다. 신제품이나 새로운 서비스에 대한 여러분의 아이디어는 어떤 식으로든 구체적이고 눈에 보이는 형태가 되기 전까지는 그저 추상적인 내용에 불과하다. 여러분만의 방식으로, 여러분의 머릿속에서 상상하거나 그리고 있는 어떤 것이다. 마음의 눈으로 보고 있는 무언가를 다른 사람과 소통하려고 하는 순간, 우리는 힘든 '전달'의 문제에 부딪힌다. 특히나 여러분의 아이디어가 사람들이 그동안 봐왔던 것과 전혀 다른, 새로운 어떤 것이라면 말이다.

문제는 여러분이 신제품과 그 용도에 관해 다른 사람들에게 열심히 설명을 해도, 그들이 상상하는 내용은 여러분이 상상한 것과 전혀 다를 수 있다는 점이다. 그들의 해석은 그들 자신의 정신적 요괴에 의해 왜곡된다. 그들의 개인적 신념이나 선호, 편견 같은 것 말이다. 사람들은 아이디어 자체를 여러분과 다르게 이해할 뿐만 아니라, 아이디어를 '평가'할 때도 본인의 독특한 세계관이라는 맥락 내에서 판단한다.

예를 들어 차량 공유 서비스인 우버에 관해 처음 들었을 때 나는 이 서비스가 성공할 가능성이 아주 낮다고 생각했다. 내 머릿속에서는 우버라는 아이디어를 다음과 같이 생각하고 판단했다.

'낯선 사람이 또 다른 낯선 이의 차에 탄다고? 면허를 받은 전문 운전기사가 운전하는 택시가 아니라, 아무나 운전하는 아무 차에나 탄다고? 누가 그런 짓을 하겠어? 모르는 사람 차에 타지 말라는 건 어릴 때 우리 엄마가 나한테 가장 먼저 해준 얘기야! 이건 미친 아이디어야. 절대로 성공 못 해. 나라면 절대로 이용 안 할 거야.'

내 머릿속에서 우버는 히치하이킹만큼이나 안전하지 않은 것이었다(운전자에게나 승객에게나). 심지어 우버가 인기를 끌었을 때조차 나는 기껏해야 틈새시장 수준의 작은 시장일 거라고 생각했다. 절대로 택시나 리무진이나 대중교통을 위협할 거라 생각하지 않았다. 몇 달 후 친구가 나에게 공항에서 집으로 가는 길에 우버를 꼭 한 번 타보라고 했다. "다시는 택시를 타지 않게 될 걸!"

나는 우버 앱을 다운받고 몇 분 후에 검은색 도요타 프리우스에 앉아 있었다. 20대로 보이는 운전기사는 사근사근 얘기를 붙이며 사탕과 생수를 내밀었고 안전하게 나를 집까지 데려다주었다. 택시의 반값에 말이다. 이후 나는 차를 탈 일이 생기면 당연히 우버를 찾게 됐다. 딸아이에게 절대로 모르는 사람의 차에 타면 안 된다고 가르친 지 몇 년 만에 나는 딸에게 우버를 꼭 한 번 타보라고 말했다. 딸아이는 뭐라고 했을까? "아빠, 난 벌써 몇 달 전부터 우버를 타고 있어요." 부모의 조언도, 선입견도 별 쓸모가 없기는 마찬가지다.

예측력 문제

용케도 전달 문제의 방해를 받지 않아 여러분의 아이디어를 크게 왜곡되지 않은 상태로 소통하는 데 성공했다고 치자. 우리에게는 또 다른 심각한 문제가 기다리고 있다. 사람들은 아직 경험해보지 못한 어떤 것을 향후에 내가 원하게 될지, 좋아하게 될지에 대해 형편없는 예측력을 발휘하는 것으로 악명이 높다. 앞으로 그것을 어떤 식으로, 얼마나 자주 이용할지에 대해서도 마찬가지다.

내가 초밥에 관해 처음 들은 것은 아직 이탈리아에 살고 있던 10대 시절이었다. 친구 하나가 일본에 다녀왔는데 날것의 참치와 연어, 장어, 심지어 새우 요리에 관해 자세히 들려주었다. 나는 친구가 나를 놀리는 줄 알았다. 생선을 익히지 않고 먹는다는 게 역겨운 아이디어로 들렸기 때문이다. 하지만 지금은 없어서 못 먹을 만큼 초밥을 좋아하게 됐고, 최소한 일주일에 한 번은 먹고 있다.

다시 우버 이야기로 돌아가 보자. 이 사례는 또 다른 예측력의 문제를 보여준다. 나는 결국 택시 운전기사도, 리무진 운전기사도 아닌 낯선 사람이 운전하는 차에 탄다는 아이디어를 받아들이게 됐다. 하지만 처음에는 이 서비스를 택시나 리무진을 이용하는 것과 똑같은 방식으로 이용하게 될 줄로만 알았다. '몇 주에 한 번 정도' 말이다. 하지만 이는 틀린 예측이었다. 완전히 어긋났다. 지금 나는 여태 택시를 이용하던 것보다 서너 배는 자주 우버를 이용하고 있다.

또 하나, 내가 예측하지 못한 결과가 있다. 딸아이는 자기 차를 소유하는 것보다 아예 항상 우버를 사용하는 편이 더 편하고 비용 효율적일지 모른다는 생각을 했다. 샌프란시스코의 교통지옥과 주차난을 고려한 결과였다. 딸아이는 생각랜드에 기초한 그 시나리오를 확인해보려고 6개월간 테스트를 했다. 과연 자신의 차를 소유하지 못해 아쉬워지는지, 만약에 그렇다면 그 아쉬움은 어느 정도인지, 또 자가용 소유에 따르는 비용(보험료, 유지관리 비용, 유류비)에 비해 우버의 이용 비용은 얼마나 되는지 살펴보았다. 딸아이는 우리 집 주차장에 자기 차를 대놓고 열쇠를 던져주고는 우버를 타고 자신의 아파트로 돌아갔다. 6개월 후 딸아이는 제대로 된 판단을 내릴 수 있을 만큼의 충분한 데이터를 얻었고, 딸아이 자신도, 우리도 놀랄 만한 결정을 내렸다. 딸아이는 차를 팔아버렸고 지금까지도 다시 차를 구매할 계획이 전혀 없다.

요약하면, 인간이라는 종(種)은 새로운 제품이나 서비스를 내가 앞으로 얼마나 자주, 어떤 식으로 이용할지에 대한 예측력이 형편없다.

적극적 투자가 없다는 문제

'적극적 투자(Skin in the Game)'라는 개념은 이 책의 중심 콘셉트이므로, 앞으로 몇 번이고 다시 보게 될 것이다. 이 표현이 익숙하지 않은 사람들을 위해 설명하면, 적극적 투자란 결과에 분명한 이해관계를 갖는다는 뜻이다. 즉 결과에 따라 무언가를 잃게 되거나 얻게 된다는 뜻이다. 예를 들어 사업가 기질을 가진 친구가 크게 성공할 수 있을 것처럼 보일 때, 안락한 직장을 그만두고 회사를 직접 차리라고 격려해줄 수는 있다. 하지만 친구의 새 회사에 내 돈 1000만 원을 투자하겠다고 제안해서 그 격려를 뒷받침하는 것은 완전히 다른 문제다. 1000만 원을 적극적으로 투자할 경우 친구가 사업에 실패하면 나는 투자금을 잃게 되기 때문이다.

사람들은 의견이나 조언을 주는 것을 아주 좋아한다. 적극적으로 투자한 것이 없다면 대부분의 사람은 별생각 없이 의견이나 조언을 내놓는다. 왜냐하면 결과가 어떻게 되든 잃을 것도, 얻을 것도 전혀 없기 때문이다. 다시 ABC맥주회사의 레이디라이크 맥주 포커스그룹 사례로 돌아가 보자. 이런 유형의 시장조사에 내포된 주된 문제점 중 하나는 그 결과에 대해 참여자들에게 걸린 것이 아무것도 없다는 점이다. 만약 포커스그룹 참여자가 설문조사에

열정적인 반응을 내놓았는데 ABC맥주회사의 레이디라이크 맥주
가 실패한다고 하더라도 참여자는 잃을 것이 전혀 없다. 적극적
투자에 관해서는 뒤에서 훨씬 더 많이 얘기해볼 것이다.

확증 편향 문제

앞서 말한 세 가지 문제는 수집한 정보의 '유효성'에 대한 것이다.
하지만 이 마지막 문제는 수집한 정보를 해석하는 것과 관련된다.
  '확증 편향(Confirmation-Bias)'이란 나의 기존 신념이나 이론과
일치하는 증거를 찾아다니는 반면, 그와 상반되는 증거는 모두
회피하고 무시하려는 우리의 (아주 인간적인) 경향을 일컫는다. 다
시 말해 우리는 정보를 수집할 객관적 방법을 찾아보지 않을 뿐
만 아니라, 찾아낸 정보조차 객관적으로 바라보지 못한다. 우리
는 자신이 믿고 있는 것을 그대로 인정해주는 데이터를 선택하
고, 거기에 더욱 비중을 두며, 내 생각과 상반되는 데이터는 무시
해버린다. 예컨대 미국의 보수주의자들은 보수주의 뉴스 채널만
팔로하고, 진보주의자들은 진보주의 뉴스 채널만 팔로하는 것도
같은 이유에서다.
  대부분의 사람은 내가 믿는 것이 완전히 틀린 것으로 증명되는
경우는 말할 것도 없고, 내 신념이 도전받는 것조차 좋아하지 않
는다. 확증 편향은 우리가 실험을 설계하고 결과를 해석하고 결

론에 이르는 방법에 영향을 미칠 수 있고 실제로 미치고 있다. 인지수학 심리학자 아모스 트버스키(Amos Tverski)는 이렇게 말한다. "특정한 추측이나 해석을 일단 한 번 채택하고 나면, 우리는 그 가설의 가능성을 극도로 부풀리기 때문에 상황을 달리 보기란 매우 어렵다."*

작은 요괴들이 힘을 합치면

앞에서 본 네 가지 기초적 문제는 각각 그 자체로도 우리를 잘못된 결론으로 이끌 수 있지만, 이것들이 서로 결합하면 다음과 같은 일이 벌어진다.

먼저, 최초의 아이디어는 전달 과정에서 한 번 왜곡된다.

그 왜곡된 아이디어를 사람들은 각자의 독특한 경험과 편향을 통해 들여다보고 판단한다.

그다음, 적극적으로 투자한 게 아무것도 없는 사람들이 의견을 내놓는다.

마지막으로, 왜곡된 아이디어에 대한 편향된 판단에서 나온, 아무런

---

* 어느 제품에 대한 시장의 관심을 예측할 때 생각랜드 기반의 시장조사에 의지하기가 어려운 이유는 여러 인지 오류와 편향 때문이다. 인지 오류와 편향은 그 자체로 많은 연구의 대상인데, 겉으로는 합리적으로 보이는 우리의 뇌가 일상적으로 대부분의 사람을 어떻게 속이고 있는지에 관해서 더 많은 증거와 사례를 보고 싶다면 대니얼 카너먼의 책 《생각에 관한 생각》을 참조하라.

위험 부담을 지지 않는 사람들의 의견을 조심스럽게 선별하고 해석해 그동안 우리가 줄곧 믿고 싶었던 사항을 재확인한다.

요약하면, 생각랜드는 믿을 만하고 객관적이고 활용할 만한 데이터가 아니라, 주관적이고 편향되고 오해의 소지가 있는, 그 결과 잘못된 결론으로 이끌 수밖에 없는 의견들로 똘똘 뭉친 털북숭이 공을 토해놓는다.

종종 이 털북숭이 공들이 시장의 현실을 반영하거나 시장과 일치할 때가 있는 것도 사실이다. 고장 난 시계도 하루에 두 번은 맞지 않던가? 그러나 생각랜드는 긍정 오류(false positive)나 부정 오류(false negative)를 양산할 때가 더 많다. 즉 없는 시장을 있다고 암시하거나, 반대로 있는 시상을 없다고 암시하는 결론을 내린다.

생각랜드와 긍정 오류

생각랜드는 긍정 오류를 양산한다. 신제품 아이디어에 대한 긍정적인 의견과 예측이 충분히 많이 수집되기 때문에 여러분은 이 아이디어가 추구할 만한 가치가 있다고, 심지어 남들이 선수를 치기 전에 빨리 전폭적 투자를 해야 한다고 확신하게 된다. 절대로 실패할 수 없다는 태도와 열정으로 중무장한 여러분은 아이디어 개발에 큰 투자를 하고 몇 달 후(혹은 몇 년 후) 유능하게 실행에 옮긴 아름다운 신제품을 출시한다. 그러고 나면… 아무 일도 일어나지 않는다. 그 많은 극찬과 황금빛 예측들, "만들어주시면 올게요(살게요, 쓸게요, 채택할게요)"라고 했던 수많은 약속은 실현되지 않는다. 적어도 여러분이 예측한 수치로는 실현되지 않는다.

생각랜드가 유발하는 긍정 오류는 대체 얼마나 흔할까? 대부분의 신제품이 시장에서 실패한다는 엄중한 사실에 비춰볼 때, 나는 이 오류가 뉴욕시에 있는 바퀴벌레만큼 흔하다고 말하겠다. 흥미진진하고 유망하게 보이던 신제품이 충격적으로 실패했다는 기사를 읽을 때마다 바로 이런 시나리오가 펼쳐졌을 가능성이 크다. 그리고 바퀴벌레와 마찬가지로, 그런 기사를 하나 읽을 때마다 우리가 보지 못한 수백 개의 사례가 더 있다고 생각해도 좋다.

긍정 오류의 극적인 사례는 어느 업종, 어느 사업에서나 발견되지만, 내가 말하고 싶은 바를 특히 잘 보여줄 수 있는, 좀 오래됐지만 훌륭한 사례가 있다. 바로 '웹밴'이라고 하는, 결코 작지 않았던 스타트업의 사례다.

1990년대 말 새로운 온라인 스토어인 아마존('될 놈'의 대표적인 사례에 속한다)이 서점이나 CD 판매점을 심각하게 위협하기 시작하던 즈음이었다. 똑똑하고 성공했고 경험 많은 이들 중에 이제 식료품 사업에도 아마존 같은 파괴적 혁신이 일어날 때가 됐다고 확신한 사람들이 있었다. 온라인 식료품 사업은 틀림없는 투자처처럼 보였다. 무엇보다 대부분의 가정은 책이나 CD보다는 식료품에 훨씬 더 많은 돈을 썼다. 게다가 마트에서 콜리플라워나 체다 치즈를 고르는 일은 책이나 CD 쇼핑에 비하면 훨씬 더 재미없는 일이니, 아마존보다 더 빠르고 깊이 시상에 수용될 거라고 기대한 것도 당연했다.

충분히 납득이 가는 일이다. 나만 하더라도 서점을 돌아다니며 이것저것 둘러보는 것을 좋아해서 서점 가는 날을 기다리지만, 마트는 그 정도는 아니다. 종합해봤을 때 온라인 식료품 사업은 아마존이 진입한 시장보다 훨씬 더 크고 구미가 당기는, 일생일대의 기회처럼 보였다. 적어도 웹밴은 그렇게 생각했다…. 생각랜드에서 말이다.

이를 근거로 웹밴의 설립자들은 온라인으로 쉽게 식료품을 주문하고 정해진 시간에 밴으로 집까지 배달받을 수 있는 신규 회사를 설립하기로 했다. 이 아이디어에 관해 들은 사람들(비즈니스 애널리스트, 식료품업 컨설턴트, 인터넷 전문가)은 열이면 열 모두 어마어마한 시장 기회라고 이구동성으로 말했다. 그리고 더 중요한 것은 인터뷰에 응한 잠재적 소비자들 역시 대부분 열렬한 반응을 보였다는 사실이다. "근사한 얘기네요. 저도 식품을 고르고, 줄서서 기다리고, 차까지 들고 가고, 그런 걸 정말 싫어하거든요."

다시 말해 흥분과 약속과 열기로 뜨거웠지만 실제로 투자한 것은 아무것도 없는 사람들의 의견이었다. 어쨌거나 잠재적 고객이던 나 역시 대부분의 사람과 똑같은 반응을 보였다. 나는 이미 아마존에 중독되어 있었고, 웹밴이 출시되기만을 손꼽아 기다렸다. 나는 웹밴이 어마어마한 성공을 거둘 뿐만 아니라, 이제 가정의 트렌드가 바뀌어 식료품 쇼핑 대부분을 온라인으로 하게 될 거라고 예측했다.

생각랜드에서만 보면 먹구름이라고는 한 점도 찾아볼 수 없었다. 웹밴은 이제 실행만 잘하면 되었고, 다만 속도가 중요했다. 이렇게 놓칠 수 없는 기회라면 다른 누군가도 뛰어들 수 있을 테니 말이다. 첫 번째 투자금 모집에서 업계 최고의 벤처캐피털 몇 곳으로부터 1억 달러(약 1200억 원)가 넘는 돈을 투자받은 웹밴은 힘을 받아 일사천리로 사람을 고용하고 물건을 구매하고 건물을 짓기 시작했다. 100명이 넘는 직원을 채용했고, 협력사 수십 곳과 계약을 맺었으며, 냉장 시설을 갖춘 거대한 창고들을 짓거나 매입했다. 당연히 밴과 트럭도 대규모로 사들였는데, 차량 측면에는 베이지색 바탕에 회사 로고를 큼직하게 그려 넣었다. 결국 웹밴이 모집한 투자금은 8억 달러(약 9600억 원)를 넘었고 그 돈은 모두 사용됐다.

다음은 짐작이 갈 것이다. 웹밴은 팡파르를 울리며 대대적인 홍보 작전을 펼쳤다. 그런데 어찌된 노릇인지 생각랜드에서 이뤄진 약속들, 그러니까 줄을 서서 기다리느니 온라인에서 식품을 구매하겠다던 대규모 소비자들의 약속은 끝내 실현되지 않았다. 적어도 생각랜드 기반의 시장조사가 예측했던 수치와는 너무나 거리가 멀었다. 이유가 뭐가 되었든 인터넷은 책과 CD를 팔기에는 훌륭한 곳으로 판명됐으나, 적어도 당시에는, 식료품 쇼핑을 위한 훌륭한 채널로 판명나지는 못했다.

영업을 시작한 지 약 2년이 지난 2001년 웹밴은 파산을 신청했다. 파산 경매에서 팔린 웹밴의 베이지색 밴 중에 일부는 아직도 실리콘밸리를 돌아다니고 있을지 모른다. 어쩌면 아직도 웹밴의 로고가 희미하게 남아, 생각랜드에 너무 많은 시간과 신뢰를 투자하면 어떤 일이 벌어질 수 있는지 유령처럼 일깨워줄지도 모른다.

생각랜드와 부정 오류

긍정 오류는 결국 '안 될 놈'으로 밝혀질 신제품 아이디어에 과도한 투자를 초래할 수 있다는 사실을 보았다. 부정 오류는 정반대다. 부정 오류는 '될 놈'으로 밝혀질 아이디어를 내다버리게 만든다.

부정 오류의 전형적인 시나리오는 다음과 같다. 여러분이 훌륭하다고 생각하는 아이디어가 하나 있다. 그 아이디어는 많은 사람이 가진 문제를 해결하는 새로운 방법일 수도 있고, 아니면 새로운 시장 기회이거나 혹은 훌륭한 스릴러 플롯일 수도 있다. 흥분을 참지 못한 당신은 아이디어를 뒷좌석에 태우고 생각랜드를 여행한다. 가족, 친구, 잠재적 파트너나 투자자, 잠재적 고객 등 얘기를 들어주는 사람이라면 누구에게나 당신은 이 아이디어에 관해 들려준다. 당신은 프라푸치노를 너무 많이 마신 1학년생 치어리더처럼 열정적으로 당신의 아이디어를 설명한다. 그런데 대부분의 사람이 당신의 비전과 흥분을 공유하기는커녕, 이 아이디어를 이해조차 하지 못한다. "사람들이 그런 걸 왜 이용하겠어?" "바보 같은 소리 마." "부업으로 한번 해보든지." 이런 식이다.

당신을 때리는 처음 몇 대는 어떻게든 흡수할 수 있다. 러디어드 키플링(Rudyard Kipling)의 시 〈만약에〉에 나오는 구절도 떠올리면서. "모두가 당신을 의심해도 스스로를 믿을 수 있다면." 그래서 당신은 다시 기운을 차리고 가던 길을 계속 간다. 하지만 몇 대 더 맞고 나니, 〈만약에〉의 다음 구절이 생각난다. "하지만 그들의 의심도 완전히 무시하지는 마라." 당신은 약간의 의심이 기어오르는 것을 허락하고, 이내 아이디어를 포기하게 된다. '나는 대체 왜 그런 게 가능할 거라고 생각한 거야?'

1년 정도 시간이 흐른 뒤에 당신은 누군가 아주 비슷한 아이디어로 성공했다는 이야기를 기사로 접한다. 생각랜드가 또 한 번 부정 오류의 희생양을 만들어낸 것이다.

지금 이 책을 읽고 있는 사람이라면 아마도 지속적으로 신제품이나 신사업 아이디어를 생각해내는 사람일 테고, 방금 이야기한 부정 오류 사례가 결코 남의 애기 같지 않을 것이다. 나 역시 이런 시나리오를 수도 없이 많이 겪었다. 때로는 무시당하고 조롱받는 그 아이디어가 내 것이었던 때도 있고, 때로는 내가 남의 아이디어를 무시하는 그 사람이 되기도 했다. 몇 가지 예를 더 들어보겠다.

한때 별로 알려지지 않은 스타트업이던 구글에 내가 초대 엔지니어링 디렉터로 영입 제안을 받았을 당시, 내 친구와 동료들은 대부분 가지 말라고 했다. 이미 확고하게 자리를 잡은 검색 엔진('알타비스타'라고 기억하실지?)이 몇 개나 있고, '야후'처럼 더 좋은 포털까지 있지 않냐는 게 그들의 의견이었다. 다시 말해 시장은 이미 선점되었고 포화상태였다.

나는 그들의 의견을 무시하고 구글에 합류했다. 몇 달 후 친한 친구에게 구글에 들어와 광고 팀에서 일해보지 않겠냐고 했다. 나는 우리 회사가 지금까지 개발된 가장 놀라운 현금 제조 기계를 만들고 있다고, 몇 년만 지나면 수십억 달러를 벌어들일 거라고 이야기했다. 친구의 반응은 이랬다. "약간은 돈이 될지 몰라도 절대 큰돈을 벌 것 같지는 않아. 온라인 광고는 나조차 클릭하지 않는 걸."

내가 영입을 시도한 또 다른 지인은 야후의 더 낮은 직책을 택했다. 그는 구글이 인터넷의 주류가 아니고 앞으로도 그럴 거라고 했다. 그는 없는 게 없을 만큼 다 들어 있는 야후의 랜딩 페이지에 비하면 미니멀리즘을 구현한 듯한 구글의 홈페이지는 스크린이라는 귀중한 자산을 낭비하고 있다고 했다. 또 구글의 페이지랭크 알고리즘도 야후가 직접 선별해서 보여주는 방식에 비해 못하다고 했다.

구글의 경우는 나의 도박이 옳았고, 두 친구는 아직도 상처에서 회복 중이다. 하지만 나 역시 잘못된 편에 섰던 경우가 많다. 내가 처음에 듣고서 비웃었던 아이디어 중에 비교적 최근 것만 나열해보면 아래와 같다. 오른쪽은 당시 내가 보였던 첫 반응이다.

트위터(Twitter) : 누가 나 같은 사람을 팔로하고 싶어 하겠어? 그리고 나는 누가 날 팔로하는 것도 싫어. 140자 글자 제한은 또 뭐야?

우버(Uber) : 고맙지만 사양하겠어. 택시도 없고 리무진 탈 돈도 없다면 면허도 없는 낯선 사람의 차에 타느니 차라리 버스를 타겠어. 대체 그다음은 뭐야? 낯선 사람 집에서 잠이라도 자는 거야?

에어비앤비(Airbnb) : 알지도 못하는 사람한테 하룻밤 방을 빌려준다고? 그런 식으로 자기 집 문을 열어줄 사람이 얼마나 있을까? 그리고 낯선 사람 집에서 기꺼이 자려는 사람이 그렇게 많을까? 대체 공포영화는 한 번도 안 본 거야?

테슬라(Tesla)의 로드스터(Roadster) 첫 모델 : 좌석도 두 개밖에 없는데다 배터리로 가는 순수 전기차에 12만 달러를 쓴다고? 그 돈이면 포르세나 중고 페라리를 살 수 있어.

이런 목록을 몇 페이지는 더 만들 수 있다. 위에 언급한 아이디어나 기업을 처음에 부정적으로 생각했던 사람이 나 혼자인 것도 아니다. 내가 대화를 나눴던 사람들은 대부분 비슷한 반응을 보였다. 이런 일은 늘 일어나고, 새로운 아이디어는 대부분 이런 일을 겪는다.

오늘 아침에 아마존이 링(Ring)을 인수하기로 했다는 기사*를

---

* Ali Montag, "Amazon Is Buying Ring, a Business That Was Once Rejected on 'Shark Tank,'" CNBC, February 27, 2018, https://www.cnbc.com/2018/02/27/amazon-buys-ring-a-former-shark-tank-reject.html.

읽었다. 링은 와이파이로 작동되는 영상 도어벨을 비롯해 각종 가정용 보안기기를 만드는 회사다. 아직까지 인수 가격은 공개되지 않았지만 수십억 달러(수조 원)는 될 거라는 소문이다. 내가 링 얘기를 왜 꺼냈을까? 불과 몇 년 전만 해도 링의 설립자이자 CEO인 제이미 시미노프(Jamie Siminoff)는 본인의 영상 도어벨 아이디어에 투자해줄 사람을 단 한 명도 설득하지 못했다. 심지어 그는 유명 TV 프로그램 〈샤크 탱크(Shark Tank)〉에 나와서조차 계약을 성사시키지 못했다. 실제로 이 프로그램의 가장 노련한 투자자 중 한 명이자 방송인인 로리 그리네어(Lori Greiner)는 이런 발언을 남기기도 했다. "이 제품은 QVC(홈쇼핑 채널)에서 절대로 못 파실 거예요."

최근 QVC에 나온 시미노프는 24시간 만에 영상 도어벨 14만 개, 즉 2250만 달러(약 270억 원)어치를 팔았다고 말했다. 그해 QVC에서 가장 높은 매출을 올린 상품 중 하나였다. 시미노프는 그 외에도 다양한 채널을 통해 이 제품을 200만 개 이상 팔았으니, 또 한 번 생각랜드가 눈부신 부정 오류를 범한 셈이다. 〈샤크 탱크〉의 전문가들조차 그토록 크게 엇나갈 수 있다면 우리 같은 일반인들이 오판할 확률은 얼마나 될까?

생각랜드 탈출하기

시장 실패의 법칙과 생각랜드가 결합되면 여러분은 다음과 같은 두 가지 시나리오 중 하나의 희생양이 될 가능성이 크다.

◎ 시장 실패의 법칙을 무시하고 생각랜드에서 나온 긍정 오류 반응을 결합해 '안 될 놈', 즉 실패하게 되어 있는 아이디어에 과잉 투자한다.

◎ 실패에 대한 두려움과 생각랜드에서 나온 부정 오류의 피드백을 결합해 잠재적 '될 놈'이었던 아이디어를 계속 추진하지 못한다. 유능하게 실행했다면 분명히 성공할 아이디어였는데 말이다.

앞서 말했듯이 생각랜드에서 나온 의견과 현실 세계가 가끔 일치할 때도 있다. 긍정 오류와 부정 오류가 훨씬 많지만, 긍정 적중과 부정 적중도 분명히 있다.

종종 생각랜드에서 열렬한 반응을 얻은 아이디어를 출시해서 실제로 성공할 때도 있다. "이게 대박을 칠 줄 알았다니까!" 그리고 때로는 생각랜드에서 혹평을 받은 아이디어를 부정적 반응에도 불구하고 실천했다가 처참한 실패를 맛보기도 한다. "그럴 거라고 했잖아. 옛날 회사에서 다시 받아줄까?"

생각랜드의 부정적 혹은 긍정적 반응이 나중에 오류로 밝혀질지, 적중할지는 어떻게 알까? 내 결론은 '알 수 없다'는 것이다. 아이디어 전달 문제, 예측력 문제, 적극적 투자가 없다는 문제, 확증 편향 문제를 고려하면, 아이디어의 성공 가능성을 오판할 방법은 너무나 많다.

그런데 내 의견도, 남의 의견도, 심지어 전문가의 의견도 믿을 수 없다면 내가 개발하고 싶은 그 아이디어가 성공할지 여부는 어떻게 알까?

그래서 필요한 게 바로 데이터다!

3장

생각은 접어두고
데이터를 모으라

3장의 제목은 구글의 핵심 운영 원칙 중 하나인 '의견보다 데이터(Data Beats Opinions)'에서 따온 것이다. 나는 항상 스스로 내가 합리적인 사람이니 업무와 관련된 의사결정은 대부분 데이터와 팩트에 기초해서 내리고 있다고 믿었다. 2001년부터 구글에서 일하고 나서야 내 의사결정 과정에 나 자신의 의견과 선호, 편향이 얼마나 많은 영향을 미치고 있는지 깨달을 수 있었다. 구글이 사람들의 의견에 '하나도' 비중을 두지 않는다고까지는 말하지 않겠다. 그러나 회의를 몇 번 해보고 나서 객관적 데이터로 내 의견을 충분히 뒷받침하지 못하면 논쟁에서 이길 수도, 동료를 설득할 수도 없다는 사실을 알 수 있었다.

뿐만 아니라 구글의 데이터 지향적 의사결정 과정은 아주 엄밀

했다. 대부분의 사람들이 데이터라고 생각할 것도 구글에서는 데이터로 인정되지 않았다. 의사결정 과정에서 진지하게 고려되려면 해당 데이터는 핵심 기준 몇 가지를 충족시켜야 했다.

신선함 : 데이터는 따끈따끈한 것이어야 한다. 새로 나온 것일수록 더 좋다. 왜냐하면 몇 년 전(혹은 몇 개월 전, 몇 주 전)에는 진실이었던 것이 지금은 진실이 아닐 수도 있기 때문이다. 사람들의 태도나 기대가 휙휙 빠르게 바뀌는 첨단기술 사업이나 온라인 세상에서는 이 점이 특히 중요하다. 한 예로 1990년대 말에는 웹사이트가 8초 이내에 로딩되어야 한다는 것이 웹사이트의 수행능력에 관한 경험 준칙이었다. 널리 공개된 한 연구에서 나온 데이터였는데, 웹페이지 로딩에 8초 이상 걸리면 방문자의 50퍼센트 이상이 참지 못하고 사이트를 떠난다고 했다.

요즘 같으면 90퍼센트의 이용자가 그 8초를 영원처럼 느낄 것이다. 우리는 웹페이지가 즉시 로딩될 것을 기대한다. 만약 2초 이상이 걸린다면 우리는 이미 떠나고 없다. '8초 법칙'은 이제 '2초 법칙'이 됐고, 몇 년만 지나면 아마 '0.5초 법칙'이 될 것이다. 데이터 중에는 뜨거운 자동차 뒷좌석에 올려놓은 바나나보다 더 빨리 상하는 것들도 있다. 물론 더 오래 유효성이 유지되는 것들도 있지만. 안타까운 일은 바나나와는 달리 데이터는 시간이 지났다고 해서 표면에 갈색 반점이 생기거나 곤죽처럼 녹아내리는 식으로 우리에게 경고를 보내주지 않는다는 점이다. 데이터에는 편리한 '유효기간'이라는 것이 표시되어 있지 않다. 그러니 어떤 데이터를 골라서 사용할지 여러분이 조심하는 수밖에 없다. 신선도가 의심되는 데이터라면 과감히 내다버려라.

확실한 관련성 : 해당 데이터는 지금 평가하려는 특정 제품이나 의사결정에 직접적으로 적용할 수 있는 것이어야 한다. 당연한 기준이 아닌가 생각할 수도 있지만, 의사결정 과정에서 별 연관성 없는 데이터가 얼마나 자주 끼어드는지 알면 깜짝 놀랄 것이다. 예를 들어 맥도널드 고객 대부분이 햄버거를 주문할 때 어니언링을 추천받아도 함께 주문하지 않는다는 데이터가 있다고 치자. 그렇다고 해서 햄버거 푸드트럭을 차리려는 '여러분'도 메뉴에 어니언링을 넣지 말아야 한다는 뜻은 아니다.

알려진 출처 : 의사결정을 내릴 때 다른 기업에서 수집됐거나 다른 프로젝트를 위해 수집된 데이터에 의존해서는 안 된다. 그들이 데이터 수집과 필터링 과정에서 어떤 기법을 사용했을지 누가 알겠는가? 또한 그들이 데이터를 편집하고 요약하는 과정에서 어떤 편향이나 영향력, 동기가 작용했을 수도 있다. 예를 들어 '8초 법칙' 등, 앞서 언급한 비슷한 연구들은 웹사이트의 수행능력을 높여주는 서비스나 제품을 판매하는 기업들이 후원하거나 발표한 것들이다. 그들은 본인들의 이해관계 때문에 본인들의 제품을 뒷받침하는 데이터를 내놓는다. 여러

분이 사용할 데이터가 어디서, 어떻게 수집되어 어떤 식으로 필터링 되었는지 반드시 확인하라.

통계적 유의성 : 데이터는 통계적으로 유의미해야 한다. 충분히 큰 샘플을 사용해야만 결과가 우연에 좌우되지 않는다. 동료들 앞에서 망신을 당하고 싶지 않다면, 개인적인 경험이나 일회성 이야기를 데이터로 제시하지 마라. 구글 재직 초창기에 나는 그런 실수를 두 번 저질렀다가, 두 번 다 "일화는 데이터가 아니에요"라는 합창을 들어야 했다.

분명히 밝혀두자면 구글의 그 누구도 나를 앉혀놓고 이런 기준이 있다고 공식적으로 차근차근 알려주지 않았다. 다만 회의에 몇 번 참석하고 나니 '의견보다 데이터'라고 할 때의 그 '데이터'가 '신선하고, 관련성 있고, 믿을 만하고, 통계적으로 유의미한 데이터'를 말한다는 사실을 알 수 있었다. 그리고 그런 종류의 데이터를 가장 빨리, 가장 미덥게 확보하는 방법은 '내가 직접 데이터를 수집하는 것'이라는 사실도 알게 됐다. 결과적으로 나는 '그들의 데이터'는 깊이 불신하는 태도를 갖게 됐다.

그들의 데이터

그들의 데이터에 의존해 내 아이디어가 시장에서 성공할지 여부를 결정해서는 안 된다. 그런 유혹이 일겠지만, 그런 지름길을 택하는 것은 게으르고 위험한 시도다.

먼저 '그들의 데이터'라는 말로 내가 뜻하는 게 무엇인지부터 정의하고 넘어가자. 그들의 데이터는 '다른 사람이, 다른 프로젝트를 위해, 다른 시기에, 다른 곳에서, 다른 방법과 다른 목적으로 수집하고 편집한 모든 시장 데이터'다. 그들의 데이터는 조금 전에 보았던 '신선하고, 관련성 있고, 믿을 만하고, 통계적으로 유의미한 데이터'라는 기준을 하나 이상 위반한다. 다른 사람이 여러분과 비슷한 아이디어를 가지고 실험하고 행동하고 결정하면서 나온 데이터가 여러분의 행동과 의사결정을 보충하거나 여러분이 참고할 만한 정보를 제공할 수는 있다. 하지만 그것만으로는 결코 충분치 않으며, 그것으로 나만의 데이터를 수집하는 것을 '대체'해서는 절대로 안 된다. 이유는 다음과 같다.

여러분에게 새로운 사업이나 제품, 또는 서비스에 관한 아이디어가 생겼을 때 가능한 시나리오에는 다섯 가지가 있다.

① 역사상 이런 아이디어를 생각해낸 사람은 내가 처음이다. 세상에

이와 비슷한 것은 아무것도 없다.

② 다른 사람도 같은 아이디어 혹은 비슷한 아이디어를 생각해낸 적이 있는데,

    a. 추진하지 않기로 했다.

    b. 적극적으로 추진 중이지만 아직 출시하지 못했다.

    c. 추진하고 출시했지만 실패했다.

    d. 추진하고 출시해서 성공했다.

각 시나리오를 좀 더 자세히 살펴보자.

시나리오1 : 이 아이디어를 생각해낸 사람은 여러분이 처음이다. 이 시나리오는 극히 가능성이 낮다. 내가 이 사실을 아는 이유는 (내 프리토타이핑 수업과 워크숍에서 사례로 활용하기 위해) 새롭고 독특하면서도 그럴 듯한 제품 아이디어를 생각해내려고 나도 끊임없이 노력하고 있지만 이게 거의 불가능한 일이기 때문이다. 심지어 '그럴 듯하다'라든가, 고상함이나 윤리 같은 기준을 좀 넓혀보아도(예컨대 반려견용 맥주, 다람쥐 햄버거, 고양이 복제 등) 누군가는 이미 나보다 먼저 그 생각을 했다는 사실을 발견하게 된다. 게다가 이제는 인터넷으로 온갖 정보를 다 조회할 수 있다고 해도 여전히 세상 어딘가에서 비슷한 생각을 갖고 있거나 몰래 작업하고 있는 사람이 아무도 없는지는 확인할 길이 없다. 정말로 여러분이 세계 최초로 완전히 새로운 아이디어를 생각

해낸 극도로 드문 경우에 해당한다고 하더라도, 여전히 그들의 데이터는 문제가 되지 않는다. 왜냐하면 그런 데이터는 하나도 없기 때문이다. 여러분은 미지의 영역에 들어섰고 데이터는 마지막 한 점까지 직접 수집해야 할 것이다.

시나리오2a : 남들이 비슷한 아이디어를 가졌으나 추진하지 않기로 했던 경우다. 이 경우에도 우리가 활용할 수 있는 데이터는 '0'이다. 나와 비슷한 아이디어를 추진하기로 결정한 사람이 아무도 없다고 해서, 유능하게 실행해도 이 아이디어가 시장에서 성공할 수 없다는 뜻은 아니다. 새로운 아이디어를 생각해내기는 쉽다. 그러나 그 아이디어를 추진하는 데는 노력, 희생, 투자와 그 이상의 것이 요구된다. 대부분의 사람은 아이디어는 많아도 그 아이디어를 가지고 아무것도 하지 않는다. 이런 사실이 그 사람에 관해서는 무언가 의미 있는 이야기를 들려줄지 몰라도 아이디어의 성공 가능성에 관해서는 아무것도 알려주지 않는다.

시나리오2b : 남들이 비슷한 아이디어를 적극적으로 추진하고 있으나 아직 출시하지는 않은 경우다. 이 시나리오 역시 우리에게 의미 있는 시장 데이터는 전혀 제공하지 못한다. 왜냐하면 여러분이 그들을 염탐하지 않는 이상, 그들의 아이디어가 여러분의 것과 얼마나 비슷한지, 그들이 의사결정에 참고할 정보를 얻기 위해 (혹시라도 했다면)

어떤 시장 테스트와 실험을 했는지, 그들이 감당할 수 있는 리스크가 어디까지인지 등을 알 길이 없기 때문이다.

시나리오2c : 남들이 비슷한 아이디어를 추진하고 출시했으나 실패한 경우다. 이 경우는 우리에게 '약간의' 데이터를 제공한다. 하지만 그것을 기초로 의사결정을 내릴 수 있을 만큼 충분한 데이터는 아니다. 그들이 실행 과정에서 한 가지 이상을 망쳤을 수도 있고, 아니면 그들의 제품이 여러분의 아이디어와 작지만 의미 있는 방식으로 달랐을 수도 있다. 해당 아이디어가 다른 시기, 다른 장소, 혹은 다른 사람들을 대상으로 시도되었을 경우는 말할 것도 없고, 그들의 결과가 여러분의 아이디어나 표적 시장에는 해당되지 않을 수도 있다. 비즈니스의 역사는 어느 시기, 어느 장소에서는 실패했으나 다른 시기, 다른 장소에서는 성공했던 아이디어로 가득하다. 한 예로 맥도널드의 맥스파게티는 대부분의 국가에서는 참패했지만, 믿거나 말거나 필리핀에서는 인기를 끌고 있다.

시나리오2d : 다른 사람이 비슷한 아이디어를 추진하고 출시해서 성공한 경우다. 이 경우는 우리에게 잠재적으로 중요한 시장 데이터를 제공할 수 있으나, 그것을 기초로 의사결정을 내릴 만큼은 아니다. 어떤 아이디어를 가지고 누군가 성공했다고 해서 비슷한 아이디어로 '여러분'도 성공할 수 있다는 뜻은 아니기 때문이다. 1983년 자살 차량에 관한 스티븐 킹의 책《크리스틴(Christine)》이 잘 팔렸고 영화로까지 만들어졌다고 해서, 알베르토 사보이아의 살인 오토바이에 관한 책 《매들린(Madeline)》도 성공할 거라는 뜻은 아니다.

요점은 이것이다. 여러분의 것과 비슷한 아이디어로 남들이 했던 것 혹은 하지 못했던 것에만 기초해서 여러분 본인의 아이디어에 대한 의사결정을 내려서는 안 된다. 그들의 경험과 결과, 데이터가 여러분의 아이디어에도 반드시 적용되라는 법은 없다.

그렇다고 해서 여러분의 것과 비슷한 아이디어나 시장을 추구했던 사람들의 모든 데이터를 무시하라는 얘기일까? 꼭 그렇지는 않다. 전적으로 무시하라는 뜻은 아니다. 왜냐하면 그들의 데이터에도 여러분이 배울 수 있는 것이 일부, 어쩌면 많이 있을지도 모르기 때문이다. 하지만 거기에 의존하지는 마라. 왜냐하면 그들의 데이터는 충분하지 않기 때문이다. 새로운 아이디어의 시장 잠재력을 결정할 때 그들의 데이터는 그냥 충분하지가 않다. 그것들은 결코 '나만의 데이터'를 대체할 수 없다.

'나만의 데이터'를 수집하라

'나만의 데이터'란 여러분의 아이디어를 검증하기 위해 여러분의 팀원이 직접 수집한 시장 데이터다. '나만의 데이터'가 되려면 해당 데이터는 '신선하고, 관련성이 있고, 믿을 만하고, 통계적으로 유의미한 데이터'라는 기준을 반드시 충족시켜야 한다. 나만의 데이터는 그들의 데이터와 반대되는 것으로, 훨씬 더 가치가 있다. 특히 요즘처럼 온라인에서 온갖 데이터를 이용할 수 있는 때에는 그들의 데이터가 더 수집하기 쉬워 보일지 모른다. 하지만 손에 넣기 쉽다는 미끼에 넘어가지 마라. 왜냐하면 '나만의 데이터' 1그램은 그들의 데이터 1톤의 가치가 있기 때문이다. 그리고 가장 좋은 소식은 '나만의 데이터'를 수집하는 일이 결코 어렵지도, 많은 시간을 요하지도, 비용이 많이 들지도 않는다는 사실이다. 실제로 따끈따끈한 '나만의 데이터'를 얻는 일이 때로는 케케묵은 그들의 데이터를 파헤쳐서 먼지를 털어내는 것보다 더 쉽고, 빠르고, 재미난 경우도 많다. 특히나 이 책의 2부와 3부에 나오는 도구와 전략들을 사용한다면 말이다.

요약

1부에서 우리는 많은 시간을 할애해 실패에 관해 알아봤다. 처음부터 실패를 이야기하는 게 뭐 그렇게 기운 나는 일은 아닐 수도 있지만, 2부와 3부에서 배우게 될 도구와 기법, 전략들을 제대로 이해하고 평가하기 위해서는 대부분의 신제품이 시장에서 왜, 어떤 식으로 실패하는지 이해하는 것이 선결조건이다. 하지만 더 진행하기 전에 지금까지 우리가 배운 내용을 잠깐 요약하고 넘어가자.

1부에서 반드시 기억하고, 반복하고, 외우고, 어쩌면 잊지 않게 여러분의 몸 어딘가에 새겨야 할 사항은 다음과 같다.

◎ 시장 실패의 법칙 : 대부분의 새로운 아이디어는 시장에서 실패한다. 유능하게 실행해도 마찬가지다.

◎ 대부분의 새로운 아이디어가 시장에서 실패하는 이유는 그 아이디어가 '안 될 놈', 즉 아무리 잘 실행해도 시장이 관심을 갖지 않을 아이디어이기 때문이다.

◎ 시장에서 성공할 확률을 가장 높이는 방법은 '될 놈'인 아이디어에 유능한 실행력을 결합하는 것이다.

◎ 새로운 아이디어가 '될 놈'인지 아닌지를 결정할 때 직관이나 남의

의견, 그들의 데이터에 의존해서는 안 된다.

◎ 새로운 아이디어가 '될 놈'일 가능성이 높은지를 결정할 수 있는 가장 믿을 만한 방법은 '나만의 데이터'를 수집하는 것이다.

2부에서는 '나만의 데이터'를 수집하고 분석하고 해석하는 데 도움을 줄 세 분야의 도구와 여러 기법을 소개할 것이다. '사고 도구'는 아이디어를 명확히 정리하고 어떤 데이터를 수집해야 할지 확인할 수 있는 도구다. '프리토타이핑 도구'는 '나만의 데이터'를 효율적으로 수집할 수 있게 시장에서 아이디어를 테스트하는 도구다. '분석 도구'는 수집한 데이터를 객관적으로 분석하여 의사결정으로 전환해주는 도구다.

2부

쓸모 있는 데이터를 수집하는 방법

4장

사고 도구

흐리멍덩한 사고에 현실 감각까지 상실하면 생각랜드에서 어떤 일이 벌어질 수 있는지 앞서 보았다. 현실 감각과 관련해서는 나중에 다시 보기로 하고, 먼저 신제품 아이디어에 관해 생각하는 방식부터 정리해보자.

'생각을 명확히 정리하는 것'은 이루 말할 수 없이 중요한 일이다. 여러분의 신제품 아이디어가 막연하고, 부정확하고, 애매모호하고, 여러 해석을 가능하게 한다면, 더 이상 진행할 단단한 토대가 없는 것과 같다. 어느 아이디어를 테스트하려면 충분히 명확하고 정확하게 또렷한 언어로 표현할 수 있어야 한다. 그래야 의미 있고 새로운 발견이 가능한 테스트를 설계할 수 있고, 그 결과도 신뢰할 수 있다.

지금부터는 생각의 모호함을 없애고, 분명하며 날카로운 사고가 가능하도록 설계된 여러 검증된 콘셉트와 도구를 배울 것이다. 그 시작은 가장 중요하면서도 강력한 힘을 가진 '시장 호응 가설'이다.

시장 호응 가설

1부에 나온 성공 방정식이 기억나는지?

적합한 A × 적합한 B × 적합한 C × 적합한 D × 적힙한 E 등 = 성공

아이디어가 시장에서 성공하려면 여러 핵심 요인이 빈틈없이 맞아 들어가야 한다. 새로운 식당에 대한 훌륭한 콘셉트 하나를 떠올린 것만으로는 충분치 않다. 유능한 주방 직원과 서빙 직원을 고용하고, 효과적인 마케팅으로 어느 정도의 관심을 불러일으키고, 긍정적인 초기 평가를 받아내고, 길 건너에 고든 램지(Gordon Ramsay)가 경쟁 식당을 열지 않아야 한다. 하지만 앞서 본 것처럼 여러분의 아이디어가 '될 놈'이 아니라면, 유능한 실행력이나 경험, 심지어 행운조차 아무 도움이 되지 않는다. 요리사

나 직원이 믿음직하지 않다면 교체할 수 있고, 최초의 마케팅 캠페인이 효과가 없으면 다른 캠페인을 전개하면 되지만, 식당의 전제, 그러니까 콘셉트 자체가 '안 될 놈'이면 어쩔 것인가? 다른 사람들의 머릿속을 바꿀 것인가? 그런 일은 가능하지 않다.

치포 스시(Cheapo Sushi)라는 이름의 식당에 갔다가는 식중독에 걸릴 것 같다고 시장(市場)이 생각한다면, 그래서 들어가 볼 생각조차 하지 않는다면, 그 생각이 옳든 그르든 우리는 이미 끝난 것이다. 시장이 우리의 아이디어에 호응하지 않는다면 호응을 강요할 수는 없다. 간단히 말해, '시장이 없으면 방법도 없다'.

그래서 여러분의 시장은 무엇인가? 시장이 호응한다는 것은 무슨 뜻이며 어떻게 알 수 있는가? 이런 질문에 대해 여러분은 100퍼센트 명확해야 한다. 인터넷 창에 시장 호응 가설(Market Engagement Hypothesis)이라고 쳐보라.

시장 호응 가설이란 시장이 여러분의 아이디어를 어떻게 받아들일지에 관한 여러분의 핵심 신념이나 가정을 말한다. 시장이 내 아이디어를 더 자세히 알고 더 탐구하고는 한번 써보고 받아들이고 마침내 구매까지 하고 싶어 할까? 만약 시장이 내 아이디어를 받아들여서 한번 써보고 구매까지 한다면, 어떤 식으로 얼마나 자주 이용할까? 재구매도 하고 친구에게 추천도 할까? 다시 말해 시장 호응 가설은 시장이 여러분의 아이디어에 어떻게 반응하고 그것을 어떻게 이용할지에 대한 여러분의 비전을 나타낸다.

만약 여러분의 시장 호응 가설이 틀린 것으로 밝혀지면 여러분의 비전은 한낱 허깨비나 소망에 불과했던 것일 수도 있다. 이 경우 가설을 다시 한 번 생각해보고 수정하거나, 아니면 아예 다른 아이디어로 옮겨가는 게 낫다. 하지만 여러분의 시장 호응 가설이 옳다면, 시장 실패의 법칙에 맞서 싸워볼 기회가 있는 셈이다.

시장 호응 가설은 너무나 중요하기 때문에 명확해야 할 뿐만 아니라 테스트가 가능해야 한다. 그리고 가능하면 숫자로 표현되어야 한다. 하지만 너무 앞서가지는 말자. 먼저 전형적인 시장 호응 가설이 어떤 모습인지 한번 살펴보고, 더욱 잘 만들어낼 방법을 알아보자. 먼저 몇 가지 예시를 살피는 것으로 시작해보자.

아이디어 : 치포 스시, 값싼 초밥 푸드트럭, 99센트 참치롤 전문점

시장 호응 가설 : 다른 패스트푸드만큼 빠르고 저렴하게 초밥을 만든다면, 많은 초밥 애호가들이 햄버거나 타코 등 건강하지 않은 음식 대신 우리 초밥을 선택할 것이다.

아이디어 : 웹밴, 식료품 온라인 주문 및 가정 배달 서비스

시장 호응 가설 : 여러 옵션을 고려할 때 수많은 가정이 마트에 가는 대신에 정기적으로 온라인에서 식료품을 구매할 것이다.

아이디어 : 마블 캐릭터 '하워드 덕'을 기초로 한 영화

시장 호응 가설 : 사람들은 오리 캐릭터(도널드 덕, 대피 덕)를 아주 좋아한다. 따라서 하워드 덕이 실사 영화로 나오면 다들 떼 지어 보러 올 것이다.

아이디어 : 넷플릭스(스트리밍 서비스를 시작하기 전에 DVD 기반이었던 당초 비즈니스 모델)

시장 호응 가설 : 우편 배송 기반의 DVD 대여 서비스를 월정액 요금제, 반납 지연과태료 무료 정책과 결합하면 많은 사람이 비디오 가게를 이용하는 대신 우리 서비스에 가입할 것이다.

무슨 말인지 알았을 것이다. 시장 호응 가설은 아이디어의 기본 전제와 그에 대한 시장의 호응에 대해 여러분이 어떤 기대를 하고 있는지 짧은 문장으로 표현한 것이다.

시장 호응 가설이라는 콘셉트를 개발할 때 나는 '가설'이라는 표현 대신에 '희망'이나 '환상'이라는 단어를 사용하고 싶었다(예컨대 '시장 호응 희망' 또는 '시장 호응 환상'). 대부분의 경우 생각랜드에서 본인의 아이디어를 곱씹고 있는 사람들을 표현하는 데는 위의 두 표현이 오히려 더 정확할 것이다. 그들은 희망 섞인 생각과 착각 사이를 오가며 시장의 호응을 멋대로 상상하고 있을 테니 말이다.

우리 사무실 사람들은 내가 먹는 저지방 비건 케일 쿠키를 엄청 좋아해. 다들 나보고 가게를 차려보라고 하지. 아, 그리고 홀푸드(Whole Foods)에서 일하는 내 이웃도 자기네 손님들이 바로 이런 종류의 베이킹 상품을 찾는다고 했어. 개당 3달러는 거뜬히 받을 수 있을 거라면서! 그러니 나는 회사를 그만두고, 집을 담보로 대출을 받아서, 전문 베이킹 설비에 투자하고, 직원 몇 명을 고용하는 거야. 그렇게 석 달 뒤면 나는 케일 쿠키 반죽을 하고 있겠지!

여기에 '귤나무와 마멀레이드 빛 하늘, 만화경 같은 눈을 가진 소녀(비틀스의 명곡 'Lucy in the Sky with Diamonds'의 가사 중 일부-옮긴이)'를 더해보라. 그렇다. 신제품이나 신사업 아이디어에 관한 한, 대부분의 사람이 환각제 없이도 환상에 빠지는 데 아무 문제가 없다. 과거에 나 역시 이런 환상에 빠진 적이 여러 번 있다.

문제는 때로 그런 환상이 현실이 된다는 점이다. 가끔은 내가 상상한 시장이 기대했던 그대로 구현된다. 종종 내가 내놓은 신제품이 그 누구도 상상하지 못했을 만큼 큰 시장, 큰 갈증에 시달린 시장을 가진 것으로 드러난다. 다시 말해 때로는 시장 호응 가설이 옳았던 것으로 밝혀진다. 여러분의 아이디어가 '될 놈'이었던 것이다. 물론 그래도 여전히 유능한 실행력은 필요하다. 여전히 시장 성공까지는 많은 장애물이 기다리고 있다. 하지만 지난 세월 나는 다음과 같은 사실을 철저히 믿게 됐다. '시장이 있다면

방법은 있다.'

저렴한 초밥에 대한 수요가 정말로 있다면, 어떤 식으로든 치포 스시는 저가로 생선을 공급할 공급책을 찾아낼 테고, 참치롤을 99센트에 팔 수 있을 것이다. 사람들은 아주 창의적일 수가 있어서, 내 제품에 대한 시장 수요가 있다는 (신념이나 희망이 아니라) 확실한 증거만 있으면 보통은 해결책을 찾아낸다. 정확한 정의를 내리고 해당 시장 수요가 존재한다는 증거를 찾아내는 것이 바로 시장 호응 가설이 해줘야 할 일이다. 시장 호응 가설은 시장 실패의 법칙을 깨기 위해서는 타협할 수 없는 첫 번째 단계이자 중요한 도구다.

이제 시장 호응 가설에 대한 그림은 대략 그렸을 테니, 어떻게 하면 이것을 예리한 도구로 변신시킬 수 있는지 알아보자. 시작은 숫자다.

숫자로 이야기하라

이런 말을 혹시 들어본 적이 있는지? '중요한 것이라고 해서 모두 셀 수 있는 것은 아니며, 셀 수 있는 것이라고 해서 모두 중요한 것도 아니다.' 좋은 말이다. 가슴에 새길 말이다. 하지만 다음 문

장도 참이다. '중요한 것 중에 일부는 셀 수 있고, 또 세어야 한다.'

구글에서 일하는 동안 내가 습득한 귀중한 습관 중 하나는 '모호한 용어를 피하고 가능하다면 늘 숫자를 사용하라'는 것이다. 만약 '의견보다 데이터'가 더 중요하다면 그 데이터를 표현하는 최고의 방법은 '숫자로 이야기'하는 것이다. 예를 들어, 숙련된 구글 직원이라면 "우리가 '회원가입' 버튼을 조금 더 넓게 만들면 클릭을 좀 더 받을 수 있을 것 같아"라고 말하는 대신에, '조금 더 넓게'와 '클릭을 좀 더'를 구체적인 양으로 바꿔서 이 애매모호한 의견을 검증 가능한 가설로 바꿔놓을 것이다.

애매모호한 의견 : 우리가 '회원가입' 버튼을 조금 더 넓게 만들면 클릭을 좀 더 받을 수 있을 것 같아.

검증 가능한 가설 : 우리가 '회원가입' 버튼을 20퍼센트 더 넓게 만들면 가입자가 최소 10퍼센트는 늘 것 같아.

숫자로 이야기함으로써 애매모호한 신념은 명확하게 진술된, 검증 가능한 가설이 된다. 이 경우 실험을 어떻게 설계해야 할지가 뚜렷해진다. 이용자를 A집단(원래 크기의 버튼)과 B집단(20퍼센트 넓은 버튼)으로 나누어 두 집단 사이의 클릭 수를 비교하면 된다.

검증 결과 : 1000페이지뷰의 샘플을 이용해 A/B테스트를 실시했다.

그 결과 '회원가입' 버튼의 폭을 20퍼센트 늘렸더니(100픽셀에서 120픽셀로) 가입자가 14퍼센트 늘어났다.

테스트를 몇 번 더 해봐도 처음의 결과와 동일하다면, 이 팀에는 설득력 있는 증거(의견이나 추측이 아닌 '나만의 데이터')가 생긴 셈이다. '버튼의 크기를 늘리면 회원가입이 늘어난다.'

애매모호한 사고는 '의견'과 마찬가지로 실패라는 야수에게는 먹잇감이나 다름없다. 대놓고 낭패를 부르는 격이다. 생각에서 애매모호함을 가장 잘 제거해주는 것이 '숫자'다. 그리고 가장 좋은 사실은 그 숫자라는 게 처음에는 그냥 개략적인 추정치여도 된다는 점이다. 사실 여건이 허락하는 것보다 더 정확한 수치를 사용하려고 하는 것은 오히려 잘못이다. 위 사례에서 첫 가설을 세울 때 우리가 어림수(20퍼센트, 10퍼센트 등)를 사용한 것도 바로 그 때문이다. 당시에는 그저 경험을 바탕으로 추측을 해보는 중이었으므로 더 정확한 숫자를 쓰는 것은 섣부른 시기상조였다. 그래서 필요한 것이 실험이다. 예를 들어 몇 번의 테스트를 거치고 나면 우리는 '회원가입' 버튼의 최적 넓이는 124픽셀(지금보다 24퍼센트 더 넓은 것)이고, 그렇게 사이즈를 키울 경우 평균 13.8퍼센트의 클릭이 늘어난다는 사실을 알게 될지도 모른다.

이제 '숫자로 이야기하라'는 말이 무슨 뜻인지 알았을 테니, 이 방법을 시장 호응 가설에 적용해보자.

XYZ가설

시장 호응 가설은 매우 중요한 첫 단계이자 없어서는 안 될 도구다. 하지만 가위나 칼과 마찬가지로 우리의 도구도 충분히 날카롭지 않다면 별 쓸모가 없다. 이 가설을 더 날카롭게 만드는 방법은 XYZ가설이라는 새로운 도구를 사용해 시장 호응 가설을 다시 쓰는 것이다. 내가 이 도구를 개발하게 된 것은 스탠퍼드대학교에서 수업 중에 느꼈던 좌절감 때문이었다. 그날 있었던 일을 대략 설명하면 이렇다.

그날 수업에서는 엔지니어링 전공생으로 구성된 소규모 팀이 대기오염 모니터링에 관한 아이디어를 내놓았다. 나는 이 팀에게 시장 호응 가설에 '숫자로 이야기하라'를 적용하는 법을 알려주려고 애를 쓰고 있었다. 그런데 학생들은 본인들의 시장을 어떻게 생각하는지, 잠재적 소비자가 본인들의 제품에 어떻게 호응할 것 같은지, 계속해서 애매모호한 표현만 내놓았다. 학생들이 기껏 생각해낸 표현은 다음과 같은 식이었다.

심하게 오염된 도시에 살고 있는 일부 사람은 대기오염을 모니터링해서 피할 수 있게 도와줄 합리적 가격의 장치에 관심을 가질 것이다.

'일부 사람'은 몇 명인가? '심하게 오염된 도시'는 어떤 도시인가? '관심을 가질 것'은 무슨 의미인가? '합리적 가격'은 무슨 뜻인가?

수업 중이던 교실은 벽면을 따라서 화이트보드가 죽 늘어서 있었고, 바로 전 시간의 학생들이 화이트보드에 수학식을 잔뜩 남겨놓았다. 그 방정식들을 보고 있으니 문득 아이디어가 떠올랐다. 나는 의자에서 벌떡 일어나 마커를 들고 화이트보드로 가서 다음과 같이 썼다.

적어도 X퍼센트의 Y는 Z할 것이다.

그런 다음 이렇게 설명했다. "X퍼센트는 여러분의 표적 시장의 구체적 퍼센티지를 말합니다. Y는 여러분의 표적 시장을 명확하게 설명하는 말이고요. Z는 시장이 여러분의 아이디어에 어떤 식으로 호응할 것 같은지 여러분의 기대를 나타냅니다. 고등학교 때 배운 게 기억나겠지만, 여기서 X, Y, Z는 알려지지 않은 변수를 나타냅니다. 지금 이 시점에 여러분의 아이디어가 바로 이 상태입니다. 여러분은 알려지지 않은 수많은 변수를 상대하고 있죠. 하지만 바로 그 알려지지 않은 변수에 대한, 경험에 기초한 추측에서부터 시작하면 됩니다. 그렇게 해서 간단한 실험을 통해 처음에 세운 가설을 검증해보고, 필요하다면 조정해나가는 거지요."

마침내 학생들은 미소를 지으며 고개를 끄덕였다. 이제야 내 말을 알아들은 듯했다. 이 과정을 몇 번 반복해서 애매모호함을 걷어내고 나니 학생들에게는 꽤 쓸 만하고 검증 가능한, 숫자로 이야기하는 가설이 생겼다.

적어도 10퍼센트의, 대기질지수가 100 이상인 도시에 사는 사람들은, 120달러짜리 휴대용 오염 탐지기를 구매할 것이다.

X, Y, Z의 최초 값은 그냥 출발점에 불과하다는 사실에 주목하라. 학생들이 그들의 아이디어가 성공하는 데 필요하다고 생각하는 시장의 최소 크기에 기초해서 열심히 추측해본 수치일 뿐이

다. 10퍼센트가 시장을 잘 추측한 것일까? 대기질지수가 100이 넘는다는 게 적절한 기준일까? 120달러가 적정한 가격일까? 아마도 아닐 것이다. 이런 최초 숫자는 근사치조차 못 되었던 것으로 밝혀질 수도 있다. 하지만 적어도 이제 학생들은 '일부 사람', '심하게 오염된', '관심을 가질 것', '합리적 가격' 등이 자신들에게 무엇을 의미하는지 정의를 내렸고, 과연 시장도 그렇게 생각하는지 검증해볼 수 있게 됐다.

XYZ가설은 검증이 가능하다는 미덕을 가진 외에도 팀원들이 가진 암묵적 가정을 명시적으로 만들어주는 훌륭한 도구다. 한 학생은 합리적 가격이 200달러라고 생각했고, 다른 학생은 그 가격으로는 시장의 10퍼센트에게 설득력이 없으므로 탐지기 가격이 80달러에서 100달러 정도여야 한다고 생각했다. 두 학생은 서로 가격에 대해 딴 생각을 품고 있는 것을 몰랐다가, '합리적 가격'에 숫자를 집어넣으려는 순간에야 비로소 생각의 차이를 알게 됐다. 어느 학생의 가격이 옳을까? 모를 일이다. 어쩌면 둘 다 틀렸을 수도 있다. 둘 중 어느 가격에도, 혹은 아예 어느 가격에도 유의미한 시장은 존재하지 않을 가능성도 얼마든지 있다. 이유가 뭐가 되었든 그냥 사람들이 휴대용 오염 탐지기에 관심을 갖지 않을 수도 있다. 궁극적으로 뭐가 '합리적 가격'인지는 시장이 결정할 것이다. 그러나 지금 당장 학생들은 중간쯤에서 절충하여 120달러라는 최초 가격에 타협했다.

XYZ가설 형식은 '애매모호함'을 제거하는 데 놀라운 효과가 있었다. 범위가 넓고 부정확한 용어('일부', '심하게', '합리적')를 정확한 대체어로 바꾸고, '관심을 가질 것'이라는 막연한 개념을 '120달러'라는 구체적 가격에 '구매'라는 구체적 행동을 하는 것으로 바꾸게 만들었다.

XYZ가설 적용 전	XYZ가설 적용 후
일부 사람	적어도 10퍼센트의 사람
심하게 오염된 도시	대기질지수가 100 이상인 도시
관심을 가질 것	구매
합리적 가격	120달러

첫 성공을 거둔 나는 XYZ가설 형식이 가치 있는 도구가 될 수도 있겠다 싶어서 학생 중 한 명에게 화이트보드를 사진으로 찍어달라고 했다. 이 '유레카'의 순간을 기념할 수 있게 말이다.

지금은 이런 기념품을 갖고 있다는 게 정말 기쁘다. 왜냐하면 내 예감은 옳았던 것으로 밝혀졌기 때문이다. XYZ가설은 나의 도구상자에서 절대로 빠지지 않는 귀중한 구성 부분이 됐고, 내가 가장 먼저 가르치는 내용이 됐다. 실제로 포부에 찬 기업가나 PM들을 대상으로 강연을 할 때 시간 제약이 있는 경우 XYZ가설을 설명하고 이 가설로 본인들의 아이디어를 표현하는 방법을 알

2부 쓸모 있는 데이터를 수집하는 방법

려주는 데 그 시간을 사용한다. 그러면 늘 생각을 명료하게 만들수 있고, 팀원들 사이에 숨어 있는 오해나 의견 차이를 수면 위로 끌어올릴 수 있다.

미지의 세계 탐험

앞서 잠깐 언급했듯이 X, Y, Z는 통상 과학이나 수학에서 알려지지 않은 변수를 나타낼 때 사용하는 문자다. 특히나 X는 (대중문화에서조차) 흔히 미스터리를 나타낸다. 아직까지 완전히 이해하지 못하거나 그 존재를 증명할 수 없는 요소를 가리킨다. 〈엑스 팩터 (The X Factor)〉, 〈엑스 파일(The X Files)〉, '행성 X(Planet X)'처럼 말이다.

우리가 모르거나 완전히 이해하지 못한다는 사실은 위험과 동시에 기회를 나타낸다. 그래서 이 세 알파벳은 우리에게도 아주 적절하다. 왜냐하면 신제품을 시장에 내놓는다는 것은 미지의 세계를 여행하는 것과 비슷하기 때문이다. 이 여정은 우리에게 대단한 보상을 줄 수도 있고, 아니면 실패로 끝날 수도 있다. 마치 보물이 가득 숨겨져 있으나 함정도 득실거리는 거대하고 캄캄한 동굴 속으로 들어서는 것과 비슷하다. 실패라는 야수와 생각랜드의 요괴들이 사는 곳 말이다.

X, Y, Z는 또한 3차원 공간에 있는 무언가를 표시하거나 측량

하거나 묘사할 때도 사용된다. 우리의 경우 지금 우리가 탐험하고 있고, 샅샅이 알아내고 이해하고 싶은 미지의 3차원 공간 XYZ 는 다음과 같이 구성된다.

X : 우리는 얼마나 큰 조각, 그러니까 표적 시장의 과연 몇 퍼센트를 차지할 수 있을까?

Y : 우리의 표적 시장이 뭘까?

Z : 표적 시장은 우리 제품에 어떤 식으로, 정확히 어느 범위까지 호응할까?

정신이 똑바로 박힌 탐험가라면 나의 위치를 추적하고 얼마나 들어갔는지를 측정할 수 있는 기본적 도구(나침반, 육분의, 지도 등) 없이는 절대로 미지의 세계에 발을 들이지 않을 것이다. XYZ가설은 우리의 시장 탐험 도구상자에 들어 있는 첫 번째 도구다. 이 도구는 필수 중의 필수인데, 왜냐하면 시장이라는 어두운 미지의 세계 속으로 우리가 얼마나 들어왔는지 측정하고 알려줄 객관적 방법을 제공하기 때문이다.

XYZ가설 사례

시장 호응 가설과 XYZ가설은 너무나 중요하기 때문에 확실히 이해하고 넘어가야 한다. 그러니 여기서는 XYZ가설 형식을 써서 애매모호한 시장 호응 가설을 명확하게 만드는 방법에 관해 몇 가지 사례를 더 보기로 하자. 모든 사례는 나의 강연과 코칭 수업, 브레인스토밍 연습 등에서 나왔던 아이디어를 기초로, 오직 사례를 보여주기 위한 목적으로 여기에 나열한 것이다. 실제 아이디어들 자체나 이것들이 얼마나 멍청해 보이는지에 초점을 맞추지 말고, 이것들이 표현된 XYZ가설 '형식'에 주목하기 바란다. 그렇다. 아래 아이디어들 중 일부는 실제로 시도됐다.

아이디어 : 우버와 유사한 방식으로 세탁물을 픽업하고 배달해주는 서비스

애매모호한 시장 호응 가설 : 코인 세탁소를 이용하는 사람들은 대부분 그 시간을 아주 싫어한다. 이들 중 다수는 누군가 합리적인 시간 내에 세탁물을 픽업해서 세탁하고 건조해 돌려준다면 기꺼이 추가로 몇 달러를 낼 것이다.

XYZ가설 : 적어도 10퍼센트의 코인 세탁소 이용객은 세탁물을 픽업해서 24시간 내에 돌려주는 서비스에 5달러를 지불할 것이다.

아이디어 : 에어컨이 없는 자동차를 위한 아이스 큐브 방식의 냉각기

애매모호한 시장 호응 가설 : 에어컨이 없거나 고장 난 자동차를 가진, 돈 없는 운전자들은 공기를 식히기 위해 값싼 아이스 큐브 방식의 기

기를 구매할 것이다.

XYZ가설 : 적어도 5퍼센트는 될, 에어컨이 없는 사람들은 평균 기온이 섭씨 38도가 넘으면 20달러짜리 냉각기 장치를 구매할 것이다.

아이디어 : 반려견 맥주

애매모호한 시장 호응 가설 : 많은 애견인들이 혼자서 술 마시는 것을 좋아하지 않는다. 개가 먹어도 안전한 맥주가 있어서 반려견을 술친구 삼을 수 있다면 그들 다수가 반려견 맥주를 구매할 것이다.

XYZ가설 : 적어도 15퍼센트의 견주는 6개들이 반려견 맥주가 4달러라면 사료를 살 때 함께 구매할 것이다.

아이디어 : '슈퍼 스쿼럴(Super Squirrel)' 수집가용 책

애매모호한 시장 호응 가설 : 슈퍼 스쿼럴 만화 시리즈의 팬들은 자신이 가장 좋아하는 다람쥐 슈퍼히어로의 고품질 한정판 컬렉션이라면 사족을 못 쓸 것이다.

XYZ가설 : 슈퍼 스쿼럴 만화 22만 구독자 중 적어도 50퍼센트는 100달러짜리 컬렉터용 에디션을 구매할 것이다.

위 사례들은 바보 같은 아이디어일지 몰라도(그래서 더 기억에 남는다), XYZ가설은 진지하고 강력한 도구다. 그리고 이것을 더욱더 강력하게 만들어주는 것이 다음에 설명하는 사고 도구인 '범

위 축소'다.

범위 축소

범위 축소의 목표는 구체적이긴 하지만 일반적인 가설의 범위를 좁혀 들어감으로써 '지금 당장 실행 가능하고 검증 가능한' 가설을 얻는 것이다. 이것은 XYZ에서 xyz로 가는 하나의 방법이다. 즉 더 작고, 간단하고, 당장에 입증 가능한 버전의 시장 호응 가설을 얻는 하나의 방법이다. XYZ가 참이라면 xyz도 참일 수밖에 없는데, xyz는 테스트와 입증이 훨씬 쉽다는 것이 핵심이다.

오염 탐지기 사례의 XYZ가설을 이용해 설명해보면 다음과 같다.

적어도 10퍼센트의, 대기질지수가 100 이상인 도시에 사는 사람들은, 120달러짜리 휴대용 오염 탐지기를 구매할 것이다.

앞의 문장은 잘 짜이고 '숫자로 이야기'하는 시장 호응 가설이지만, 어마어마한 잠재적 시장을 그려내고 있다. 전 세계의 오염된 도시에 사는 수백만 명의 사람들 말이다. 이 가설은 지금 상태

로 출발점이 되기에는 너무 크다. '검증 가능'하지 않다. 중간시험
도 다가오고 제대로 된 예산도 없는 학부생 몇 명이서 빠른 시일
내에 검증할 수 있는 내용은 아니다. 그래서 필요한 것이 범위 축
소 도구다.

표적 시장 축소 : Y → y

시장 호응 가설에 나오는 대문자 Y는 궁극적인 표적 시장을 나타
낸다. 여러분의 제품이 나오면 구매하고 싶어 할 것으로 생각되
는 전 세계 모든 사람 말이다. 범위 축소를 하려면 그 어마어마한
크기의 시장을 좁혀 들어가서 대표성은 있으나 한정된 지역에 해
당하는 작은 부분집합을 찾아내야 한다. 전체 시장 Y에서 좀 더
다루기 쉽고 접근 가능하며 크기가 작은 첫 번째 테스트 시장 y로
옮겨가야 한다. 마치 카메라가 우주에서 지구 전체를 비추다가,
대륙으로 좁혀 들어오고, 한 국가로, 다시 한 도시나 심지어 어느
빌딩으로 좁혀 들어오는 영상을 떠올려보라. 그게 바로 지금 여
러분이 가설을 가지고 마음의 눈으로 해야 할 일이다.
　범위 축소를 할 때는 과감한 태도가 필요하지만, 혹시 샘플 크
기가 너무 작아져서 통계적 유의성을 상실하는 일이 없도록 주의
해야 한다(예컨대 룸메이트 2명, 엄마, 길 건너에 사는 이상한 남자 등). 그
렇다면 샘플 크기는 어느 정도가 좋을까? 100명에서 1000명 근

처라면 대부분의 통계학자가 고개를 끄덕일 것이다. 하지만 여러분이 샘플로 뽑은 사람들이 표적 시장에 대한 대표성을 갖도록 유의해야 한다(실제로 여러분의 제품이나 서비스를 구매할 수 있는 유형의 사람들이어야 한다).

예를 들어 3억 2800만 명의 미국인 중에서 무작위로 100명을 고른다면 새로운 유형의 피자 관련 가설을 검증하기에 적절한 샘플 크기다. 왜냐하면 대부분의 사람은 피자를 좋아하고 피자를 살 능력이 되기 때문이다. 하지만 테슬라의 로드스터 첫 모델처럼 좌석이 2개뿐인 12만 달러(약 1억 4400만 원)짜리 전기자동차를 팔 생각이라면, 무작위로 고른 100명으로는 원하는 데이터를 얻을 수 없다. 대부분의 사람은 그런 차를 살 능력이 되지 않거나 그런 차를 선택하지 않을 것이기 때문이다. 이 경우에는 표적 시장에 집중된 검증이 필요하다. 예컨대 '젊고 괴짜 기질이 있는 백만장자' 같은 표적 시장 말이다.

범위 축소 도구를 다시 오염 탐지기 사례에 적용해보자. 대기질이 안 좋은 도시는 많다. 하지만 휴대용 오염 탐지기라는 아이디어를 생각해낸 팀의 학생들은 중국 베이징 출신이었다. 세계에서 대기 오염이 가장 심각한 도시 말이다. 그러니 학생들이 범위를 좁혀야 할 첫 단계는 명확하다. 전 세계에서 베이징으로 범위를 좁혀야 한다.

Y : 대기질지수가 100 이상인 전 세계 모든 도시

y : 중국의 베이징

이 정도면 첫 단계로서는 훌륭하지만 베이징은 인구가 1000만 명이 넘는 거대 도시다. 학생들은 좀 더 범위를 좁힐 필요가 있다. 몇 분간 논의 끝에 학생들은 어린 자녀를 둔 부모가 이상적인 표적 시장이 될 수도 있겠다고 결론 내린다. 그때 팀원 한 명이 누나의 자녀들이 베이징의 토트 아카데미에 다닌다고 말한다. 토트 아카데미는 베이징에 있는 사립 유치원으로 학생 수가 300명 정도다. 이 학생은 누나가 다음번 학부모 모임에서 이 제품을 보여주고 부모들 중 몇 명이나 관심을 보이는지 알아봐줄 수 있을 거라고 말한다. 최고다. 학생들은 지구 전체에서 300명의 아이들이 다니는 특정 유치원까지 범위를 좁혔다.

Y : 대기질지수가 100 이상인 전 세계 모든 도시

y : 베이징에 있는 토트 아카데미의 학부모

학생들은 중국으로 범위를 좁혔기 때문에 미국 달러에서 중국 위안으로 통화 단위를 바꾸었고, 이제 다음과 같은 XYZ가설이 생긴다.

적어도 10퍼센트의, 베이징 토트 아카데미 학부모는, 800위안짜리 휴대용 오염 탐지기를 구매할 것이다.

훌륭한 발전이다. 이제 학생들은 접근이 쉬운, 표적 시장의 부분집합에 기초해서 '숫자로 이야기'하는 가설을 갖게 됐다. 하지만 여전히 큰 문제가 남아 있다. 아직까지 제품이 없다는 점이다! 현시점에 휴대용 오염 탐지기는 생각랜드에 갇혀 있는, 실현되지 않은 아이디어에 불과하다. 이런 제품을 설계·개발·제조하려면 많은 돈과 함께 적어도 1년의 시간이 필요할 것이다. 일회성 시제품조차 개발하려면 상당한 투자와 몇 달의 시간이 필요할 것이다. 일종의 닭이 먼저냐, 달걀이 먼저냐 문제에 빠진 꼴이다. 학생들은 많은 돈과 시간을 투자하기에 앞서 본인들의 시장 호응 가설을 검증해야만 이 제품 아이디어가 '될 놈'인지 알 수 있다. 하지만 시장 호응 가설을 검증하려면 이미 제품이 만들어져 있어야 한다. 아니면 혹시 다른 방법도 있는 걸까?

우리의 신제품 아이디어가 시장에서 성공할지 어떨지 '100퍼센트 확실하게' 알 수 있는 유일한 방법은 제품을 개발해서 다량 제조하고 적절한 마케팅 캠페인을 벌인 후 무슨 일이 일어나는지 지켜보는 것이다. 다시 말해 '만들면 찾아오겠지'라는 희망에 기대서 전진하는 수밖에 없다. (할리우드 영화에 나오는 또 다른 응원 문구로 '실패는 옵션이 아니다'가 있다. 듣기에는 훌륭하지만 보통은 독이 되는 경우가 많다.)

그러나 이런 식의 접근법은 어느 아이디어가 '될 놈'인지를 알아보는 방법으로는 너무 많은 비용과 위험 부담이 따른다. 특히나 대부분의 아이디어는 시장에서 실패한다는 사실을 우리가 이미 알고 있다면 말이다. 하지만 우리에게 무슨 대안이 있을까? 어쨌거나 우리는 의견에 휘둘리는 생각랜드 기반의 시장조사에는 의존할 수 없다는 사실을 배웠다. 그런 조사는 너무 많은 긍정 오류와 부정 오류를 낳기 때문이다. 우리는 '의견'이 아닌 데이터가 필요하다. 또한 그들의 데이터에는 의존할 수 없으며 '나만의 데이터'를 수집해야 한다. 모두 이해는 가는데, 데이터 수집에 쓸 제품을 만들지 않고서야 대체 무슨 수로 '나만의 데이터'를 수집하지?

그래서 필요한 것이 프리토타이핑이다.

5장

프리토타이핑 도구

'프리토타이핑(pretotyping)'은 내가 만들어낸 단어다. 나는 왜 이런 짓을 했을까? 우리는 왜 새로운 단어가 필요하고, '될 놈'을 향한 우리의 여정에 왜 이게 중요할까? 내게 이 단어를 만들어내게끔 한 사례를 직접 살펴보는 것이 아마 가장 좋은 설명이 될 것이다.

IBM 음성인식 기술 사례

내가 이 얘기를 처음 들은 것은 몇 년 전 어느 소프트웨어 콘퍼런스에서였다. 내 설명이 얼마나 정확할지는 모르겠다. 몇몇 사소한 부분에서는 내 기억이 틀릴 수도 있다. 하지만 이 사례의 경우에는 세부적인 내용보다는 이야기의 핵심이 훨씬 중요하다. 그 점을 미리 밝혀두고 내가 기억하는 스토리를 이야기하면 다음과 같다.

몇십 년 전, 그러니까 인터넷 시대나 유비쿼터스 PC 시대의 여명이 밝기 훨씬 전에 IBM은 메인프레임 컴퓨터와 타자기로 가장 잘 알려져 있었다. 당시에는 타자를 잘 치는 사람이 몇 없었다. 주로 비서나 작가, 일부 컴퓨터 프로그래머 정도가 타자에 능숙했다. 대부분의 사람은 손가락 하나로, 느리고 비효율적으로 타이핑을 했다. 그래서 기업들은 타자 업무를 맡길 전문 타이피스트를 고용해야 했다. 그런데 그들은 비교적 임금이 비쌌을 뿐만 아니리 쉬는 시간도 필요하고 종종 공짜 베이글이나 커피까지 대령해야 사기가 유지되었다.

IBM은 컴퓨터 기술과 타자기 시장의 선두적 위치를 활용해 음성인식 컴퓨터를 개발할 수 있는 이상적인 위치에 있었다. 이 기술이 구현되는 경우 사람들이 마이크에 대고 얘기를 하면 그 말이나 명령이 마법처럼 스크린에 나타날 것이기 때문에 타이핑이 필요 없었다. 전문 타이피스트의 필요성이 줄어들고 결국 이 기술로 대체된다면 IBM은 큰돈을 벌어들일 잠재력이 있었다. '만약에' IBM이 이 기술을 상용화할 수 있고, '만약에' 의도한 이용자들이 이 기술을 편안하게 느낀다면 말이다.

전문 타이피스트를 제외한, 모든 사람들이 생각랜드에서는 이 아이디어를 반겼다. 많은 사람들이 컴퓨터를 이용하고 싶어 하면서도 타이핑을 배우고 싶어 하지는 않았다. 게다가 하늘을 나는 자동차와 함께 인간의 말을 알아듣는 컴퓨터는 대부분의 사람이 미래에 보게 되리라 기대하는 물건이었다. 하지만 수십 년간 대규모 R&D 투자를 하기 전에 IBM은 먼저 표적 시장과 회사원들이 이 기술에 긍정적 반응을 보일지 알고 싶었다. 단지 생각랜드에서만이 아니라 실제 세계에서 이 기술이 어떻게 작동하고 뭘 해줄 수 있는지 직접 체험해본 후에 나타나는 반응 말이다. 그러려면 사람들에게 이 기술의 시제품을 보여주는 게 최선이었지만, 한 가지 큰 문제가 있었다.

당시는 컴퓨터의 성능이 지금보다 훨씬 떨어지고 가격은 훨씬 비쌌다. 또 음성인식 기능에는 상당한 정도의 컴퓨팅 파워가 필요한데, 당시의 컴퓨터로는 그 정도의 성능을 낼 수 없었다. 게다가 충분한 처리 능력이 된다고 해도 정확한 음성인식 기술은 컴퓨터 과학적으로 아주 어려운 문제여서, 이제야 겨우 해결의 실마리를 푼 정도다. 다시 말해 IBM이 적합한 시제품을 만들어내려면 수십 년은 더 기다려야 했다. 하지만 표적 시장에 대한 핵심 가정이 옳은지 검증하려면 뭐라도 있어야 했다. IBM 조사팀은 기발한 해결책을 생각해냈다.

조사팀은 컴퓨터 박스와 모니터, 마이크를 가지고 작업대 모형을 하나 만들었다. 단, 키보드는 없었다. 조사팀은 잠재 고객 몇 명에게 혁신적인 음성인식 컴퓨터의 시제품이 나왔다고 말했다. 그런 다음 잠재 고객들에게 기본적인 사용법을 설명해주고 새 발명품을 한번 사용해보라고 했다. 사람들은 미심쩍어하면서도 흥분된 기분으로 마이크에 대고 말을 했다. "새로운 편지를 받아서 줘. 존스 씨, 귀하께서 지난번에 보내주신 편지에…." 겨우 2초 정도가 지났을까? 그들이 쓴 편지의 텍스트가 모니터에 나타났다.

이 시제품을 사용해본 사람들은 한결같이 깊은 인상을 받았다. 믿어지지 않을 만큼 훌륭한 기술이었다. 그러나 실은 믿지 말았어야 했다.

실제로 당시에는 음성인식 기계가 존재하지 않았다. 시제품조차 없었다. 그래서 이 실험이 더욱더 영리한 실험이었던 것이다.

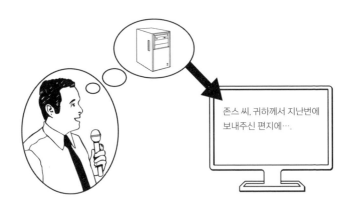

존스 씨, 귀하께서 지난번에 보내주신 편지에….

이용자들이 인식한 컴퓨터의 음성인식 과정

2부 쓸모 있는 데이터를 수집하는 방법

그 방 안에 있던 컴퓨터 박스는 모형에 불과했다. 옆방에서 숙련된 타이피스트가 마이크에서 흘러나오는 이용자의 목소리를 듣고는 이용자의 말이나 명령을 키보드로 컴퓨터에 입력했다. 옛날식 그대로 말이다. 타이피스트가 키보드로 입력한 내용은 뭐든 이용자의 스크린에 나타났고, 이용자는 스크린에 나타난 것이 실제 음성인식 기계가 해낸 일이라고 생각했다.

이 실험을 통해 IBM은 꽤 많은 것을 알게 됐다. 처음에는 이 '기술'에 깊은 감명을 받아서 음성인식 컴퓨터를 구매하고 사용할 거라고 (생각랜드에서) 확신했던 사람들이 대부분 이 시스템을 몇 시간 이용해본 후에는 생각을 바꿔먹었다. 타이피스트가 빠르고 거의 완벽하게 말을 글로 바꿔주고 있었음에도, 컴퓨터에다

실제 음성인식 기계의 테스트 과정

몇 줄 이상의 텍스트를 말로 입력하는 것은 몇 가지 측면에서 너무 어색하고 문제가 많았다. 그렇게 떠들다 보니, 두어 시간 후면 사람들은 목이 아팠고, 업무 환경은 시끄러워졌으며, 기밀 유지도 되지 않았다. "회계팀의 밥을 해고해야 해"라는 편지를 불러주고 있는데 밥이 옆으로 지나간다고 한번 생각해보라.

IBM의 접근법은 기발했다. 하지만 이걸 뭐라고 불러야 할까? 타이피스트를 이용한 음성인식 장치는 '제대로 된 시제품'은 아니었다. 미니어처 타이피스트를 만들어 컴퓨터 박스 안에 집어넣은 다음, 플로피디스크 슬롯으로 치즈와 크래커를 넣어줄 게 아니라면 말이다. IBM은 음성인식 시스템의 시제품을 가지고 있지 않았다. 그런 시제품을 가지고 있는 '척'했을 뿐이다. 그들에게는 그게 필요했다. 만약 시범 이용자가 마이크 저쪽에 컴퓨터가 아닌 사람이 있다는 사실을 알았다면 혹은 그런 의심이라도 했다면 이용자의 행동은 완전히 달랐을 테고 결과도 달라졌을 것이기 때문이다.

처음 이 이야기를 들었을 때 나는 할 말을 잃었다. 가장 먼저 든 생각은 이것이었다. '왜 아무도 나한테 이 얘기를 안 해준 거야?!' 대부분의 사람들처럼 나도 '안 될 놈'으로 밝혀질 제품과 프로젝트를 작업하며 오랜 세월을 보냈다. 우리도 당연히 시제품부터 먼저 만들었다. 하지만 그 첫 번째 목적은 우리가 과연 해당 제품을 만들 수 있는지를 보기 위한 것이었다. 다시 말해 우리는 '만들면 찾아오겠지'라는 가정하에 일하고 있었다. 그런 시제품을 만드느라 수개월간 수백만 달러를 쓰는 경우도 많았다. 개발에 그 정도의 시간과 돈을 투자하고 나면 중단하자고 말하기가 정말로 고통스럽다. 실제 시장 반응이 부정적이더라도 새로운 사양을 추가하고 여기저기 손을 보면서 계속 해나가게 된다. 방법은 모르지만 어떻게든 상황이 바뀌기를 바라면서 말이다. 위험하고 비싼 대가를 치르게 되는 악순환이 시작되는 것이다.

프리토타이핑

엔지니어인 나는 신기술 시제품이라고 하면 어설프게 되는 대로 이어붙이고 여기저기 와이어가 삐죽 튀어나온, 아직 본격적인 상용화가 준비되지 않은 제품을 떠올린다. 그러나 IBM이 시도한 일은 시제품에 대한 우리의 상식과는 너무나 달라서 새로운 이름을 붙여줘야 한다는 생각이 들었다. 처음에 내가 생각한 단어는 '프리텐도타이핑(pretendotyping, '~인 척하다'라는 뜻의 영어 단어 'pretend'에 '시제품을 만들다'라는 뜻의 'prototype'을 결합한 것 - 옮긴이)' 이었다. 내가 이 단어를 생각했던 것은 제대로 된 시제품을 만들려면 오랜 세월을 기다려야 함에도, IBM 팀이 이미 시제품을 가진 '척'했기 때문이다.

그러나 연상이 잘되기는 해도 프리텐도타이핑은 입으로 말하거나 글로 쓰기에는 상당히 어색했다. 그래서 나는 '프리토타이핑'으로 줄였다. 이 단어는 충분히 괜찮아 보였다. 왜냐하면 접두사 '프리(pre-)'는 무언가보다 '먼저' 오는 것을 뜻하기 때문이다. 이 경우 프리토타이핑은 시제품, 즉 '프로토타이핑(prototyping)'보다 먼저 온다. 그리고 명사 '프리토타입(pretotype)'은 시제품(prototype)보다 먼저 나오는 물건이다. 그러니 프리토타이핑이라는 단어는 중요한 두 가지 요소인 '먼저 온다'는 뜻과 '척한다'는 뜻이 결합된 표현이다.

지난 몇 년간 나는 (주로 악의적인 트윗이나 각종 소셜 미디어의 비난성 댓글을 통해) 몇몇 사람들이 '프리토타입'이라는 단어를 정말 싫어한다는 사실을 알게 됐다. 그들은 이미 시제품(프로토타입)이라는 단어가 모든 의미를 포함하고 있기 때문에 새로운 단어를 만들 필요가 없다고 생각했다. 나도 그들의 전제에는 동의하지만, 결론에는 동의하지 않는다. 시제품이라는 단어가 모든 의미를 포함하는 것은 맞지만, 바로 그 점이 문제다! 시제품은 너무 포괄적인 용어라서 무슨 뜻이든 될 수 있다. 지금처럼 사용한다면, 시제품은 5센트짜리 클립에 고무줄을 매단 장치에서부터 제대로 작동하는 500만 달러짜리 1회성 제품까지 모든 걸 가리킬 수 있다. 나는 5분짜리 실험에서도, 수백 명이 5년간 작업한 프로젝트에서도 '시제품'이라는 말이 쓰이는 것을 목격했다.

게다가 시제품과 프리토타입은 목적이 다르다. 시제품은 주로 어느 제품이나 서비스 아이디어를 실제로 만들 수 있는지, 어떤 식으로 만들어야 하는지, 어떤 식으로 작동할지, 최적의 크기나 모양은 무엇일지 보기 위해 설계한다. 반면에 프리토타입은 주로 어느 아이디어가 추구하고 만들 가치가 있는지를 값싸고 빠르게 검증하기 위해 설계한다. 목표가 다르기 때문에 서로 다른 기법을 사용해야 하고, 그러니 자체 명칭이 필요하다. 사실 이 책에서 나는 프리토타입이라는 말을 사용할 뿐만 아니라 프리토타입의 유형에 따라 하나씩 이름을 붙여줄 생각이다. 이 많은 새로운 이름이 반드시 필요할까? 나는 필요하다고 생각한다. 여러분도 내 생각에 동의할 수 있을지는 두고 보면 알 것이다.

곤충마다 이름을 따로 붙여줄 필요가 있을까? 어차피 곤충은 다 곤충 아닌가? 마트의 파스타 코너에 가보면 스파게티 외에도 스파게티니, 링귀니, 페투치니, 부카티니, 디탈리니, 토르텔리니가 있다. 차이가 무엇인가? 어차피 다 파스타 아닌가? 파스타 이름을 너무 다양하게 만들어서 우리를 헷갈리게 좀 하지 말라고 누가 파스타 회사에 얘기를 좀 해줬으면 좋겠다.

가라테, 유도, 주짓수, 쿵후, 아이키도, 태권도는 또 어떤가? 대체 남의 엉덩이를 발로 차주는 방법이 몇 가지나 더 있는 것인가?

그리고 우리가 아파서 드러눕는 수많은 방법에 대해서도 그 많은 이름이 정말로 다 필요할까? 우리는 정말로 감기를 독감과 구분해야 할까? 감염의 종류를 서로 구분해야 할까? 복통과 맹장염을 구분해야 할까? 식중독과 방사선 중독을 구분해야 할까? 처방약들을 서로 구분해야 할까? 결국 아픈 건 아픈 거고, 약은 약인데? 여기까지만 하겠다. 무슨 말인지 이해했을 것이다.

우리 분야도 마찬가지지만, 많은 분야에서 알맞은 용어를 사용하면 정확성이 더 높아지므로 더 효율적으로 소통하고 작업하는 데도 도움이 된다. 더욱 중요한 것은 알맞은 용어를 사용하면 우리가 상황에 접근하는 방식에 관해서도 적절한 기대치와 범위를 설정할 수 있다는 점이다. 강을 건널 때는 개울을 건널 때와는 준비나 접근 방식이 아주 달라진다. 엄밀히 말하면 강이나 개울이나 모두 다 흐르는 물에 불과하지만 말이다. 마찬가지로 시제품을 만든다면 6개월이라는 시간과 30만 달러(약 3억 6000만 원)라는 예산도 특별하지 않겠지만, 프리토타입의 경우라면 그건 완전히 도를 넘어선 수준일 것이다. 왜냐하면 앞으로 보게 되듯이 프리토타입이라는 말은 시간 단위(길어봤자 일 단위)로 셀 수 있을 정도의 기간과 겨우 몇백 달러(수십만 원 정도)를 넘지 않는 수준의 예산을 암시하기 때문이다.

아직도 새로운 단어가 필요하지 않다고 생각하는 사람이라도 계속 책을 읽어나가며 내가 소개하는 도구와 전략들을 적용해보길 바란다. 별거 아닌 어휘 문제로 여러분이 여기서 중도 포기하는 것은 절대로 원하지 않는다. 못 참겠다면 여기에 나오는 프리토타입을 그냥 '시제품'이라고 생각하라. 하지만 마음은 열어두기 바란다. 왜냐하면 한번 시도해본다면 약간의 비용이 들더라도 정확한 용어를 사용하는 게 도움이 된다는 점을 여러분도 분명히 느끼리라 자신하기 때문이다.

아직 구글에 있던 2009년에 나는 엔지니어와 PM 동료들에게 프리토타이핑과 프리토타입이라는 용어에 관해 설명하기 시작했다. 놀랍게도 그들 대부분이 이 방법을 흥미롭다고 느꼈을 뿐만 아니라 대부분의 프로젝트에 적용할 수 있겠다고 했다. 어쩌면 '안 될 놈'에 투자하는 것을 막는 데 아주 유용할 수도 있겠다고들 생각했다. 실제로 IBM의 음성인식 기술 사례를 들려주고 나면 그들 다수가 이런 얘기를 했다. "지난번에 우리가 실패한 프로젝트도 그와 비슷한 걸 해봤다면 좋았을 텐데. 엄청난 시간과 돈을 절약하고 망신도 안 당했을 텐데."

그래서 나는 프리토타이핑의 다른 사례도 있는지 한번 찾아보기로 했다.

프리토타입을 찾아서

무언가에 집중하면 온통 주변에서 그것만 보인다는 현상은 이미 잘 알려져 있다. 예를 들어 폭스바겐 컨버터블을 사야겠다고 생각하면 어딜 가나 폭스바겐 컨버터블이 보인다. 내 경우 프리토타이핑이 꼭 그랬다. IBM의 음성인식 기술 사례를 듣고서 프리토타이핑이라는 단어를 떠올리고 나자, 자꾸만 프리토타이핑으로 볼 수 있는 일화나 기술 사례가 눈에 띄었고 저절로 사례가 모이기 시작했다.

나는 온갖 낙천적인 예측에도 불구하고 시장에서 실패한 신제품 아이디어들도 조사했다. 그중에서 아이디어의 구현 과정이 형편없었던 경우를 제거하고 나니, 훌륭하게 실행했으나 실패한 사례의 목록이 남았다. 이것들은 출시나 운영 면에서 실행력이 부족해 시장에서 실패한 게 아니었다. 이것들은 아이디어의 '전제'가 잘못되어 있었다. 아이디어 자체가 '안 될 놈'이었던 것이다. 이는 가장 흔한 실패의 시나리오일 뿐만 아니라 가장 값비싼 대가를 치르게 하는 고통스러운 실패의 시나리오다. 우리는 제대로 만들기 위해 열심히 노력했으나, 우리가 만든 것이 '안 될 놈'이었기 때문이다. 젠장.

이 고통스러운 실패 목록에는 내 것도 있고, 내 친구와 동료들의 것도 있으며, 비즈니스 관련 기사나 뉴스에 보도된 것도 많이 있다(시장 실패 사례를 조사할 때 좋은 점 중에 하나는 사례가 부족하지 않다는 사실이다). 몇 주간 프리토타입과 시장 실패 사례를 조사해보고 나니, 프리토타이핑 기법 몇 가지와 '안 될 놈'의 실패 사례가 수두룩하게 수집됐다. 그리고 거기서부터가 정말로 흥미로웠다.

나는 실패 사례를 하나씩 살펴보면서 이렇게 물었다. 프리토타이핑 기법을 사용했다면 이 시장 실패 사례를 막을 수 있었을까? 다시 말해, 창의적인 프리토타이핑 기법을 몇 가지 이용했다면, 너무 깊이 발을 담그기 전에 이 제품의 전제가 잘못됐다는 사실(이 제품이 '안 될 놈'이라는 것)을 알 수 있었을까?

거의 모든 경우에 나의 답은 확실한 '예스'였다! 고통스럽고 큰 비용을 치르게 했던 그 실패들의 대부분은 프리토타이핑 실험을 잘 설계하고 실행했더라면 쉽게 막을 수 있었던 경우였다. 그 어떤 접근법이나 도구도 100퍼센트 확신을 줄 수는 없지만, 프리토타이핑 도구는 적절히 사용한다면 어느 아이디어가 '될 놈'인지 '안 될 놈'인지를 결정하도록 도와줄 것이다. 적어도 생각랜드에 기초한 시장조사들보다는 빠르고 믿을 만할 것이다.

설마 그렇게까지 훌륭할까 하는 의심이 든다고 해도 충분히 이해한다. 처음에는 나도 그랬기 때문이다. 나는 천성적으로 의심이 많은 사람이다. 하지만 이 도구와 기법들을 수년간 사용하고, 코칭하고, 가르쳐보니, 이것들이 효과가 있다는 확신을 갖게 됐다. 하지만 내 말을 곧이곧대로 받아들이지는 마라. 무엇보다 나는 편향되어 있고, 내 경험은 기껏해야 '그들의 데이터'에 불과하며, 어쩌면 그저 개인의 일화에 불과할지도 모르니까. 그들의 데이터와 개인의 일화에는 의존하지 말라고 앞서 경고했었다. 그래서 나는 이렇게 말하고 싶다. "나를 믿지 마세요. 나를 테스트해보세요!" 프리토타이핑의 논리와 효과를 납득하는 가장 좋은 방법은 직접 체험해보는 것이다. '나만의 데이터'를 수집하라.

이제부터는 프리토타이핑 기법을 소개하려고 한다. 이것들을 단독으로 혹은 몇 가지를 결합해 사용한다면 그 어떤 신제품 아이디어든 검증하게 도와줄 소중한 '나만의 데이터'를 수집할 수 있을 것이다. 작업했던 신제품이 '될 놈'이 아니어서 시장에서 실패해본 경험이 한 번이라도 있는 사람의 경우, 내가 소개하는 기법 중 한두 개를 사용했더라면 그 실패를 막을 수도 있었겠다는 생각이 분명히 들 것이다.

미캐니컬 터크 프리토타입

미캐니컬 터크(Mechanical Turk) 프리토타입은 18세기 말에 전 세계를 돌며 체스를 두었던, 그 유명한 미캐니컬 터크 체스 '기계'에서 이름을 따온 것이다. 사람들은 '터크'가 체스를 두도록 프로그램된 기계 장치(로봇)라고 믿었다. 그러나 사실은 체구가 작은 프로 체스 선수가 숨어서 마네킹을 조종하며 체스를 뒀던 것이다.

미캐니컬 터크 프리토타입은 값비싸고 복잡한 기술이나 아직 개발되지 않은 기술이 있고, 인간이 은밀히 그 기술을 대신 구현하는 것이 가능할 때 이상적인 방법이다.

혹시 익숙하게 들리는가? 당연히 그럴 것이다. 5장을 시작하면서 소개했던 IBM의 음성인식 실험이 바로 미캐니컬 터크 프리토타입의 훌륭한 실제 사례다. 쓸 만한 음성인식 엔진을 개발하려면 수년의 시간과 어마어마한 투자가 필요했을 것이다. 하지만 미캐니컬 터크 장치에 숨어 있던 체스 선수처럼 옆방에 숨어 있던 타이피스트는 복잡한 기능을 쉽게 흉내 낼 수 있었고, IBM은 원하던 '나만의 데이터'를 수집할 수 있었다.

미캐니컬 터크 프리토타입이 아이디어 검증을 도와줄 수 있는 또 다른 사례를 살펴보자.

사례 : 폴드포유(Fold4U)

코인 세탁소는 대부분 세탁기와 건조기를 보유하고 있다. 하지만 건조가 끝나면 뒤죽박죽된 온갖 옷가지를 손으로 정리해서 접고 쌓아야 한다. 자율주행차가 다니는 시대에 옷은 여전히 손으로 직접 개야 한다고? 어떻게 그럴 수가! 그래, 약간 과장이었을 수도 있지만 옷을 개고 쌓아주는 기계가 있어서 세탁의 이 마지막 과정을 처리해준다면 멋지지 않을까?

발명가인 아이번은 그런 기계를 만들 수 있다고 믿고 있다. 그리고 그 기계를 월정액 더하기 회당 요금으로 코인 세탁소에 대여하면 큰돈을 벌 수 있겠다고 확신한다. 아이번에게 필요한 것은 시제품을 만들 5만 달러(약 6000만 원)의 자금과 6개월 정도의 시간이다. 아이번에게는 그런 돈이 없다. 지난번 벤처에서 발명한 제품(개 산책 로봇)이 기대했던 것만큼 잘 팔리지 않았기 때문이다. 그래서 아이번은 앤젤투자자인 친구 앤절라에게 5만 달러를 투자하면 자신의 새 회사 폴드포유의 지분 25퍼센트를 주겠다고 제안한다.

앤절라는 아이번의 기술력 대해서는 충분히 확신하고 있다. 아이번이 자동 옷 개기 기계를 만들 수 있다고 했다면, 실제로도 만들어낼 것이다. 하지만 앤절라는 폴드포유의 비즈니스 모델이나 재무 예측에 관해서는 전혀 확신하지 못하겠다. 아이번의 계획은 대부분의 코인 세탁소 고객들이 옷을 개고 쌓기 위해 기꺼이 2달러에서 3달러 정도를 추가로 지급할 거라는 사실이 전제되어야 한다.

앤절라가 아이번의 시장 호응 가설에 의문을 제기하자 아이번은 방어적으로 나온다. "앤절라, 그냥 가정한 게 아냐. 시장조사를 했다고. 코인 세탁소 이용자 632명을 인터뷰했어. 그들이 옷을 개고 있을 때 말이야. 421명이 옷 개는 게 정말 싫다면서 만약에 옷을 대신 개주는 기계가 있다면 기꺼이 몇 달러를 더 내겠다고 했어."

"개 산책 로봇 때도 그런 설문조사를 하지 않았어?" 앤절라가 묻는다.

아이번은 얼굴이 홍당무가 되어 이렇게 대답한다. "앤절라, 폴드포유에 투자하는 데 관심이 없으면 그냥 그렇다고 해. 나에게 창피를 줄 필요까진 없잖아. 개 산책 로봇이 실패했다는 건 알아. 그 푸들이 그렇게 불행한 사고를 당한 것도 영향이 없지 않았어. 하지만 이번에는 훨씬 더 훌륭하고 위험 부담은 적은 아이디어야. 그리고 시장이 완전히 달라."

앤절라가 대답한다. "아이번, 관심이 있으니까 얘기하는 거야. 실은 관심이 커. 폴드포유가 어떤 잠재력이 있는지 분명히 보인다고. 하지만 5만 달러를 투자해서 시제품을 만들기 전에 먼저 옷을 개는 서비스에 돈을 지불하겠다고 말한 그 코인 세탁소 이용객들이 실제로 돈을 낼 거라는 확실한 증거가 있었으면 좋겠어. 그 사람들이 옷 개는 기계에 옷을 넣고 돈을 내는 걸 보고 싶다고."

"그래서 돈이 필요한 거잖아. 시제품을 만들려고. 시제품이 없는데 폴드포유에 사람들이 돈을 낼지 어떻게 테스트하겠어?"

계속 읽어나가기 전에 잠깐 여러분이 앤절라라면 아이번에게 뭐라고 대답할지 한번 생각해보라. 아이번에게 5만 달러를 주겠는가? 어떻게 하면 미캐니컬 터크 프리토타입을 이용해 아이번의 시장 호응 가설을 검증할 수 있을까? 그냥 한번 생각해보라. 간단하지 않은가? 나는 여러분이 분명히 옳은 답을 찾아낼 거라고 확신한다.

좋다. 여러분이 연습을 해보았기를 바란다. 만약에 그렇다면 앤절라와 아이번이 생각해낸 방법과 한번 비교해보라.

앤절라는 아이번에게 IBM 음성인식 기술 사례를 들려준다. 이야기를 마치자 아이번의 얼굴은 이번에도 붉어졌지만 이유는 다르다. 아이번의 짜증은 흥분으로 바뀌어 있다. "IBM 사람들 정말 똑똑하네. 지금까지 나는 어떻게 이 얘기를 한 번도 들어보지 못했나 몰라. 이 프론토타이핑인가 뭔가를 이용하면 폴드포유를 테스트해볼 수 있겠어."

"프리토타이핑이야." 앤절라가 말하며 웃는다. "하지만 결과가 얼마나 빨리 나올지를 생각하면 프론토타이핑이라는 이름도 어울리네."

몇 가지 의논을 해본 후 아이번과 앤절라는 XYZ가설을 도출한다.

적어도 50퍼센트의 코인 세탁소 이용객은 옷을 개고 쌓는 데에 2달러에서 4달러(지역에 따라 다름)를 지불할 것이다.

그다음 둘은 범위 축소를 이용해 다음과 같은 xyz가설을 테스트해보기로 한다.

적어도 50퍼센트의 레니즈 코인 세탁소 이용객은 폴드포유의 기계에 옷을 넣고 2달러를 지불하여 옷을 갤 것이다.

여기서부터가 재미있다. 아이번은 레니(동네 코인 세탁소 사장)를 만나 폴드포유의 아이디어를 설명하고 그의 가게에서 프리토타이핑 실험을 하게 해주면 200달러를 내겠다고 한다. 레니는 좋다고 한다. 그리고 아이번의 아이디어에 흥미와 흥분을 함께 느낀 레니는 아이번이 실험을 준비하고 진행하는 것까지 도와주기로 한다. 레니는 심지어 고장 난 옛날 건조기까지 내준다. 실험을 하기에 딱 좋은 장비였다.

아이번은 옛날 건조기를 개량해서 드럼을 빼내고 뒤쪽에 숨겨진 문을 설치한다. 사람들이 이 기계에 옷을 넣고 돈을 지불하면 아이번이 뒷문을 열어 옷을 꺼내 접은 다음, 다시 기계 안에 넣을 생각이다. 완벽한 착각을 일으키기 위해 아이번은 기계 소음까지 녹음해두었다가 자신이 옷을 접는 동안 기계 안에 소리를 틀기로 했다. 그리고 '빨래 개기' 과정이 끝나면 아이번이 기계 안에서 작은 방울을 울려 빨래가 모두 개어졌음을 알리기로 했다.

프리토타입이 워낙에 잘 작동해서 이용자 중에 누구도 전혀 의심하지 않는다. 이용자들은 다들 본인의 옷을 무슨 로봇이 접어주는 줄로만 안다. 그러나 레니즈 코인 세탁소 고객들 대부분이 새로운 기계에 호기심을 느끼기는 했지만, 실제로 사용하는 사람은 거의 없다. 그리고 실제로 사용해본 사람들도 대부분 그냥 호기심이었다고 인정한다. 첫 번째 프리토타이핑 실험은 기대에 훨씬 미치지 못한다.

xyz가설 : 적어도 50퍼센트의 레니즈 코인 세탁소 이용객은 폴드포유의 기계에 옷을 넣고 2달러를 지불하여 옷을 갤 것이다.

나만의 데이터 : 12퍼센트의 레니즈 코인 세탁소 이용객이 2달러를 지불하고 폴드포유로 옷을 갰다.

혹시나 해서 아이번은 2주가 넘는 기간 동안 가격과 코인 세탁소를 바꿔가며 실험을 몇 차례 더 진행한다. 안타깝게도 결과는 크게 바뀌지 않는다. 가격을 1달러까지 떨어뜨려도 마찬가지다. 사람들은 생각랜드에서는 이런 서비스에 대해 2~4달러를 지불하겠다고 말하지만(그리고 아마도 그렇게 믿고 있지만), 실제로 무언가를 투자(빨래 개기 기계에 동전을 넣는 형태로)해야 할 때가 되자, 실제로 투자하는 사람은 아주 적었다.

그렇다면 폴드포유는 전혀 가망이 없다는 뜻일까? 꼭 그런 것은 아니다. 아이번의 계획과 비즈니스 모델은 코인 세탁소 이용객의 50퍼센트 이상이 빨래 개기 기계에 돈을 지불할 거라는 가정에 기초하고 있었다. 만약 실제 수치가 15퍼센트 이하라면 아이번은 가정의 많은 부분을 수정해야만 앤절라 같은 투자자를 설득할 수 있을 것이다.

아이번은 폴드포유가 '될 놈'이 아닌 것에 실망했을 수도 있지만, 안도감이 드는 것도 사실이다. 개 산책 로봇처럼 자기 인생의 2년과 큰돈을 낭비하지 않고도 교훈을 얻었기 때문이다.

아이번, 어때?

"프리토타이핑, 고마워!"

실패에 관해 이만큼 떠들고 나면 가끔 해피엔딩은 없냐고 물어보는 사람도 있을 것이다. 뭐, 아이번이 또 한 번 개 산책 로봇 같

은 참담한 실패를 겪지 않게 막아준 것만 해도 해피엔딩 아니냐고 말하고 싶지만, 그래, 무슨 말인지 알겠다. 제대로 된 할리우드식 해피엔딩을 듣고 싶은 사람도 있을 것이다. 문제없다. 그럴 수 있다. 여기 해피엔딩을 한번 제시해보자.

다른 엔딩 : 레니즈 코인 세탁소 고객 대부분이 새로운 기계에 흥미를 느꼈을 뿐만 아니라 이제 이 기계를 사용하려고 줄을 선다. 실제로 폴드포유는 센세이션을 일으킨다. 빨래가 개어져 나올 때마다 사람들은 박수를 친다. 모두가 이 새로운 기계를 구경하고 이용하고 싶어 한다. 하지만 빨래를 개고 있는 것은 기계가 아니라 불쌍한 아이번이다. 다음날 팔이 떨어져 나갈 것 같은 통증을 느낀 아이번은 실험을 끝낸다. 아이번은 자신의 프리토타입 앞에 '고장'이라고 써 붙여두고 앤절라를 만나러 간다. 그리고 이번에는 생각랜드에서의 설문조사가 아니라 따끈따끈한 '나만의 데이터'를 내놓는다.

xyz가설 : 적어도 50퍼센트의 레니즈 코인 세탁소 이용객은 폴드포유의 기계에 옷을 넣고 2달러를 지불해서 옷을 갤 것이다.

나만의 데이터 : 78퍼센트의 레니즈 코인 세탁소 이용객이 2달러를 지불하고 폴드포유로 옷을 갰다.

앤절라는 짜릿한 기분을 느낀다. 이런 훌륭한 결과가 요행은 아닌지 확인하기 위해 앤절라와 아이번은 빨래를 개어줄 파트타임 조수를 고용해 실험을 추가적으로 운영해보기로 한다. 신선함이 가시면서 시장의 호응이 살짝 줄어들기는 한다(일부 사람은 이 기계를 계속 이용하는 것보다는 기계를 구경하고 어떻게 작동하는지에 더 관심을 가졌던 것으로 드러난다). 그러나 평균적인 시장 호응(코인 세탁소 고객 중에 빨래를 건조시킨 후 돈을 내고 폴드포유로 개려고 하는 사람의 수)은 62퍼센트 정도로 견실하다. XYZ가설에서 아이번이 예측한 50퍼센트 이상을 충분히 뒷받침하는 수치다.

사람들은 이런 서비스가 생기면 돈을 지불하겠다고 말했고 무언가를 투자해야 할 때가 오자 실제로 투자했다. 이 경우 '나만의 데이터'는 '의견'과 일치했다. 이런 일도 생긴다. 그저 우리가 원하는 만큼 자주는 아닐 뿐이다. 그렇기 때문에 우리에게는 아이디어를 검증하는 과정이 필요하다.

앤절라는 폴드포유에 투자하기로 한다. 그리고 아이번은 프리토타입에서 나온 인상적인 '나만의 데이터'를 가지고 기업 가치를 더 올리고 투자자를 더 모집한다. 뿐만 아니라 폴드포유를 마케팅하고 판매할 때도 아이번은 코인 세탁소 주인들에게 설득력 있는 주장을 펼칠 수 있었다. "저희 데이터에 따르면 여러분의 고객 60퍼센트 이상이 2달러에서 4달러 정도를 추가로 내고 빨래를 개려고 합니다. 그러면 여러분의 매출과 이익이 적어도 20퍼센트는 늘어납니다." 판매 완료!

아이번, 어때?

"프리토타이핑, 고마워!"

위의 두 엔딩이 보여주는 것처럼 약간의 시간과 자원을 투자해서 아이디어를 프리토타이핑해보는 것은 다음과 같이 원원 전략이다.

실험에서 나온 '나만의 데이터'가 나의 가설을 옳은 것으로 검증해주지 못한다면 프리토타이핑 덕분에 나는 실패 확률이 아주 높은 일을 피해갈 수 있다.

'나만의 데이터'가 나의 가설을 옳은 것으로 확인해준다면, 더 높은 위치에서 파트너를 모집하고 투자자를 확보하며 잠재적 고객을 설득할 수 있다.

모든 아이디어는 프리토타이핑을 거칠 가치가 있고, 아이디어마다 (적어도) 하나 이상의 프리토타입을 만들 수 있다. 그러니 미캐니컬 터크(와 아이번의 두 팔)는 이제 좀 쉽게 해주고, 프리토타이핑 기법을 몇 가지 더 살펴보자.

피노키오 프리토타입

피노키오 프리토타입은 우리가 사랑하는 허구의 캐릭터 피노키오의 이름을 딴 것이다. 진짜 소년이 되기를 꿈꾸는 나무 인형 말이다. 내가 왜 이 이름을 골랐는지는 아래 사례를 읽고 나면 이해할 것이다.

사례 : 팜파일럿

1990년대 중반에 뛰어난 혁신가이자 사업가인 제프 호킨스(Jeff Hawkins)가 PDA(persoanl digital assistant)라는 아이디어를 떠올렸고, 결국 이것이 나중에 팜파일럿(PalmPilot)이 된다. 그러나 호킨스는 팜파일럿을 개발하기로 결정하고 값비싼 시제품을 만드는 일에 본격 투자(엔지니어 팀을 꾸려서 많은 돈과 시간을 투자해야 했다)하기 전에 이 기기에 대한 본인의 몇 가지 가정을 확인해보고 싶었다. 호킨스는 자신이 PDA를 만들 수 있다는 것은 '알고 있었다'. 하지만 이 제품을 사용하게 될까? 어디에 사용할까? 얼마나 자주 사용할까?

호킨스가 찾아낸 해결책은 그가 생각하는 장치의 크기에 맞춰 나무토막을 자르고, 나무젓가락을 깎아 스타일러스를 만들고, 종

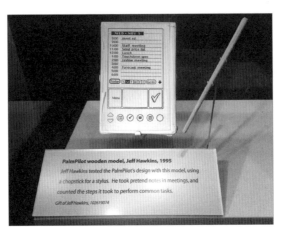

캘리포니아주 마운틴뷰에 있는 컴퓨터역사박물관에
팜파일럿의 목재 모형이 전시되어 있다.

이 커버를 이용해 다양한 이용자 스크린과 기능을 흉내 내는 것
이었다.

그는 몇 주 동안 이 나무토막을 주머니에 넣고 다니면서 이게
마치 제대로 작동하는 장치인 척하며 사용 방식에 대한 통찰을 얻
었다. 예를 들어 누가 회의를 요청하면 그는 나무토막을 꺼내 톡
톡 치면서 일정표를 체크하고 회의 알림을 입력하는 흉내를 냈다.

프리토타입을 통해 호킨스는 귀중한 '나만의 데이터'를 수집할
수 있었다. 그는 자신이 실제로 그런 기기를 가지고 다니며 사용
할 것이고, 용도는 주로 네 가지라는 사실을 알았다. 주소록, 일정
표, 메모, 할 일 리스트가 그것이었다. 간단한 실험을 통해 그는
실제로 작동하는 이런 장치를 갖고 싶다고 확신할 수 있을 만큼

충분한 '나만의 데이터'를 얻었다. 물론 그는 샘플 크기가 1(자기 자신)인 것만으로는 남들도 팜파일럿에 자신처럼 반응할지 결정할 수 없다는 사실을 알고 있었다. 그는 시장도 같은 생각을 하는지 추가적 실험을 통해 이 테스트를 뒷받침해야 했다. 그러나 장치의 발명가가 이 기기를 유용하다고 판단한 것이니, 이 아이디어는 중요한 첫 번째 테스트를 통과한 셈이었다. 이게 별것 아닌 관문처럼 보일 수도 있지만 본인 스스로 그 제품을 이용할 것 같은지 확인조차 해보지 않고 제품을 출시하는 사람들이 얼마나 많은지 알면 깜짝 놀랄 것이다.

간단한 나무토막과 종이 프리토타입을 통해 수집한 데이터는 제대로 작동하는 시제품 개발에 필요한, 훨씬 더 큰 투자를 정당화해주었을 뿐만 아니라, 지침을 제공했다. 팜파일럿은 믿기지 않을 만큼 큰 성공을 거두었을 뿐만 아니라 스마트폰으로 가는 길을 닦았다. 그리고 지금까지 이어지는 대부분의 휴대용 전자기기의 원형(모양과 크기)을 정립했다. 피노키오는 진짜 소년이 되기를 꿈꾸는 나무 인형이었다. 팜파일럿의 프리토타입은 제프 호킨스가 언젠가는 진짜 제품이 되기를 꿈꾸었던 목재 PDA였다. 그리고 두 번 모두 꿈은 이루어졌다.

팜파일럿의 스토리는 강력한 프리토타입 기법의 훌륭한 사례일 뿐만 아니라 그동안 내가 강조해온 몇 가지 핵심 콘셉트를 잘 보여준다. 다음 기사는 1998년 3월에 〈타임〉이 팜파일럿을 보도

한 내용이다. 중요한 요점 몇 가지는 내가 굵은 글씨로 표기했다.

팜(Palm)의 기술팀장으로 파일럿(Pilot)을 만들어낸 호킨스(40)는 이미 10년 전에 세계 최초의 손바닥 사이즈 컴퓨터 중 하나인 그리드패드(GRiDPad)를 설계했다. 그리드패드는 **기술적 개가였으나 시장에서는 실패**했는데, 왜냐하면 여전히 너무 컸기 때문이라고 그는 말한다. **같은 실수를 두 번 반복하지 않기로** 작정한 그는 동료들이 새로운 기기의 크기가 어느 정도 되어야 하냐고 물었을 때 이미 준비된 답을 가지고 있었다. "셔츠 주머니 사이즈로 해봅시다."

그는 자신의 집 창고에서 나무토막을 셔츠 주머니에 꼭 들어가는 크기로 잘랐다. 그리고 그것을 몇 달간 가지고 다니며 컴퓨터인 **척했다.** 수요일에 점심을 함께할 수 있냐고? 호킨스는 나무토막을 끄집어내 **마치** 일정표를 확인하는 사람**처럼** 두드렸다. 전화번호가 필요하면 나무토막 위에서 찾아보는 **척했다.** 종종 그는 인쇄된 종이를 나무토막에 붙여서 버튼 구성이 다양한 다른 디자인을 시도해보기도 했다.[*]

위 이야기는 프리토타이핑의 핵심 동기와 원칙을 잘 보여준다.

◎ 호킨스는 그리드패드를 만들어내려고 수년간 수백만 달러를 썼

---

[*] David S. Jackson, "Palm-to-Palm Combat," *TIME*, March 16, 1998.

지만 결국에는 '기술적 개가이긴 하나 시장 실패'로 결정 난 뼈아픈 경험을 가지고 있다.

◎ 그는 자신이 제품을 잘못 만든 것이 아니라 '안 될 놈'을 만든 것이 실수임을 깨달았다.

◎ 그는 "같은 실수를 두 번 반복하지 않기로" 작정했다. 다시 말해 그는 스스로에게 "다음번에는 제대로 만들기 전에 반드시 '될 놈'부터 만들자"라고 되뇌었다.

◎ 그가 첫 번째 프리토타입을 만든 것은 파일럿을 만들 수 있는지 시험해본 것이 아니라 사람들이 그것을 사용할지, 얼마나 자주 어떤 식으로 사용할지 알아보기 위해서였다. 그는 직접 '나만의 데이터'를 수집해서 실제 시제품이나 최종 제품의 디자인 결정에 정보로 활용했다. 예를 들면 다음과 같은 정보였다.

　– 이 장치를 가지고 다니는 시간 중 95퍼센트는 주머니에 들어 있다.

　– 하루 평균 12번 정도 꺼내서 사용한다.

　　일정 약속 용도 : 55퍼센트

　　전화번호나 주소 확인 : 25퍼센트

　　할 일 리스트에 항목 추가 또는 확인 : 15퍼센트

　　메모 : 5퍼센트

◎ 그는 자신이 생각하는 제품의 모형을 소품처럼 사용하면서 상상력을 동원해(여러 가지 '척'을 해서) 빠진 기능을 채워 넣었다.

팜파일럿 프리토타입과 실제 제품

모형이나 작동하지 않는 시제품은 혁신의 과정에서 아주 흔히 활용된다. 하지만 그 모형이 실제로 작동하는 척하면서 사용해보는(특히 제프 호킨스가 한 것처럼 오랫동안) 행동을 하는 경우는 아주 드물다. 기억하라. 프리토타이핑에서는 '사용하는 척하는 것'이 중요한 부분이다.

시제품이냐 프리토타입이냐

팜파일럿의 사례는 앞서 우리가 이야기했던 프리토타이핑과 시제품의 핵심적 차이를 잘 보여준다. 오른쪽 그림은 엔지니어라면 누구나 '시제품'이라는 말을 들었을 때 마음속에 그리는 그림이다.

캘리포니아주 마운틴뷰에 있는 컴퓨터역사박물관에
팜파일럿의 작동 시제품이 전시되어 있다.

엔지니어의 한 사람으로서 나도 시제품 만드는 것을 아주 좋아한다. 얼른 오실로스코프와 납땜인두에 전원을 꽂고 싶다. 하지만 이제 나는 제대로 작동하는 시제품을 만드는 데 많은 시간을 투자하기에 앞서 기다리는 법을 배웠다.

시제품의 제1목적은 다음과 같은 질문에 답하는 것임을 잊지 마라.

◎ 우리가 이걸 만들 수 있는가?

◎ 이게 의도대로 작동할 것인가?

◎ 얼마나 작게/크게/싸게/에너지 효율적으로 만들 수 있을까?

이런 것들도 중요한 질문이다. 하지만 수많은 경험과 증거가 말해주듯이 대부분의 경우 우리는 그 제품을 만들어낼 수 있고, 의도한 대로 작동하게 할 수 있고, 결국에는 크기와 에너지 효율 등을 최적화할 수 있을 것이다. 다시 말해 우리는 제품을 만들 수 있고 의도한 대로 작동하게 할 수 있다고 자신감을 가져야 한다.

반면에 프리토타입의 주된 목적은 다음과 같은 질문에 답하는 것이다.

- ◎ 내가 이걸 사용할까?
- ◎ 언제 어떻게 얼마나 자주 사용할까?
- ◎ 남들이 사줄까?
- ◎ 사람들은 이 제품에 얼마까지 지불하려고 할까?
- ◎ 사람들은 언제 어떻게 얼마나 자주 이걸 사용할까?

이 질문들에 대한 답은 우리가 다음과 같은 가장 중요한 질문에 답할 수 있게 도와준다. '이걸 만들어야 할까?'

이런 점들을 기억하면서 피노키오 프리토타입을 활용한 사례 두 가지를 더 살펴보자.

사례 : 스마트 경적

자동차의 경적은 다른 운전자들과 직설적으로 소통할 수 있는 도구다. 대부분의 사람이 운전 중에 경적을 사용할 때는 몇 가지 목적이 있다. '빵빵!'은 흔히 다음의 의미 중 하나를 전달한다.

◎ "비켜!" 신호등이 녹색으로 바뀌었는데 앞차가 1000분의 1초 만에 출발하지 않을 때

◎ "밥, 안녕." 내 친구 밥이 옆 차선으로 지나갈 때

◎ "죽고 싶어, 멍청아?" 길 앞으로 뛰어드는 보행자에게

◎ 그리고 만능 언어 "야, 이 #$%^&*!"

검색창에 스마트 경적이라고 입력해보면 버튼이 4개 달린 경적을 볼 수 있는데, 각 버튼마다 메시지를 미리 입력해둘 수 있어서, 일일이 창밖으로 머리를 디밀고 소리를 칠 필요가 없다. 예컨대 다음과 같이 입력해둘 수도 있다. "비키세요." "고맙습니다." "안녕, 나야." "조심하세요." "야, 이 #$%^&*!"

이런 경적을 만들 수 있다는 데는 의심의 여지가 없다. 하지만 사람들이 이걸 사용할까? 얼마나 자주, 어떻게 사용할까? 여러분도 제프 호킨스가 했던 것처럼 여러분만의 프리토타이핑을 시작해 자신이 이 제품을 어떻게 사용하는지 알아볼 수 있다. 가장 간단한 방법은 여러분의 자동차 운전대에 스티커 넉 장을 붙여두는 것이다. 각각의 스티커에 서로 다른 경적 소리를 써두고 2주 정도 운전을 하는 동안 해당 스티커가 스마트 경적의 버튼인 것처

럼 사용해보면 된다. 아주 유혹적으로 들릴지 몰라도, 어쩌면 가죽점퍼를 입은 오토바이 부대에게 자동차로 "야, 이 #$%^&*!"라고 소리치는 게 그다지 좋은 생각은 아니라는 사실을 발견하게 될 수도 있다.

기계나 전자제품을 잘 다루는 사람이라면 스티커 대신에 내가 몇 번을 눌렀는지 셀 수 있는 버튼을 설치할 수도 있을 것이다. 그러면 데이터 수집의 정확성이 보다 향상될 것이다. 가족이나 친구들에게도 여러분처럼 스마트 경적인 척 사용해봐 달라고 설득할 수 있을지도 모른다. 그들에게 본인의 스마트 경적에는 어떤 메시지를 입력해두고 싶은지 물어보고, 그들의 운전대에 스티커를 붙인 다음, 실제로 얼마나 자주 사용하는지 기록해달라고 부탁하라.

사례 : 스마트 스피커 혹은 음성인식 조수

이 책을 쓰고 있는 지금 아마존의 에코(Echo)나 구글의 홈(Home), 애플의 홈팟(HomePod) 같은 스마트 스피커가 한창 유행하면서 신기술로 서로 경쟁 중이다. 나는 스마트 스피커가 시장에서 얼마나 성공할지는 예측할 수 없었지만, 이런 장치들을 개발 중이라는 얘기를 듣고서 '나라면' 적어도 3개는 구입해서 이용할 거라고 자신 있게 예측할 수 있었다. 당시는 아직 첫 번째 제품이 출시되기도 전이었는데 말이다. 내가 이런 예측을 할 수 있었던 것은 피노키오 프리토타입을 이용했기 때문이다.

나는 강낭콩 캔에 검은색 종이테이프를 감아서 첨단기술 제품처럼 보이게 만들었다. 그런 다음 내 피노키오 프리토타입에 '할'(영화 〈2001 스페이스 오딧세이〉에 나오는 HAL9000 컴퓨터의 이름을 땄다)이라는 이름을 붙인 후 거실 커피 테이블 위에 올려두고, 할이 정말로 작동하는 척하기 시작했다. 내가 할에게 했던 말들은 다음과 같다.

"할, 오늘 날씨가 어떻겠니?"
"할, 한 시간 후에 엄마한테 전화하라고 나한테 좀 알려줘."
"할, 레드 제플린 음악 좀 틀어줘."
"할, 내일 아침 5시에 좀 깨워줘."

물론 강낭콩 캔은 나의 명령에 응답하지 않았다. 그랬다면 내가 정신병원에 들어갔을 것이다. 하지만 그 캔이 나의 요청을 수행할 수 있는 척하는 것만으로도 나는 어디서, 어떻게, 얼마나 자주 내가 그런 장치를 이용할지에 관해 귀중한 통찰과 '나만의 데이터'를 얻을 수 있었다. 예컨대 나는 내가 이 장치를 적어도 3개는 살 거라는 걸 알 수 있었다. 하나는 거실에, 하나는 침실에, 또하나는 서재에 필요했다. 내 프리토타입과 며칠 소통을 해보니

저자의 강낭콩 캔 프리토타입 '할'과
아마존의 알렉사

볼륨조절 버튼 외에도 '듣지 않기' 버튼이 필요하다는 것을 알 수 있었다. 나의 사적인 대화를 강낭콩 캔이 듣고 있을지 모르니 말이다. 또한 제품의 마이크가 부드러운 명령도 알아들을 수 있을 만큼 예민하거나 아니면 '작은 소리 모드'가 있으면 좋겠다고 확신했다. 그래야 새벽 5시에 "할, 오늘 아침에 비 예보가 있니?"라고 고함을 쳐서 온 식구를 깨우지 않을 테니 말이다.

강낭콩 캔이 작동하는 척한 지가 일주일도 안 되었는데 나는 이런 장치가 나에게는 틀림없이 '될 놈'이라는 사실과 함께 수백만 명에게 '될 놈'일 가능성이 충분하니 시장에서 성공할 거라는 확신을 가질 수 있었다. 아마존이 2015년 에코를 발표했을 때 나는 줄을 서서 에코를 하나, 둘, 세 개나 샀다. 뿐만 아니라 에코의 사진을 처음 보았을 때 나는 미소를 지을 수밖에 없었다. 나의 강낭콩 캔 프리토타입과 생김새가 너무나 닮았기 때문이었다.

2부 쓸모 있는 데이터를 수집하는 방법

가짜 문 프리토타입

가짜 문(Fake Door) 프리토타입이라는 이름을 지어준 사람은 당시 커뮤니티 기반 쇼핑 사이트 폴리보어(Polyvore)의 공동 설립자이면서 CEO로 있던 제스 리(Jess Lee)다. 제스, 고마워요!

가짜 문 프리토타입의 기본적 콘셉트는 아직 내놓을 게 아무것도 없다 하더라도 어떤 제품이나 서비스가 존재하는 것처럼 보일 만한 '현관문'(예컨대 광고, 웹사이트, 브로셔, 매장 입구 등)을 설치하면, 얼마나 많은 사람이 여러분의 아이디어에 관심을 가질지 데이터를 얻을 수 있다는 것이다. 여러분 제품의 현관에 충분히 많은 사람들이 노크를 하지(아이디어에 대해 관심을 보이지) 않는다면 다시 처음으로 돌아가 아이디어나 가설을 재점검해봐야 한다.

베스트셀러 작가이자 〈와이어드(Wired)〉를 창간한 케빈 켈리(Kevin Kelly)는 이후의 인생에 많은 영향을 끼친, 전설적 커리어 초창기에 바로 이 방법을 이용해서 그의 첫 번째 비즈니스 아이디어를 시장에서 테스트했다. 저가 여행 가이드 카탈로그 사업이었다. 팀 페리스(Tim Ferriss)의 책 《지금 하지 않으면 언제 하겠는가》에서 켈리는 그 과정을 이렇게 설명한다.

저는 첫 사업을 200달러로 시작했습니다. 〈롤링스톤〉지 뒷면에 광고

를 냈지요. 저가 여행 가이드 카탈로그를 1달러에 판다고요. 아직 카탈로그도 목록도 가지고 있지 않았어요. 주문이 충분히 들어오지 않으면 돈을 환불해주려고 했어요. 그런데 그게 대박이 난 거죠.*

잡지 뒷면 광고라고 하면 요즘 사람들에게는 고색창연한 느낌을 준다. 하지만 이건 1980년대 초에 있었던 일이고, 당시에는 그런 식의 비교적 저렴한 광고가 소소한 기업가들이 표적 고객과 소통할 수 있는 몇 안 되는 방법 중 하나였다.

케빈 켈리가 여행 가이드 시장을 실험하고 있을 즈음 나는 대학을 졸업하고 컴퓨터 프로그래밍을 배우느라 바빴다. 1981년 IBM PC가 출시되었을 때 나는 새로 습득한 프로그래밍 기술을 잘 활용할 수 있는 독특한 기회를 발견했다. 당시 아주 인기를 끌고 있던 비디오게임을 만드는 것이었다. 아버지가 투자해주신 5000달러(약 600만 원)로(아빠, 감사해요!)** 나는 최초의 IBM PC 중 한 대를 사서 내 첫 사업을 시작했다. 1인 비디오게임 회사였다.

나는 회사 이름을 헤이건(Heigen Corporation)이라고 지었다. 뭔가 크고 인상적으로 들린다고 생각했기 때문이다. 내가 만든 게

---

* Tim Ferriss, *Tribe of Mentors: Short Life Advice from the Best in the World* (New York: Houghton Mifflin Harcourt, 2017), p. 249.
** 당시 우리집 형편에 5000달러는 엄청나게 큰돈이었다. 6개월 집세 정도였으니 말이다. 당시 나는 프로그래밍 경험도 별로 없고 사업 경험은 전무했다는 점을 고려하면 바보 같은 짓이었다. 아버지에게 돈을 갚을 생각에 나는 밤새 일했고 아마 아버지는 그 점도 무척 걱정됐을 것이다. 다행히도 결국에는 모든 게 다 잘 풀렸다.

임 중에서 몇몇, 특히 원시적인 팩맨(PacMan) 비슷한 게임이었던 램색(Ramsak)은 성공적이었다. 하지만 다른 타이틀 빗뱃(BitBat)이나 엑스오 파이터(XO-Fighter) 같은 것들은 매출이 실망스러웠다. 안타깝게도 케빈 켈리와는 달리 나는 게임을 만들 때마다 두세 달씩 게임 개발에 투자하기에 앞서, 몇백 달러로 시장의 관심도를 먼저 테스트해보는 그런 통찰력이 없었다. 하지만 그게 나에게는 시장 실패의 법칙, 그러니까 제대로 만들기 전에 반드시 '될 놈'을 만드는 게 중요하다는 사실을 처음으로 접하는 계기가 됐다. 내가 그때 가짜 문 프리토타이핑 기법을 알았더라면 그런 식으로 사업을 하지는 않았을 것이다.

여러 단계로 구성된 게임을 통째로 개발하기에 앞서 게임 후보들을 대상으로 스틸컷 그림과 간단한 설명을 곁들여 각각 '출시 임박' 광고를 냈을 것이다. 광고에는 본인의 주소를 쓴 편지 봉투를(당시에는 아직 이메일이 없었다) 우리에게 보내주면 5달러 할인 쿠폰과 함께 언제 게임이 출시되는지 알려주겠다고 썼을 것이다. 예를 들어 내가 다음번에 개발하고 싶은 게임 아이디어가 네 가지가 있다고 치자.

로스트 인 비틀랜드(Lost in Bitland) : 퍼즐을 풀어야 하는 미로 게임

디지 콩(Digi Kong) : 거대한 원숭이로부터 바나나를 훔치는 게임

픽셀 레이서(Pixel Racer) : 레이싱 게임

테이프웜(Tapeworm)(테이프웜은 원래 '촌충'이라는 뜻 – 옮긴이) : 이 아이디어는 설명을 생략한다.

나는 게임마다 비슷한 광고를 만들어서 내보내고 몇 주 후(인터넷이 생기기 전에는 그 정도 시간이 걸렸다) 결과를 비교해보았을 것이다.

게임	반응수
로스트 인 비틀랜드	127
디지 콩	15
픽셀 레이서	255
테이프웜	3

나는 테이프웜을 응원했지만, '의견보다 데이터'이므로 가장 먼저 픽셀 레이서를 서둘러 개발했을 것이고, 다음은 로스트 인 비틀랜드를 염두에 두었을 것이다. 그리고 슬프지만 디지 콩과 테이프웜은 계획을 폐기했을 것이다. 동시에 나는 다른 매거진 몇 곳에 추가로 픽셀 레이서의 광고를 냈을 것이다. 그런 광고는 강력한 반응을 불러와서 투자할 만한 가치가 있다는 데이터를 갖고 있었기 때문이다.

2, 3개월 후(당시에는 내가 프로그램 속도가 빠른 편이었다) 픽셀 레이서와 로스트 인 비틀랜드에 관심이 있던 사람들은 편지 한 통

을 받았을 것이다. 편지에는 약속한 5달러 할인 쿠폰과 함께 이제 픽셀 레이서를 구매할 수 있고 몇 달 후면 로스트 인 비틀랜드도 나온다는 안내가 들어 있었을 것이다. 나머지 두 게임에 관심을 가졌던 사람들은 어떻게 될까? 그 사람들에게는 안타깝지만 우리가 디지 콩과 테이프웜을 출시하지 않기로 했다는 사실을 설명하고, 그 보상으로 픽셀 레이서의 공짜 카피를 동봉했을 것이다.

이 기법에 포함된 속임수 때문에 움찔하는 사람도 많을 것이다. 좋은 일이다. 여러분이 직업과 관련된 윤리적 잣대를 갖고 있다는 뜻이니 말이다. 나 역시 이 기법을 소개할 때마다 조금씩 움찔한다. 가짜 문 프리토타입은 내가 가장 좋아하는 기법인 동시에 가장 싫어하는 기법이기도 하다. 가장 좋아하는 이유는 너무나 효율적이고 효과가 좋기 때문이고, 가장 싫어하는 이유는 약간의 기만이 포함되어 있기 때문이다. 바로 그 기만 때문에 특정 제품군(예컨대 의학 기구나 의료 서비스 등)에는 이 전략을 사용해서는 안 된다. 그리고 어떤 유형의 제품 또는 서비스든 극도의 경각심을 갖고 윤리적 문제를 고려해야 한다.

나는 또 문을 두드린 사람들에게는 후하게 인심을 쓸 것을 추천한다. 여러분에게 '나만의 데이터'를 제공한 사람들에게는 수고에 대한 대가로 뭔가 가치 있는 것을 돌려주라. 그렇게 하면 윈윈윈(win-win-win) 상황을 만들 수 있다. 이 사례에서 내가 그랬던 것처럼 말이다. 한번 생각해보라.

① 픽셀 레이서와 로스트 인 비틀랜드에 관심을 가졌던 사람들이 '윈' 인 이유는 원하던 게임과 함께 5달러 할인 쿠폰까지 받을 것이기 때문이다.

② 디지 콩과 테이프웜에 관심을 가졌던 사람들은 해당 게임을 얻지는 못한다. 그래도 이들 역시 '윈'이다. 왜냐하면 내가 다른 게임의 공짜 카피를 보내주기 때문이다. 대부분의 사람들은 29.95달러 상당의 새로운 게임을 공짜로 받은 것에 깜짝 놀라서 테이프웜이라는 게임에 돈을 내고 게임을 할 수 없게 된 사실은 보상이 되고도 남을 것이다.

③ 나도 '윈'이다. 사람들의 관심이 충분치 못한 게임을 개발하고 광고하느라 시간과 돈을 낭비하지 않을 수 있기 때문이다.

재미있는 사실이 있다. 나는 컴퓨터 게임을 별로 좋아하지 않는다. 그런데도 컴퓨터 게임을 설계하고 개발하는 것은 무척 좋아한다. 내 게임들은 잘 팔렸지만 나는 대학교를 졸업한 이후에는 컴퓨터 게임 사업을 그만두었다. 왜 그랬을까? 아버지(이자 투자자)께서 이렇게 말씀하셨기 때문이다. "컴퓨터 게임은 한때의 유행이야. 계속 여기에만 매달린다면 큰 사업은 절대 못 할 거다. 다음 프로그램은 꼭 비즈니스 애플리케이션 종류로 짜보렴."

나는 '슈퍼 마리오'를 개발할 수도 있었겠지만, 실제로는 '슈퍼 메일러(Supermailer)'를 개발했다. 메일 리스트 관리자인데, 혹시

2부 쓸모 있는 데이터를 수집하는 방법

들어본 적이 있는지? 그럴 줄 알았다. 아버지의 의견과는 반대로 지금 비디오게임 사업은 영화나 음악 사업보다도 더 큰 사업이 됐다. 수십억 달러(수조 원)의 가치를 가진 게임 회사도 여럿이고 말이다. 흔히들 '가장 잘 아는 사람은 아버지'라고 하는데, 아마 맞는 말일 것이다. 하지만 시장에서의 성공 여부를 예측할 때는 이 말이 적용되지 않는다.

가짜 문 프리토타입의 활용 사례를 두 가지 더 살펴보자. 첫 번째는 오프라인 매장 사례다.

사례 : 앤토니아의 앤티크 서점

12월의 어느 스산한 날에 여러분이 지친 몸을 이끌고 번잡한 시내의 거리를 걷고 있다고 상상해보라. 어느 문을 지나는데 앤티크 서점이 문을 열었다는 안내가 붙어 있다.

책을 사랑하는 당신은 기쁨을 감출 수 없다. 사람들이 잊고 지내는 수많은 지식과 함께 당신이 가장 좋아하는 작가인 에드거 앨런 포의 초판도 있을지 모른다. 당신은 부드럽게 문을 두드려본다. '똑똑.'

답이 없다. 다시 노크를 한다. 여전히 답이 없다. 세 번째로 노크를 한다. 아무 답이 없다. 문 뒤로 아무런 인기척도 없다. "주인이 졸고 있나? 내 노크 소리가 안 들리나 보네." 당신은 약간 실

망하여 혼잣말을 하며 자리를 뜬다.

깨닫지 못했겠지만 당신은 방금 가짜 문 프리토타입에 참여해 앤토니아에게 귀중한 '나만의 데이터' 한 조각을 제공했다.

보다시피 앤토니아는 편집자 일을 그만두고 그 동네에 앤티크 서점을 열 것을 심각하게 고민 중이다. 하지만 이 시점에 저 문 뒤에는 서점은커녕 한 권의 책도 전시되어 있지 않다. 사실 저 문 뒤에는 빈 공간뿐이다. 앤토니아는 서점을 열기 위해 전통적인 시장조사를 할 만큼의 돈을 갖고 있지 않다. 하지만 그녀의 시장 호응 가설은 그녀가 적절한 거리에 가게를 열고 큰 간판을 달아 광고를 한다면 많은 사람이 지나다가 그녀의 서점을 발견하고 구전 효과를 통해 마케팅이 될 거라고 본다.

이 계획이 맞아 들어가려면 적어도 매일 지나가는 사람 중에 0.5퍼센트(200명 중에 한 명)는 한 번 이상 가게를 방문할 정도의 관심을 보여주어야 한다는 것이 앤토니아의 판단이다. 앤토니아는 가게를 대여하고, 서적을 매입하고, 직원을 고용하는 등 상당한 자본 투자를 하기에 앞서 이 가설이 옳은지 검증하고 싶다. 그래서 20달러를 투자해 안내판을 만들고, 2달러짜리 양면테이프를 사서, 몇 시간 동안 이 안내판을 실험해보았다. 적절한 유형의 보행자가 지나다닌다고 생각되는(책벌레가 어느 정도 있는) 여러 동네, 여러 거리에서 말이다. 안내판을 붙인 앤토니아는 길 건너에서 노트를 들고 앉아 다음과 같은 사항들을 기록했다.

① 문 앞을 지나는 사람의 수

② 안내판을 읽어보는 사람의 수

③ 걸음을 멈추고 노크를 하는 사람의 수

④ 노크를 하는 횟수(노크를 많이 할수록 관심이 더 큰 것임에 틀림없다)

⑤ 노크를 하는 사람의 연령, 성별, 기타 특징(예를 들어 옷을 잘 차려입은 중년의 직장인 남성, 여대생 등)

앤토니아는 평일과 주말에 실험을 하며 길을 지나는 사람들의 구성과 수가 어떻게 변화하는지 살펴본다.

며칠 후 앤토니아는 훌륭한 '나만의 데이터'를 많이 모았다. 안타깝게도 이 데이터는 앤토니아의 시장 가설을 뒷받침하지 않는다. 뒷받침은커녕 근접하지도 못한다. 한 곳에서는 4000명이 지나갔는데 노크를 한 사람은 3명에 불과하기도 했다(보행자의 0.1퍼센트도 안 되는 비율). 또 다른 곳에서는 5000명이 넘는 사람이 지나갔는데 단 한 사람도 노크를 하지 않았다.

앤토니아는 결과에 실망했으나, 돈도 거의 들이지 않고 이렇게 빨리 이런 데이터를 수집하고 시장 가설을 검증할 수 있었던 것에 안도하기도 했다. 직장도 아직 그만두지 않았고 말이다. 프리토타이핑 덕분에 앤토니아는 참사가 될 사업 결정을 내리지 않을 수 있었다.

그렇다면 이것은 앤토니아가 서점 아이디어를 포기해야 한다는 뜻일까? 아니다. 현시점에는 아니다. 하지만 그저 문에 붙이는 표지판에 의존해서 사람들이 서점에 들어오게 할 수는 없다는 뜻인 것만은 분명하다. 앤토니아는 자신의 시장 호응 가설을 수정해야 하고, 어쩌면 적어도 초기에는 약간의 광고 예산을 잡는 쪽으로 계획을 수정해야 할 수도 있다. 그녀는 또 오프라인 서점이라는 아이디어도 좋지만 어쩌면 앤티크 책을 팔기에는 온라인 서점이 더 낫지 않을까 하는 생각도 하기 시작했다. 가짜 문 프리토타입은 오프라인에서 빠르고 효과적인 것으로 증명되었으니 이번에는 온라인으로 이 기법을 써볼까 생각 중이다. 물론 가능하다. 다음 사례에서 보듯이 다람쥐 광인 앤토니아의 친구 샌디도 온라인에서 이 기법을 사용했다.

사례 : 다람쥐 관찰 가이드

샌디는 그녀가 정말 좋아하는 '다람쥐 관찰'(유행하는 취미인 야생 조류 관찰의 다람쥐 버전이라고 생각하면 된다)에 관한 책을 써볼까 생각 중이다. 샌디는 대부분의 책이 시장에서 실패한다는 사실을 알고 있다. 그래서 실제 다람쥐는 못 보고 집에서 책을 쓰느라 귀중한 시간을 몇 달씩 투자하기에 앞서 이런 책에 대한 관심도를 측정해보고 싶다. 온라인 가짜 문 프리토타입은 이런 조사를 하기에 아주 효과적인 방법이다.

먼저 샌디는 스쿼럴와칭닷컴(SquirrelWatching.com)이라는 도메인을 10달러에 산다. 그런 다음 DIY 웹사이트 디자인 도구를 이용해서 기본적인 웹사이트를 만든다. 이 웹사이트의 랜딩페이지는 그녀의 책 이미지와 책 내용에 대한 간단한 소개, 간단한 저자 이력, 그리고 '20달러에 지금 구매하기' 버튼으로 구성되어 있다. 사람들이 '구매하기' 버튼을 클릭하면 연결된 웹페이지에서 다음과 같은 메시지를 보여준다.

다람쥐를 사랑하는 동료 여러분,

《다람쥐 관찰 가이드》에 대한

관심에 감사드립니다.

지금 저는 열심히 이 책을 작업 중이지만,

아직 완성되지는 않았어요.

초판을 예약하고 싶으시다면,

여러분의 이메일 주소를 아래에 적어주세요.

책이 나오는 대로 알려드리겠습니다.

그때까지 행복한 다람쥐 관찰하시기 바라며

광견병 주사 미리 맞는 것 잊지 마세요!

샌디 (다람쥐 소녀) 왓슨

책에 관한 가짜 문 웹사이트가 열리고 나면 샌디는 전 세계 다람쥐 애호가들에게 이 사실을 알려야 한다. 샌디는 다음과 같은 웹 광고를 만든다.

다람쥐 관찰을 좋아하시나요?

www.SquirrelWatching.com을 방문해서

샌디 왓슨의《다람쥐 관찰 가이드》를

20달러에 지금 구매해보세요.

그런 다음 샌디는 60달러를 투자해 자신의 광고를 자연 관련 웹사이트에 내고, 사람들이 온라인에서 다람쥐와 관련된 검색을 할 때마다 볼 수 있게 스폰서링크로 올린다.

이제 샌디는 '나만의 데이터'를 수집할 준비를 마쳤다. 샌디의 광고를 클릭한 사람들은 샌디의 웹사이트로 연결되고 그곳에서 이메일 주소를 알려줌(약간의 적극적 투자)으로써 책이 나왔을 때 알림을 받을 수 있다. 이 가짜 문 프리토타입을 실행하는 데는 100달러와 몇 시간의 작업, 그리고 최소한의 기술적 능력만 있으

면 되지만, 샌디는 무엇과도 바꾸지 못할 '나만의 데이터'를 얻게 될 것이다.

예를 들어 샌디가 광고비로 지출한 돈을 '구매하기' 버튼의 클릭 횟수로 나누면 샌디는 자신의 신규 고객 유치 비용을 알 수 있다. 예컨대 광고비로 60달러를 지출했는데 '20달러에 지금 구매하기' 버튼의 클릭 횟수가 15회라면 샌디의 신규 고객 유치 비용은 4달러가량이 된다(60달러 나누기 15회). 이 정도면 고무적인 결과다. 광고비로 60달러를 사용했는데 300달러의 매출이 생겼으니 말이다. 반면에 '구매하기' 버튼을 누른 횟수가 1, 2회 정도에 불과하다면 샌디는 마케팅 전략(웹사이트 디자인, 광고 문구 등)이나 자신의 시장 호응 가설을 다시 한 번 생각해봐야 할지도 모른다. 어느 경우가 되었든 샌디는 확고한 직접 데이터를 얻어서 책을 쓸지 말지 결정하는 데 도움을 받을 수 있을 것이다.

가짜 문 프리토타입과 윤리 문제

프리토타이핑 기법과 관련해 윤리 문제가 생길 수 있다는 말은 앞서 했다. 하지만 여기서는 조금 더 자세한 얘기를 해보고 싶다. 왜냐하면 (나 자신을 포함하여) 이 문제에 관심을 갖는 사람들이 많기 때문이다. 앤토니아와 샌디는 본인들의 아이디어가 '될 놈'인지 알아내기 위해서 윤리적으로 잘못된 일, 혹은 적어도 의심스러운 일을 저지른 것일까?

여러분이 앤토니아와 샌디의 행동에 대한 정교한 철학적 논의에는 관심이 없다고 가정할 때, 가짜 문 프리토타입의 윤리성을 분석할 또 다른 방법이 있다. 앤토니아와 샌디가 이 프리토타입을 사용하지 않고 다른 방법으로 본인들의 시장 호응 가설을 평가했을 때 나올 수 있는 시나리오를 한번 검토해보는 것이다.

앤토니아는 가짜 문 프리토타입을 이용해 '나만의 데이터'를 수집하는 대신, 시장조사 방법을 이용하기로 결심한다. 앤토니아는 노트를 한 권 옆구리에 끼고 본인이 서점을 내려는 지역의 교차로에 가서 자리를 잡고 선다. 그리고 지나는 사람들에게 다음과 같이 물어본다.

이 거리에 훌륭한 앤티크 서점이 들어오면 어떨 것 같으세요?

그런 곳이 생기면 방문하시겠어요? 1년에 몇 번이나 방문하시겠어요?

그곳에서 1년에 책을 몇 권이나 살 것 같으세요?

앤토니아의 몸과 노트는 교차로에 있지만, (영화 〈환상 특급〉의 테마 음악이 깔리면서) 그녀의 데이터는 다른 차원에서 나온다. 아이디어와 의견들이 살고 있는 세상, 우리가 '생각랜드'라고 부르는 곳 말이다.

생각랜드에 기반한 앤토니아의 '조사'는 그녀가 생각하는 종

2부 쓸모 있는 데이터를 수집하는 방법

류의 서점에 대한 수요가 매우 크다고 시사한다. 대부분의 사람 (77퍼센트)이 앤티크 서점이 생기면 너무 좋겠다면서 자신도 주기적으로 가게를 방문하고 다른 이들에게 선물도 사주겠다고 말한다. 노부인 한 명은 이렇게 말한다. "옛날 책은 친구들한테 아주 독특하고 사려 깊은 선물이 될 수 있어요. 나는 친구들이 많아요, 아가씨. 매달 아가씨한테 몇 권은 사갈 거예요." 대학생 한 명은 매달 적어도 100달러는 책에 쓴다면서 동네에 서점이 생기면 너무 좋겠다고 말한다. 하지만 모든 사람이 그렇게 열정적이고 낙천적인 것은 아니다. 다른 동네 서점들도 손님이 적어서 문을 닫은 사실을 고려할 때 성공하기 힘들 거라고 경고해주는 사람들도 있다. 그러나 앤토니아는 무의식적으로 그런 비관론자들의 말은 무시하기로 하고(확증 편향), 계산기를 두드려 계획을 세운다.

결국 앤토니아는 월 매출이 1만 4000달러(약 1680만 원) 이상 될 거라는 예상치를 도출한다. 여기에 힘을 얻은 앤토니아는 회사를 그만두고 10만 달러(약 1억 2000만 원)를 대출받아 해당 위치에 3년간 임차 계약을 체결한다. 그리고 고서적을 대량 매입하고 성대한 개업식을 연다. 6개월 후 앤토니아는 그리 성대하지 못한 폐업을 하게 된다. 앤토니아는 빚이 10만 달러가 넘고 직장도 없다. 앤토니아에게는 상당히 고통스러운 결과가 아닐까?

마찬가지로 샌디는 집밖에서 다람쥐들이 서로 쫓아다니는 모습을 관찰하며 즐거운 시간을 보내는 대신에 책을 쓰기로 결심한다. 순전히 가족과 친구, 지인들의 의견에 기초해서 내린 결정이다. 은퇴한 공원 경비원은 이렇게 말했다. "내가 아는 사람들은 죄다 다람쥐를 사랑해요. 다람쥐에 엄청 관심이 많죠." 샌디는 책상에서 2년을 보내며 책을 집필하고 수천 달러를 들여 책을 출판한다. 그리고 이제는 차고에 들어가기가 두렵다. 팔리지 않은 책 50박스를 차마 볼 수가 없기 때문이다.

데이터가 아닌 의견에 의존했던 앤토니아와 샌디는 '시장 실패의 법칙'과 생각랜드의 '긍정 오류'의 희생양으로 전락한다. 두 사람은 와인 두 병을 앞에 놓고 서로를 위로하며 대체 어디서부터 잘못되었을까 생각한다.

"내가 인터뷰했던 사람들은 대부분 서점에 대해 굉장히 흥분하면서 긍정적인 반응을 보였어. 그 사람들은 다 어디 간 거야?" 앤토니아는 그렇게 말하며 와인을 한 모금 꿀꺽 삼킨다. "이제 더 이상 아무도 책은 안 사는 거야?"

"글쎄, 내 책을 안 사는 건 분명해." 샌디는 그렇게 답하며 다시 잔을 채운다. "그놈의 다람쥐 책에 그렇게 많은 시간과 돈을 썼는데… 나는 다시는 다람쥐를 못 볼 것 같아."

이제 원래의 시나리오를 다시 한 번 생각해보자. 앤토니아와 샌디가 가짜 문 프리토타입을 사용했던 앞서의 시나리오 말이다. 앤토니아는 22달러와 작업 시간 몇 시간을 썼다. 실제로 '가짜 문'을 노크했던 몇 명의 사람들은 처음에는 실망했지만 1분 후에는 아무것도 기억하지 못한다. 실제로 큰 손해를 본 사람은 아무도 없다.

한편 다람쥐 책에 대한 '가짜 문' 온라인 광고를 클릭한 몇몇 사람들이 입은 불편이나 시간 소모는 샌디가 아무도 관심 없는 책의 집필과 출판에 쏟아부을 시간과 돈, 노력에 비하면 무시할 만한 수준이다.

앤토니아의 경우도, 샌디의 경우도 두 번째 시나리오가 첫 번째보다 더 많은 고통과 낭비를 초래한다는 사실에 여러분도 동의하길 바란다. 사람들이 가짜 문에 노크를 하거나 클릭을 하느라 낭비한 몇 분의 시간은 앤토니아나 샌디가 입게 될 잠재적 손해에 비하면 무시할 수 있을 정도다.

매년 앤토니아나 샌디 같은 수백만 명의 사람들이 시장에서 실패할 제품과 서비스, 사업을 내놓는다. 아무도 원하지 않는, 수많은 실패한 사업과 제품에 사용된 사회적 비용을 한번 생각해보라. 개발, 제조, 광고, 선적에 어마어마한 투자를 했지만 결국 쓰레기장으로 향하게 된, 팔리지 않은 수백만 개의 제품을 생각해보라. 여러분이 파산 관련 회사나 쓰레기 매립장에서 일하는 게 아닌 이상, 앤토니아나 샌디 같은 사람들이 빚더미에 앉고 실업급여를 타는 것보다는 돈을 받고 일하거나 성공적인 사업을 영위하는 게 더 좋지 않을까?

뿐만 아니라 가짜 문이 제안하는 제품에 관심이 없는 사람들은 문을 두드리거나 광고를 클릭하는 일이 없을 테니 불편을 겪을 일도 없다. 그리고 가짜 문에 노크를 하거나 클릭을 하는, 해당 아이디어에 관심이 있고 어쩌면 실제로 앤티크 서점이나 다람쥐 책이 존재하기를 바라는 사람들은 어떤 의미에서 보면 그런 아이디어에 '투표'를 함으로써, 해당 아이디어가 현실이 될 가능성을 높이고 있는 셈이다.

이런 합리화에도 불구하고, 앞서 말했던 것처럼 가짜 문이 왜 내가 가장 좋아하는 기법인 동시에 가장 싫어하는 기법인지는 여러분도 아마 이해할 수 있을 것이다. 나는 이 기법이 정말 빠르고 저렴하게 실행될 수 있으면서도 몇 시간 만에 현실 세계의 데이터를 수집해준다는 점이 정말 좋다. 하지만 약간의 기만이 포함되어 있다는 사실은 여전히 다소 마음에 걸린다. 여러분도 그 점이 마음에 걸린다면 두 가지 해결책이 있다.

첫 번째 해결책은 가짜 문에 노크를 하거나 '구매하기' 버튼을 클릭하는 사람들에게 솔직하게 밝히고 보상을 해주는 것이다. 예를 들면 누군가 서점의 가짜 문을 노크했을 경우 앤토니아가 다가가서 테스트 중임을 인정하고 사과한 다음, 그 사람에게 책을 살 수 있는 10달러짜리 아마존 상품권 같은 것을 주는 것이다. 샌디 역시 가짜 문 웹사이트에서 비슷한 일을 할 수 있다. '구매하기' 버튼을 누른 모든 사람들에게 1페이지짜리 다람쥐 구별 가이드를 무료로 준다거나 혹은 다른 저렴한 다람쥐 관련 선물을 줄 수 있다. 만약 여러분이 가짜 문 프리토타입을 이용하기로 결심했다면 비슷한 보상을 해주라고 권장하는 바다. 이는 곧 원원 전략이 될 수도 있다. 잠재적 고객은 공짜 선물을 받고 여러분은 죄책감 없이 '나만의 데이터'를 얻을 수 있으니 말이다.

두 번째 해결책은 가짜 문 프리토타입의 변형이라고 할 수 있는, 외관 프리토타입을 이용하는 방법이다.

외관 프리토타입

외관(Facade) 프리토타입과 가짜 문 프리토타입은 한 가지 중요한 점에서 차이가 있다. 외관 프리토타입은 잠재적 고객이 문을 두드리거나 '구매하기' 버튼을 클릭했을 때 누군가 응답을 하고 어떤 일이 벌어진다는 점이다. 어쩌면 잠재적 고객은 본인이 찾던 바로 그것을 손에 넣을지도 모른다. 훌륭한 사례를 통해 이 기법을 알아보자.

사례 : 카즈다이렉트(CarsDirect)

인터넷 시대의 여명이 밝을 즈음 아이디어랩스(IdeaLabs)의 CEO

이자 세계적인 혁신가인 빌 그로스(Bill Gross)는 온라인 자동차 판매 서비스를 생각해보았다. 지금은 이런 웹사이트를 당연시하지만, 당시에는 아주 색다른 아이디어였고 시장 성공을 장담할 수 없었다. 대규모 투자를 하기 전에, 창고에 자동차를 한 대라도 들여놓기 전에, 빌 그로스는 지금 우리가 외관 프리토타입이라고 부를 방법을 이용해 본인의 아이디어를 검증했다. 그의 설명을 들어보자.

> 1999년에 우리는 카즈다이렉트를 시작했다. 당시는 사람들이 온라인에서 신용카드 긁기를 꺼리던 때였다. 그런데도 나는 자동차를 온라인으로 팔고 싶었다! 수요일 밤에 사이트를 만들었는데 목요일 아침까지 주문이 4건 들어왔다. 우리는 얼른 사이트를 닫았다(우리는 소매점에서 자동차 4대를 사서 이 4명의 고객에게 손해를 보고 가져다주어야 했다). 하지만 우리의 가설은 증명된 셈이었다. 그제야 우리는 진짜 웹사이트와 회사를 만들기 시작했다.[*]

카즈다이렉트는 팔 수 있는 자동차가 한 대도 없었지만 수요일 밤에 만들었던 웹사이트는 가짜 문 프리토타입이 아니라 외관 프

---

[*] Bill Gross, "Here Are the 12 Lessons I've Learned in My 30 Years of Being an Entrepreneur," http://www.businessinsider.com/bill-gross-lessons-2011-12#would -anyone-actually-buy-a-car-online-29.

리토타입이라고 할 수 있다. 가짜 문이었다면 사람들이 자동차 설명과 사진 옆의 '구매하기' 버튼을 눌렀을 때 다음과 같은 메시지를 받았어야 한다. "죄송합니다. 고객님이 원하시는 자동차는 더 이상 구매 가능하지 않습니다."

하지만 고객들은 원치 않는 시장조사 실험에 참여하게 된 것에 대해 사과와 변명을 들은 게 아니었다. 카즈다이렉트 웹사이트에서 '구매하기' 버튼을 클릭한 최초의 몇 명은 얼마 지나지 않아 본인의 차고에 본인이 원했던 자동차를 갖게 되었다. 그러면 빌 그로스와 그의 팀은 대체 뭘 얻었을까? 자신들의 아이디어를 최고의 형태로 검증받았다. 적극적 투자가 많이 개입된 '나만의 데이터'를 얻었던 것이다. 몇천 달러짜리 수표 넉 장보다 더 좋은 형태의 적극적 투자가 있을까?

외관 프리토타입은 가짜 문 프리토타입보다 더 많은 투자와 의지가 필요하다. 그렇다면 더 값싸고 빠른 가짜 문 프리토타입이 아니라 외관 프리토타입을 선택하는 이유는 뭘까? 아이디어와 상황에 따라 다르겠지만 추가적 투자가 그럴 만한 가치가 있을 수도 있기 때문이다. 첫째, 앞서 말했듯이 일부 분야의 제품이나 서비스는 가짜 문 프리토타입을 사용하는 게 비윤리적이거나 불법일 수 있다. 어느 질병에 대한 치료법이 있는 척 가장하는 것처럼 말이다.

둘째, 외관 프리토타입을 이용하면 가짜 문 프리토타입을 이용할 때보다 잠재적 비즈니스에 관해 훨씬 더 많은 것을 알아낼 수 있다. 카즈다이렉트 사례에서 빌 그로스 팀은 서비스에 대한 수요(사람들이 기꺼이 온라인으로 자동차를 구매하고 싶어 한다)를 확인했을 뿐만 아니라, 최초의 고객들에게 실제 자동차를 공급하는 과정에서 필요한 금융·법률상의 서류 작업 등 판매와 관련된 제반 작업에 관해 몸소 배울 수 있었다. 잠재적 투자자들을 설득하기 위한 근거라는 측면에서도 몇 명이 문을 두드렸고 '구매하기' 버튼을 눌렀는지 엑셀 파일로 보여주는 것보다는 고객이 직접 보내온 수천 달러짜리 수표를 보여주는 편이 훨씬 강력한 증거가 된다.

사례 : 다시 한 번, 앤토니아의 앤티크 서점

앞서 앤토니아가 가짜 문 프리토타입을 통해 최소한의 시간과 자금을 투자하여 본인의 서점에 대한 프리토타이핑을 진행한 것을 보았다. 만약 앤토니아가 본인의 시장과 고객에 관해 좀 더 알아보기 위해 좀 더 투자할 의사가 있었다면, 외관 프리토타입이 아주 좋은 방법이 됐을 것이다. 카즈다이렉트와 유사한 방법을 통해 본인의 오프라인 서점 사업도 프리토타이핑을 해볼 수 있었을 것이다.

빈 건물이나 상점의 문에 그냥 안내판을 붙이는 것이 아니라, 해당 공간을 며칠만 빌려서 책상도 가져다놓고 그녀의 책들로 채운 책장을 두어 개 세워둘 수도 있을 것이다. 누가 노크를 하고 서점에 들어오면 앤토니아는 아직 책 재고를 채우는 중이라고 설명한다. 하지만 고객들이 이미 관심을 갖고 있는 책이 있다면 기꺼이 찾도록 도와준다. 이를테면 다음과 같이 진행되는 것이다.

줄줄이 늘어선 책장에 수천 권의 책이 있으리라 기대하며 서점 안으로 들어온 잠재적 고객은 책장이 겨우 2개뿐이고 책상에서는 앤토니아가 한창 컴퓨터 작업 중인 것을 보며 깜짝 놀란다.

"헛, 죄송합니다. 서점인 줄 알았어요." 고객이 말한다.

"아, 서점 맞아요." 앤토니아는 그렇게 대답하며 활짝 웃어 보인다. "실은 곧 서점이 될 거예요. 책이 모두 도착하면요."

책상에서 일어나 앞으로 걸어 나온 앤토니아는 아직도 살짝 어리둥절해하는 잠재적 고객에게 악수를 청하며 설명한다. "저는 앤토니아라고 합니다. 이제 막 시작해서, 말하자면 이곳 상황이며 동네를 살펴보는 중이에요. 하지만 지금도 도와드릴 수는 있어요. 특별히 찾는 책이 있으신가요?"

"실은, 스토아학파 철학에 관심이 많아서요. 제가 수집할 만한 그 분야의 흥미로운 책이나 희귀한 서적이 있는지 보려고 했어요."

"아, 네. 스토아학파요. 마르쿠스 아우렐리우스의 《명상록》 19세기 번역본이 있을 거예요. 가죽 장정이 정말 멋지지만 가격이 만만치 않아요. 200달러 정도 하거든요. 찾아보고 주문을 해드릴까요? 아니면 좀 더 저렴한 것으로 찾으시나요?"

"아, 힘들지 않으면 그래주시면 좋죠. 책이 그만한 가치가 있으면 그 정도 돈을 쓰는 것은 상관없어요."

"힘들 것 없어요. 그건 그렇고 컴퓨터가 책을 찾는 동안, 같은 서적 애호가로 뭐 좀 여쭤봐도 될까요? 소장하시는 책에 관해서…."

보다시피, 외관 프리토타입을 이용하면 단순히 문을 두드린 사람이 몇 명인가 하는 것보다 훨씬 더 많은 데이터를 모을 수 있다. 어떤 유형의 사람들이 서점에 들어오고, 그들은 어떤 종류의 책을 찾으며, 어느 정도의 가격대를 편안하게 느끼는지 알 수 있다.

이쯤에서 눈치챘겠지만 나는 책을 무척 좋아한다. 하지만 영화나 영상 역시 아주 좋아한다. 꼭 학습이나 엔터테인먼트를 위해서가 아니라 다음에서 보듯이 프리토타이핑을 위해서 말이다.

유튜브 프리토타입

영화나 영상은 처음 발명된 이래, 아직 존재하지 않는 여러 사건이나 장소, 또는 장치(예를 들면 우주선이나 타임머신 등)를 상상하는 데 도움을 주었다. 영화나 영상은 우리가 '척하는 데' 도움을 주었다. 그래서 영상은 처음부터 프리토타이핑에 딱 맞는 도구였다고 할 수 있다. 유튜브 프리토타이핑 기법은 '영상의 마법'을 적극 활용해서 아직 제대로 개발되지 않았거나 널리 이용 가능하지 않은 제품 아이디어에 생명을 불어넣고 표적 시장에서 공유할 수 있게(유튜브나 기타 영상 플랫폼이나 기기를 이용해서 말이다) 해준다. 그러면 시장이 여러분의 아이디어에 얼마나 관심을 갖는지 '나만의 데이터'를 수집할 수 있다.

사례 : 구글 글래스 익스플로러 에디션

구글 글래스는 머리에 쓰는 안경 모양의 디스플레이 장치다. 구글 글래스는 정보를 직접 렌즈에 표시할 뿐만 아니라 카메라를 내장하고 있어서 착용자가 자신이 보고 있는 것을 남몰래 영상으로 기록하거나 방송할 수 있다. 구글 글래스가 본격적으로 출시되기 훨씬 전에 구글 글래스 개발팀은 구글 글래스로 세상이 어떻게 보이는지를 보여주는 영상을 하나 제작했다. 이렇게 선구적인 콘셉트가 특히나 구글에서 나온다면 많은 버즈와 흥미를 불러일으킬 것은 자명한 일이었지만, 그런 버즈와 관심이 구매로 전환될까? 충분히 많은 사람들이 기꺼이 돈을 투자해서 구글 글래스를 살까? 사람들은 구글 글래스를 어떻게 이용할까? 그리고 더 중요한 것은 사람들이 처음의 괴짜적 흥분이 가신 후에도 계속 구글 글래스를 이용할까?

아니나 다를까, 구글 글래스를 소개하는 영상이 유튜브에 게재되자 어마어마한 버즈가 일기 시작했다. 다들 구글 글래스에 대해 얘기했다. 다들 구글 글래스가 출시되면 우리가 세상과 소통하는 방식이 극적으로 변화할 거라고 (혹은 변화시키지 못할 거라고) 예측했다. 여기까지는 놀랄 일이 아니었다. 그리고 아무런 데이터도 없었다. 그냥 생각랜드에서 나온 의견과 추측만이 난무할 뿐이었다. 실제로 상당한 현금을 주고 구글 글래스를 구매하는 사람은 얼마나 될까? 그리고 더 중요한 것은, 그중 얼마나 되는 사람들이 구글 글래스를 정기적으로 사용할까? 사람들은 구글 글래스를 어디에 사용할까?

아직 개발하지 않은 아이디어 영상을 쓸 만한 프리토타입으로 만들려면, 온라인 조회수, '좋아요' 개수, 댓글 등을 넘어서는 정보를 수집해야 한다. 이 영상을 '나만의 데이터'를 만들어내는 실험으로 변모시킬 방법을 찾아내야 한다.

구글 글래스가 찾아낸 방법은 데모 영상을 통해 구글 글래스 탐험단 프로그램에 참가 신청을 받은 것이었다. 탐험단에 참가하고 싶은 사람은 상당한 정도의 적극적 투자가 필요했다. 먼저 트위터에 '#IfIHadGlass'라는 해시태그를 달아 관심이 있다는 의사를 표시해야 했다. 그리고 구글 글래스를 받게 되면 뭘 하고 싶은지 설명해야 했다(예컨대 '#IfIHadGlass 요리 프로그램을 만드는 데 사용하고 싶어요').

수천 명의 사람들이 구글 글래스를 어떻게 사용할지 아이디어를 트위터에 게시했다. 이들 트윗을 검토한 구글 글래스 팀은 수천 명의 트윗 게시자를 선별해서 탐험단 프로그램에 선발되었음을 알렸다. 참가자들은 구글 글래스에 1500달러(약 180만 원)의 가격을 지불하고 샌프란시스코나 LA, 혹은 뉴욕에 있는 구글 사무실을 찾아가 피팅을 하고 훈련을 받아야 했다.

이 정도면 상당한 돈과 시간을 들인 것이고, 많은 적극적 투자를 한 셈이다. 그럼에도 많은 사람들이 비용을 내고 사무실까지 찾아와서, 훈련을 마치고, 자신의 구글 글래스를 받아 집으로 돌아갔다. 처음에 탐험단은 아주 열정적이었고, 특히 일부는 지나칠 정도로 열정적이었다. 예컨대 유명한 기술 블로거 한 사람은 구글 글래스에 너무 집착한 나머지 구글 글래스를 끼고 샤워하는 모습의 사진을 게재하기도 했다.

안타깝게도 처음에 이렇게 관심이 휘몰아치고 얼마 지나지 않아 비판의 목소리와 상당한 역풍이 찾아왔다. 어쩌면 시샘 때문일 수도 있고, 아니면 몰래 동영상이 찍힐 수도 있다는 불안감 때문일 수도 있다. 구글 글래스를 착용한 사람들은 금세 관심의 대상에서 '글래스홀'('안경'이라는 뜻의 'glass'에 '재수 없는 놈'이라는 뜻의 'asshole'을 결합한 단어 - 옮긴이)로 전락했다. 많은 바와 레스토랑 등에서 구글 글래스 사용이 금지됐다. 그리고 최악이었던 것은 처음에 마구 들떴던 탐험단 대부분이 더는 구글 글래스를 착용하지 않게 되었다는 점이었다.

구글 글래스는 많은 가능성을 약속했으나, 당초의 기대치를 충족시키지는 못했고, 결국 프로젝트는 취소됐다. 이 아이디어는 나중에 다른 형태로 혹은 다른 시장에서 부활할 수 있을지도 모른다. 하지만 처음의 대단한 선전에도 불구하고 이 시점에서의 이 기술은 '될 놈'은 아니었다.

이 사례가 프리토타이핑이 긍정 오류를 낸 경우는 아닌가 생각하는 사람도 있을 것이다. 내가 비판했던 포커스그룹이나 생각랜드에서 유래한 여러 기법처럼 말이다. 무엇보다 처음에는 관심도가 매우 높았고 많은 사람이 기꺼이 1500달러를 지불하기까지 했다. 그러나 결과는 정반대였다. 구글 글래스는, 일부 제품의 경우 처음의 관심과 투자가 필요하기는 하지만 이것만으로는 해당 제품이 '될 놈'인지의 여부를 결정할 수 없음을 잘 보여주는 훌륭한 사례다. 일부 제품과 서비스의 성공에는 '반복적인' 사용과 '지속적인' 관심이 중요하다.

특히 구글이나 애플 같은 회사의 경우, 새로운 아이디어에 대해 버즈를 일으키는 것은 비교적 쉬운 일이다. 정말로 중요한 것은 처음의 그 버즈가 지속적인 관심과 일관된 사용으로 전환되느냐의 여부다. 유튜브 프리토타입을 탐험가 프로그램과 결합함으로써 구글은 이 제품에 대한 최초의 관심도를 알아냈을 뿐만 아니라 그렇게 열정적이던 탐험단이 처음의 흥분이 가시고 난 후에도 계속해서 열정적인지를 추적 관찰할 수 있었다.

물론 구글 글래스 팀은 실망했으나 원래부터 성공을 예단하지는 않았었다. 만약 그랬다면 구글은 아이디어를 먼저 검증해보는 대신 곧장 제조에 뛰어들어 수십만 개를 팔려고 했을 테니까.

영화에서는 모든 게 가능하기 때문에 유튜브 기법을 활용하면 어떤 아이디어든 프리토타이핑할 수 있다. 하지만 조회수나 '좋아요' 개수 같은 지표는 데이터가 아니라는 사실을 기억하라. 핵심은 여러분의 아이디어가 실제로 사용되는 영상과 적극적 투자를 이끌어내는 방법을 서로 결합하는 것이다.

유튜브 프리토타입이 다른 프리토타이핑 기법과 결합한다면 더 좋은 결과를 기대할 수 있다. 이 접근법이 얼마나 강력한지 잘 보여주는 나의 이전 사례들이 있다.

사례 : 다시 한 번, 스마트 경적

앞서 피노키오 기법을 이용해 스마트 경적을 프리토타이핑해보았다. 우리가 타는 자동차에 네 가지 다른 소리를 내는 4개의 가짜 버튼을 달고 언제, 얼마나 자주 그것들을 이용하는지 보았다. 이 피노키오 기법에 유튜브 프리토타입을 결합할 수 있다. 다양한 버튼과 소리가 나는 것을 보여주는 영상을 만드는 것이다. 먼저 스마트 경적을 탑재한 사람이 운전을 하는 영상을 녹화해서 다양한 상황에 스마트 경적이 어떻게 이용되는지 보여준다. 전화를 하느라 신호등이 녹색으로 바뀐 것을 알아채지 못한 운전자에게는 정중한 '빵빵' 소리를 보내준다. 갑자기 끼어드는 운전자에게는 좀 더 단호한 "야, 이 #$%^&*!" 소리를 울려준다.

물론 아직 스마트 경적은 존재하지 않으므로, 이 버튼들은 아무 동작도 하지 못하지만 여기가 바로 영상의 마법이 발휘되는 부분이다. 약간의 편집 작업이면 영상의 사운드트랙에 적절한 경적 소리를 추가해서 스마트 경적이 실제 울리는 것 같은 착각을 일으킬 수 있다. 영상이 만들어지면 온라인에 게시해서 선주문을 받거나 더 많은 정보를 보내줄 이메일 주소를 요청할 수도 있다.

사례 : 다시 한 번, 휴대용 오염 탐지기

아직 존재하지 않는 제품이 사용되는 모습을 보여주는 것 외에도 유튜브 프리토타입은 여러분의 아이디어를 마케팅할 다양한 스토리나 시나리오를 검증할 수 있는 좋은 기회를 제공한다. 앞서 소개했던 휴대용 오염 탐지기가 기억나는지? 해당 팀원들은 최초 표적 시장이 심하게 오염된 도시에 사는 부모들이 되어야 한다고 생각했다. 본인들의 시장 가설을 검증하기 위해 그들은 휴대용 오염 탐지기를 이용해서 오염도가 너무 높을 때는 딸이 장

시간 밖에 나가 놀지 못하게 함으로써 딸의 건강을 챙기는 부모의 스토리를 담은 영상을 만들 수도 있다. 프리토타이핑 목적이라면 영상에 보여주는 오염 탐지기는 작동을 하지 않는 아무 물건이나 동원할 수 있다. 본인이 생각하는 실제 제품과 내용, 모양, 크기만 비슷하면 된다.

사례 : 피버드

유튜브 프리토타입에 이상적인 또 하나의 제품군은 소프트웨어다. 파워포인트(혹은 애플 키노트) 프레젠테이션을 영상으로 바꾸면, 아직 코드 한 줄 쓰지 않았더라도 여러분이 생각하는 프로그램이나 앱의 기능을 시뮬레이션으로 보여줄 수 있다. 다음의 사례를 보자.

예를 들어 여러분에게 피버드(FeeBird)라는 모바일 앱 아이디어가 있다고 치자. 이 앱은 조류 관찰(다람쥐도 가끔은 쉬어야 하니까)을 좋아하는 사람들이 취미를 통해 돈을 벌게 해준다. 약간의 사례를 받고 희귀하거나 찾기 쉽지 않은 새들이 어디에 있는지 내가 발견한 장소를 남들과 공유하는 것이다. 피버드의 개발자인 여러분은 이 앱을 5달러에 팔거나 거래 금액의 20퍼센트를 수취하는 방식으로 돈을 벌 수 있다.

만약 여러분이 나처럼 소프트웨어 개발자라면 당장 열의에 차서 코딩을 시작할 것이다. 하지만 나는 이렇게 질문하고 싶다. "그런 앱을 만들 수 있다는 사실에 한 점 의심도 없으신가요?" 당연히 없죠! 손만 대면 될 정도로 간단한 프로그램인데. 그리고 여러분이 혹시 소프트웨어 개발자가 아니라고 하더라도, 개발자를 한 명 고용해서 쉽게 피버드를 만들 수 있다고 가정하기로 하자. 다시 말해 앱을 만드는 것 자체와 관련해서는 위험이나 불확실성이 '0'이다. 그러나 여기에는 '0'이 아닌 비용도 들어간다. 이런 앱을 하나 만들려면 개발하고, 테스트하고, 디버그하는 데 적어도 몇 주 정도의 작업이 필요하다. 대부분의 앱은 이용자가 많지 않고 큰돈을 벌지도 못한다는 사실을 고려하면, 그런 투자를 하기 전에 프리토타이핑을 이용해서 피버드가 '될 놈'인지의 여부를 먼저 확인해야 한다.

그러니 컴퓨터로 달려가 소프트웨어 개발 도구를 꺼내기 전에 여러분이 가장 좋아하는 프레젠테이션 소프트웨어나 그래픽 소프트웨어를 먼저 꺼내라. 그리고 여러분의 앱이 무엇을 하게 될지 시뮬레이션해보라. 즉 다음과 같이 해보라는 얘기다.

다음 쪽 그림은 내가 애플 키노트 프로그램을 이용해서 10분 만에 만든 두 가지의 피버드 스크린 모형이다. 첫 번째 스크린은 여러분 주위에 있는 흥미로운 새들의 일반적 위치를 보여준다. 여기에는 옵션이 붙어 있어서 5달러의 수수료를 지불하면 정확한 위치/지도를 살 수 있다.

두 번째 스크린은 이용자가 상세 정보를 구매하기로 했을 때 어떤 일이 벌어지는지를 보여준다. 자세한 지도와 함께 GPS 좌표, 이 정보에 대한 평가 기회가 제공된다.

한 시간이면 이런 슬라이드를 여러 장 만들 수 있다. 각 슬라이드는 이용자의 동작(새 검색, 새 보고, 목격 확인)에 따라 어떤 결과가 나타나는지 모형 스크린에 보여준다. 그런 다음 각 슬라이드를 동작 순서대로 묶어 앱이 작동하는 것처럼 보이게 하면 된다. 예를 들어 '구매하기' 버튼이 있는 슬라이드를 클릭하면 스크린이

다음 슬라이드로 바뀌면서 새의 위치에 관한 상세 정보를 보여준다. 그러면 보는 사람에게는 '구매하기' 버튼이 작동하는 것처럼 보인다. 슬라이드 동작을 다 묶고 나면 내레이션을 추가해 데모 영상을 완성한다.

여러분이 어떤 종류의 새에 관심이 있는지 피버드에 말해두면, 여러분 인근 지역에서 해당 조류가 목격될 때마다 알림 스크린이 알려드립니다.

예를 들면 화면에 보이는 것처럼 여러분의 현재 위치에서 반경 16킬로미터 이내에 바다오리가 출현한 것을 알 수 있습니다. 5달러면 해당 조류의 정확한 위치를 알 수 있습니다.

'구매하기' 버튼을 클릭하면 자세한 지도와 GPS좌표, 방향을 알려주는 스크린이 나타납니다.

차를 타고 해당 위치로 이동해 몇십 미터 앞에서부터 걸어가면… 성공! 바다오리 한 쌍이 보이네요. 새를 좋아하는 다른 분들을 위해 기쁜 마음으로 별 5개를 주세요.

이 과정이 끝날 때쯤이면 앱의 기능을 보여주는, 흥미진진하고 실제 같은 데모 영상이 생길 뿐만 아니라, 앱을 어떻게 디자인하고 어떤 사양을 넣어야 할지에 관해서도 많은 것을 알게 될 것이다.

하지만 아직까지 프리토타입은 아니다. 여기까지는 그냥 정교하고 다이내믹한 모형에 불과하다. 이것을 프리토타입으로 바꾸려면 이 영상을 이용해서 데이터를 수집해야 한다. 데이터를 수집할 방법은 많다. 예를 들면 이 영상을 보여주면서 앱이 출시되었을 때 알림을 받을 수 있도록 가입 기회를 주는 전용 웹사이트를 만들 수도 있다. 혹은 조류 관찰 모임에서 이 영상을 보여주면서 여기에 적극적 투자(이메일 주소, 돈 등)를 할 만큼 관심을 가진 사람들이 있는지 알아볼 수도 있다.

프리토타이핑의 투자 수익률

이 마지막 사례를 통해서 '프리토타이핑의 투자 수익률'이라는 개념을 소개하려고 한다. 아이디어를 프리토타이핑하는 데 겨우 몇 달러 정도의 돈과 약간의 시간을 투자하면 '안 될 놈'에 어마어마한 돈과 시간을 낭비하는 일을 막을 수 있다.

여러분이 10시간과 100달러를 투자해서 피버드 앱의 작동 모습을 보여주는 유튜브 프리토타입을 만들고, 간단한 웹사이트를 개발하고, 온라인 광고를 사서 '나만의 데이터'를 약간 수집했다고 치자. 일주일 후 여러분의 영상은 2000회의 조회수와 함께 적대적인 댓글(예컨대 '자긍심을 가진 조류 애호가라면 이 따위 정보에 돈을 받거나 주지는 않을 것')만 잔뜩 달리고, 더욱 중요하게는 적극적으로 투자한 사람이 한 명도 없다고 치자. 여러분은 앱을 약간 바꿔서 다시 광고를 해보았으나 역시 비슷한 결과를 얻는다. 여러분은 방향을 바꿔서 조류 관찰 모임에서 영상을 보여주었지만 야유와 함께 무대에서 쫓겨난다. 저런! 이제는 처음으로 되돌아가볼 때다.

이런 결과가 실망스러울 수도 있다. 하지만 10시간이 아니라 10'주'(수천 달러의 가치가 있는 대략 400시간의 개발 시간)를 투자해서 진짜 앱을 개발했는데, 표적 시장에 대해 똑같은 정보(매출은 하나도 없고 조류 애호가 대부분이 그런 정보를 사고판다는 전제에 대해 흠칫 놀란다는 정보)를 알게 됐다고 상상해보라. 여러분은 얼마나 더 크게 실망하게 될까? 똑같은 교훈을 얻는 데 10시간과 100달러를 쓰느냐, 10주와 수천 달러를 쓰느냐? 이 정도면 프리토타이핑의 투자 수익률치고는 썩 훌륭하지 않을까?

많은 것을 투자하기 전에 약간의 테스트를 해보라. 아이디어를 가지고 뛰어들기 전에 해당 아이디어에 대해 조금 더 알아보라. 그러면 다음 프리토타이핑 기법으로 넘어가보자.

하룻밤 프리토타입

하룻밤(One-Night Stand) 프리토타입은 특정 장소에서 한 번밖에 하지 않는 공연 형태에서 이름을 따왔다. 하지만 여러분이 좀 더 야한 쪽으로 상상한다고 해도 말리지는 않겠다.

이름에서 알 수 있듯이 하룻밤 프리토타입의 가장 큰 특징은 장기적 계획이나 투자가 없다는 점이다. 그렇다고 해서 꼭 하룻밤이나 1회성이어야 한다는 뜻은 아니다. 너무 용어 자체에 집착하지 않기 바란다. 프리토타이핑 실험 기간은 2시간 정도로 짧을 수도 있고 두 달 정도로 길 수도 있다. 중요한 것은 상대적으로 단기간에 진행한다는 점이다. 제대로 의사결정을 내리기 위해 필요한 데이터를 수집할 수 있는 기간이면 된다. 필요한 데이터가 100개이고 하루 한 번의 실험으로 이를 모두 모을 수 있다면 하루 동안 실험을 진행하면 된다. 필요한 데이터를 얻기 위해 일주일 동안 여러 번의 실험이 필요하다면 일주일간 실험을 진행하라. 그 점을 염두에 두고 내가 가장 좋아하는 2개의 사례를 살펴보자. 버진항공과 에어비앤비의 사례인데 둘 다 1회성 혹은 하룻밤 제안으로 시작된 것들이다.

사례 : 버진항공

1980년대 초에 전설의 기업가 리처드 브랜슨(Richard Branson)은 당시 여자 친구를 만나 근사한 휴가를 즐기기 위해 영국령 버진 아일랜드로 가는 항공편을 예약했다. 그런데 공항에서 항공편이 취소되자 브랜슨은 (우리 대부분처럼) 불평을 하고 항공사를 욕하는 대신, 직접 하룻밤짜리 항공사를 만들기로 했다. 그는 칠판을 하나 빌려와 이렇게 썼다. "버진항공 / 영국령 버진아일랜드 편도 39달러." 그는 역시 좌석이 취소되었던 다른 승객들을 모아 좌석을 판매하고 그 돈으로 비행기 한 대를 전세 내어 그들과 함께 버진아일랜드까지 갈 수 있었다.

이 실험의 성공에 고무된 그는 휴가를 다녀와서 보잉에 전화를 걸었다. "중고 747기를 팔 수 있나요?" 보잉은 가능하다고 했다. 브랜슨은 747기를 한 대 사서 하룻밤짜리 프리토타입을 비행기 한 대짜리 항공사의 프리토타입으로 업그레이드했다. 결국 버진항공은 업계에서 가장 성공적이고 혁신적인 항공사 중 하나가 됐다. 브랜슨의 여자 친구도 깊은 인상을 받았던 것이 틀림없다. 그와 결혼했으니 말이다.

사례 : 에어비앤비

2007년의 어느 날 에어비앤비의 공동 설립자인 조 게비아(Joe Gebbia)와 브라이언 체스키(Brian Chesky)는 샌프란시스코에 있던 그들의 아파트 월세를 내지 못해 고민하고 있었다. 당장 돈이 필요했던 두 사람은 아파트의 방 한 칸에 있는 에어 매트리스(에어비앤비의 '에어'는 여기서 나왔다) 3개를 임대하자는 아이디어를 생각해냈다. 그리고 다소 불편한 잠자리에 대한 보상 차원에서 가정식 아침 식사(에어비앤비의 '비앤비'는 여기서 나왔다)('B&B'란 흔히 'bed and breakfast', 즉 잠자리와 아침 식사의 약어로서 간단한 간이 숙박이나 민박을 가리킨다-옮긴이)를 조건에 포함시켰다. 두 사람은 도메인을 하나(airbedandbreakfast.com) 사서, 본인들의 아파트 위치를 표시한 지도가 들어간 한 페이지짜리 웹사이트를 만들고 지역 생활 정보지인 〈크레이그리스트(Craiglist)〉에 광고를 냈다. 몇 시간 뒤, 남자 둘과 여자 한 명이 1인당 80달러의 가격에 하룻밤 숙박과 아침 식사를 예약했다.

이 정도면 적극적 투자다. 에어비앤비를 개척한 첫 고객들은 모르는 사람의 집에서 역시나 모르는 두 사람과 한 방을 쓰겠다고 함으로써 위험 부담을 안고 투자를 한 것이었다. 모르는 사람이라면 온갖 호러 영화의 플롯들이 떠오른다. 나라면 그날 밤 평화롭게 잘 잤을지 모르겠다. 사실 누가 이걸 비즈니스 아이디어라고 설명했다면 나는 아마 생각랜드에 기반해서 이렇게 말했을 것이다. "절대로 안 될걸? 나라면 낯선 사람 집에서 자겠다고 돈을 내는 일은 절대로 없을 거야. 호텔에 가면 어때서? 아니면 적절한 비앤비도 있잖아." 이것 역시 우리의 첫 반응이나 의견, 예측이 얼마나 틀릴 수 있는지를 잘 보여주는 사례다. 왜냐하면 요즘 내가 여행할 일이 있을 때면 가장 먼저 확인하는 웹사이트가 에어비앤비이고 결국에는 그곳에서 숙박을 예약하기 때문이다.

첫 번째 게스트들이 떠나고 나서 조와 브라이언은 이게 대단한 아이디어일 수도 있다는 사실을 깨달았다. 이게 바로 '될 놈'일지 몰랐다. 그들이 많은 일을 제대로 해내고 잘 진행함으로써 몇 년 후에 에어비앤비의 시장가치는 100억 달러(약 12조 원)를 넘어섰다. 조와 브라이언은 더는 집세 걱정을 하지 않는다.

사례 : 테슬라의 팝업 쇼룸

자동차 대리점을 개점하는 것은 돈이 많이 들어갈 뿐만 아니라 특정 장소에 장기적으로 투자하는 일이다. 만약에 그 장소가 예기치 못한 어떤 이유로 좋은 결과를 내지 못하면 어떻게 될까? 의사결정에 가이드가 되어줄 데이터는 어떻게 얻어야 할까? 하룻밤 프리토타입을 사용하기에 완벽한 사례처럼 들린다.

테슬라는 자사의 자동차들을 새로운 시장에 내놓고 관심도를 알아보기 위해 이동 가능한 팝업 자동차 쇼룸을 만들었다. 트럭에 싣기 쉽게 컨테이너 2개를 개조한 것으로 도착지에 내리면 몇 시간 만에 가로세로 6미터, 10미터의 쇼케이스로 바꿀 수 있었다. 고객들은 테슬라의 자동차를 직접 경험할 수 있을 뿐만 아니라 5000달러의 보증금을 내고 온라인으로 주문할 수도 있었다. 적극적 투자가 가능한 것이다. 이 팝업 스토어 덕분에 테슬라는 큰 투자를 하지 않고도 특정 지역에서 자사의 자동차가 얼마나 잘 팔릴지 훌륭한 데이터를 직접 수집할 수 있었다. 얼마나 기발한 일인지!

만약 테슬라가 LA 인근에 신규 대리점을 내려 한다면, 가장 먼저 어느 지역에 대리점을 개설하는 게 가장 큰 매출로 이어질지 알아내야 한다. 어느 지역에 다른 고급 자동차 브랜드의 대리점이 있고 실적도 성공적이라면 좋은 출발점일 수도 있겠으나 어디까지나 이것은 '그들의 데이터'일 뿐이다. 벤틀리나 벤츠, 캐딜락, 페라리, 람보르기니 같은 전통적인 고급차나 스포츠카 브랜드를 구매하는 사람들이 자동적으로 테슬라도 구매할 거라고 가정해서는 안 된다. 테슬라는 매장을 설치할 때마다 자신들이 큰 관심을 끈다는 사실은 이미 알고 있다. 하지만 특정 매장을 방문하는 사람들 중에 단순한 구경꾼과 진지한 잠재적 고객을 어떻게 구분할까?

테슬라는 기존 데이터를 이용해 30킬로미터 반경 내에서 선택 가능한 곳을 3곳으로 줄인 다음 팝업 쇼룸과 하룻밤 프리토타입과 xyz가설(예컨대 '적어도 0.5퍼센트의 비벌리힐즈 쇼룸 방문객은 테슬라 모델 S에 보증금을 낼 것이다')을 결합해서 유용한 '나만의 데이터'를 얻을 수 있다. "여기는 고급차 매장을 내기에 좋은 위치다"라는 데이터가 아니라 "여기는 '테슬라' 매장을 내기에 좋은 위치다"라는 데이터 말이다.

많은 것을 투자하기 전에 테스트하라

대부분의 프리토타이핑 기법이 그렇듯이 하룻밤 프리토타입도 지나고 보면 아주 당연한 것처럼 보인다. '많은 것을 투자하기 전에 테스트하라'는 개념을 시간이라는 차원에 적용하는 문제에 불과하다. 일회성으로 혹은 몇 시간, 며칠, 몇 주만 한번 시도해보라. 다시 말해 장기적인 투자를 하기 전에 여러분의 장기적 XYZ 가설을 단기 xyz 실험을 통해 검증하라.

하지만 어느 아이디어가 아무리 당연하게 보인다고 해도 합리적인 아이디어가 늘 합리적인 행동으로 전환되는 것은 아니다. 새로운 아이디어에 투자할 때 대부분의 사람이나 기업이 어떤 식으로 접근하는지 살펴보면 전혀 반대의 현상이 벌어지는 것을 보게 된다. 기업들은 자신들의 아이디어가 효과가 있을 것임을 증명해주는 데이터도 없이 광고 공간을 장기적으로 임차하고 온갖 장기적 투자를 한다.

과거에는 다른 누구 못지않게 나도 그런 잘못을 저질렀다. 나는 사업을 시작하면 곧잘 수천 제곱미터의 공간(수십 명의 개발·판매·마케팅·운영 직원들이 쓰기에 충분한 공간)을 장기로 임차하곤 했다. 당시 우리는 직원이 몇 명 되지도 않고 판매할 제품을 손에 쥐려면 적어도 1년은 기다려야 했는데도 말이다. 당시 우리 제품에 대한 유일한 검증이라고는 아무것도 투자하지 않은 사람들의 수많은 의견이 고작이었다.

잠입자 프리토타입

종종 적은 규모로 신제품을 만들거나 제조하는 데는 별다른 투자나 리스크가 없을 때도 있다. 큰 리스크가 생기는 것은 해당 제품에 대한 충분한 관심이나 수요가 있다는 것을 확증해줄 만한 충분한 데이터가 생기기도 전에 그 신제품을 제대로 만들고 대량으로 제조하기 위해 너무 많은 것을 투자할 때다. 만약 우리가 다른 사람의 마케팅이나 세일즈 자원을 이용해 적은 수의(어쩌면 한 개의) 우리 제품이라도 사려는 사람이 있는지 알아볼 수 있다면 정말 좋지 않을까?

잠입자(Infiltrator) 프리토타입은 바로 이럴 때 사용하는 기법이다. 이름에서 알 수 있듯이 잠입자 기법에는 우리 제품을 다른 누군가의 기존 판매 환경(오프라인 또는 온라인)에 몰래 끼워 넣는 일이 필요하다. 평소 비슷한 제품이 놓이는 곳에 우리 제품을 가져다 두고, 사람들이 적극적 위험을 감수하면서까지 이 제품을 구매하는지 지켜보는 것이다.

사례 : 월허브

내가 잠입자 프리토타이핑 기법을 생각해낸 것은 저스틴 포카노 (Justin Porcano) 덕분이었다. 포카노는 샌프란시스코에서 업웰디 자인(Upwell Design)이라는 독립 디자인 회사를 운영하고 있다. 포 카노에게는 혁신적인 스위치판 아이디어가 있었다. 스위치판이 란 벽에 손가락 지문이 묻지 않도록 플라스틱이나 메탈로 조명 스 위치 주변을 둘러싸고 있는 직사각형의 판을 의미한다. 그는 자신 의 스위치판 디자인을 월허브(Walhub)라고 불렀는데, 월허브에는 후크와 포켓이 있어서 열쇠나 우산, 손전등 같은 것들을 편리하게 걸어놓거나 보관할 수 있었다. 예컨대 현관 옆의 스위치에 월허브 를 설치해두면 열쇠를 걸어둘 수도 있고 외출할 때 부쳐야 할 편 지를 꽂아둘 수도 있다. 또 지하실 문 옆의 스위치에 월허브를 설 치하고 손전등을 걸어두면 혹시라도 불이 나갔을 경우 지하실에 들어가 쉽게 손전등을 찾아들고 고장 난 곳을 살펴볼 수 있다.

발명가들이 다들 그렇듯이 포카노도 자신의 아이디어가 정말 로 훌륭하다고 생각했고, 남들도 그 유용성을 알아보고 구매할 거라 믿었다. 또한 그는 이케아(IKEA)나 홈디포(Home Depot) 같 은 가구점이나 인테리어 전문점이 월허브를 팔기에 가장 좋은 곳 일 거라 생각했다. 그러나 대부분의 발명가들과는 달리 포카노는 자신의 신념을 확인해줄 데이터를 찾아보기로 했고(이렇게 현명할

2부 쓸모 있는 데이터를 수집하는 방법

데가!), 이를 위한 독특한 방법을 생각해냈다.

먼저 포카노는 이베이에서 중고로 나온 이케아 직원 셔츠를 하나 샀다. 그런 다음 정식 이케아 제품처럼 보이는 라벨과 가격표를 몇 개 제작해서 월허브의 시제품 몇 개에 부착했다. 마지막으로, 이케아는 이상한 북유럽풍의 이름으로 유명하니 포카노는 이번 실험에 쓰일 제품 이름을 월허브에서 발허브(Wälhub)로 바꾸어서 더욱더 그럴 듯하게 만들었다.

포카노는 노란색 직원 셔츠를 입고 발허브가 잔뜩 들어 있는 가방을 메고는 공모자 2명과 함께 동네 이케아 매장에 잠입했다. 그리고 근처에 진짜 이케아 직원이 없는 것을 확인한 다음 가게 여기저기에 발허브를 조금씩 올려놓아 쇼핑객들이 발견하고 '구매'할 수 있게 했다. 포카노가 정식 이케아 직원 셔츠를 입고 있었기 때문에 다른 직원들은 그가 동료이고, 새로운 제품을 전시하는 줄로만 알았다.

그런 다음 그는 뒤로 물러나 사람들이 자신의 제품에 어떻게 반응하는지 지켜보았다. 과연 몇 사람이나 발허브를 살펴볼까? 발허브가 진짜 이케아 제품인 줄 알고 쇼핑 바구니에 담는 사람은 몇이나 될까? 매장 내에 어느 위치(예컨대 주방용품, 거실용품, 창고용품 코너)에서 가장 큰 관심을 일으키고 가장 큰 매출을 일으킬까?

사람들은 정말로 발허브에 관심이 있는 것으로 드러났다. 몇 사람이 발허브를 쇼핑 바구니에 넣고 계산대로 향했다. 상상이 가겠지만 포카노의 가짜 이케아 가격표는 제대로 스캔이 되지 않았고, 계산대 직원은 이게 무슨 제품인지 알아볼 수 없었다. 계산대에서의 약간의 혼란에도 불구하고 결국 발허브를 사려던 사람들은 모두 발허브를 공짜로 집에 가져갈 수 있었다. 이 사례는 윈윈 게임이었다. 고객들은 무료 상품을 얻었고, 업웰디자인은 귀중한 '나만의 데이터'를 얻었다. 포카노와 팀원들은 실험 전체를 녹화해서 유튜브에 짧은 영상을 게시했다('Upwell Walhub Ikea'로 검색하면 된다). 이 영상은 충분히 찾아볼 만하다. 잠입자 기법이 실제로 어떻게 진행되는지 지켜보는 것은 큰 용기를 줄 뿐만 아니라 상당히 재미있기까지 하기 때문이다.

아이디어를 검증하고 의견을 데이터로 바꿀 수 있는 얼마나 기발한 방법인가? 고객이 계산을 하기 위해 발허브를 쇼핑 바구니에 담는 것만큼 더 훌륭한 적극적 투자가 있을까? 잠입자 기법을 통해 포카노는 다음과 같은 '나만의 데이터'를 수집할 수도 있었을 것이다.

◎ 실험 기간 : 한 시간
◎ 전시된 제품 옆을 지나간 사람 : 240명
◎ 발허브를 집어 들고 확인한 사람 : 12명(5퍼센트)
◎ 발허브를 사려고 한 사람 : 3명(1.25퍼센트)

물론 포카노가 했던 일은 창의성만으로는 되지 않는다. 배짱도 필요하고 위험도 따른다. 대형 체인점에서 정식 직원인 척하면서 시장조사 목적으로 상점 공간을 이용하는 것에 어떤 처벌이 따르는지는 모르겠다. 하지만 붙잡힌다면 좀 곤란한 일이 생길 수도 있을 것이다. 아니면 여러분의 제품이 언론에 보도되면서 큰 관심을 끌게 될 수도 있고 말이다(이 경우가 바로 그랬다).

좋은 소식은 체포될 위험 없이도 이 기법을 사용할 수 있다는 점이다. 가짜 직원 행세를 하면서 이케아에 잠입하는 것만큼 재미있지는 않겠지만, 포카노는 동네 철물점 몇 곳에 약간의 돈(100달러 정도?)을 지불한 다음 2주 정도 자신의 제품을 전시하고 사려는 사람이 있는지 살필 수도 있었을 것이다.

저스틴 포카노가 자신의 이케아 실험에 관해 했던 이야기로 이 사례를 마무리하려고 한다.

결과는 제가 바랐던 것보다 좋았습니다. 이 실험으로 우리 제품에 대한 소비자 시장을 검증할 수 있었을 뿐만 아니라 효과적인 포장이라든가 소매가격, 매장에서 이상적인 전시 위치 같은 정보들도 알게 됐죠. 이 실험 영상을 마케팅 도구로 활용할 수도 있었어요. 유튜브 조회수가 7만 5000건이나 됐죠. 전국방송 TV와 인터뷰도 하고 〈애드버타이징 에이지(Advertising Age)〉 같은 언론에서 창의상 같은 것들도 받았어요. 업윌은 600달러의 마케팅 예산을 최대치로 활용하면서 귀중

한 세일즈와 마케팅 조사 결과도 얻을 수 있었죠.*

오프라인 매장에서 잠입자 프리토타입을 운영해보면 재미나고 흥미진진할 뿐만 아니라 많은 깨달음을 얻을 수 있다. 왜냐하면 단순히 숫자만을 세는 것이 아니라 사람들이 여러분의 제품에 어떻게 반응하는지 관찰할 수 있기 때문이다. 만약 대부분의 사람이 여러분의 제품을 집었다가 가격표를 보고 휘파람 소리를 내며 도로 내려놓는다면 가격이 너무 비싸다고 생각하는 것을 쉽게 추론할 수 있다. 하지만 쇼핑의 많은 부분이 (점점 더) 온라인으로 옮겨갔기 때문에 잠입자 프리토타입을 인터넷에서도 진행해볼 수 있는지 궁금해할 사람도 있을 것이다. 당연히 할 수 있다! 그리고 꼭 해봐야 한다. 이미 자리를 잡은 웹사이트의 트래픽을 활용하는 것은 새로운 웹사이트로 트래픽을 끌어오려고 애쓰는 것보다 훨씬 더 빠르고 비용도 싸게 먹히는 방법이다.

먼저 기존 온라인 상점 중에 여러분의 제품이 속한 카테고리의 제품을 이미 구매한 사람들을 고객으로 확보하고 있는 곳이 어디인지 확인한다. 해당 온라인 상점에 접촉해서 여러분의 제품을 시범적으로 전시할 수 있게 거래를 체결한다. 예를 들면 여러분이 수집하게 될 데이터에 대한 대가로 온라인 상점이 판매 매출

---

* http://www.upwelldesign.com/portfolio/walhub-hacks-ikea-video/.

의 일부를 가져가거나 온라인 전시를 위한 공간을, 약간의 돈을 주고 '임차'하겠다고 제안할 수도 있을 것이다. 충분히 그럴 만한 가치가 있다. 늘 그렇듯이 이런 종류의 시범 운영을 해보려면 대형 회사와 접촉하기보다는 작은 회사와 접촉해서 협업하는 편이 더 쉽다.

상표 바꾸기 프리토타입

상표 바꾸기(Relabel) 프리토타입은 기존 제품이나 서비스의 외관을 조금만 바꾸면 새로운 제품이나 서비스의 프리토타입을 만들 수 있다는 점을 이용한다. 제품의 상표를 바꿔서 다른 제품인 척하며 사람들이 관심을 갖는지 보는 것이다.

수상쩍다 싶은가? 전혀 아니다. 다음의 사례를 보자.

사례 : 하루 지난 초밥

몇 년 전에 나는 스탠퍼드대학교 학부생들 몇몇과 점심을 먹고 있었다. 학생들 중 한 명이 포장 초밥을 사왔기에 다음과 같은 대화가 진행됐다.

"포장 초밥은 어때?" 치즈버거를 쩝쩝거리던 학생이 물었다.

"비싸! 거의 10달러야…. 그래도 젓가락은 공짜더라."

"너무 벗겨먹는 거 같아." 멕시코 요리를 먹고 있던 학생이 끼어들었다. "그렇게 비쌀 이유가 전혀 없잖아. 그냥 쌀에다가 쪼그만 생선 조각 몇 개 올린 게 전부인데."

"아, 그렇지만 생선이 정말로 신선해야 돼. 신선한 생선은 비쌀 테고." 치즈버거 학생이 대답했다.

"초밥이 별로 신선하지 않아도, 간장에 고추냉이와 함께 찍어 먹으면 아마 차이를 못 느낄걸?" 멕시코 요리 학생이 말했다. "사실 값싼 초밥이 나오면 시장이 꽤 클 거야."

"어, 맞아. 벌써 눈에 보인다. 하루 지난 초밥. 지금 당장 가서 도메인부터 사두지 그러냐?" 치즈버거 학생이 웃음을 터뜨리며 말했다.

"별로 나쁜 아이디어 같지 않은데?" 초밥 학생이 말했다. "적당히 맛있고, 먹어도 안전하고, 값도 싸다면, 나는 '하루 지난 초밥'도 먹어볼 거 같아. 젠장, 돈만 있으면 초밥을 매일 사먹을 텐데."

"아닐걸." 치즈버거 학생이 말했다. "네가 정신이 완전히 나가서 실제로 그런 사업을 시작한다고 해도, 제정신인 사람이면 돈 몇 푼 때문에 식중독이나 그보다 더 심한 위험을 감수하지는 않을 거야."

나는 보통 먹을 때는 일과 관련된 얘기를 하지 않는다. 하지만 당시는 생각랜드에서 나온 의견들이 난무하는 모습을 지켜보며

2부 쓸모 있는 데이터를 수집하는 방법

이 순간을 교육의 현장으로 바꾸고 싶다는 마음을 주체할 수가 없었다. "저기, 이 문제는 프리토타입으로 해결할 수 있어…." 10분 뒤 우리에게는 계획이 생겼다.

먼저 우리는 XYZ가설을 세웠다.

적어도 20퍼센트의 포장 초밥 구매자는 가격이 절반일 경우 '하루 지난 초밥'을 시도해볼 것이다.

그런 다음 범위 축소를 통해 범위를 스탠퍼드 캠퍼스로 줄였다.

적어도 20퍼센트의, 오늘 점심으로 학교 카페테리아 포장 초밥을 구매한 학생은 가격이 절반일 경우 '하루 지난 초밥'을 선택할 것이다.

마지막으로 이 아이디어를 프리토타이핑해볼 방법에 관해 브레인스토밍을 하던 우리는 상표 바꾸기 기법을 생각해냈다. 우리는 이런 상표를 만들 것이다. "하루 지난 초밥 : 50퍼센트 할인!" 카페테리아에서 판매하는 초밥 상자 중 절반에 이 상표를 부착한 다음, 점심으로 초밥을 구매하는 사람들 중에 몇 달러를 아끼기 위해 식중독이나 장내 기생충 감염 위험을 감수할 사람이 몇 퍼센트나 되는지 세어보는 것이다.

아마도 짐작이 가겠지만, '하루 지난 초밥'이 일부 사람들에게

하루 지난 초밥 : 50퍼센트 할인

는 (생각랜드에서) 그럴 듯하게 들릴지 몰라도 현실 세계에서 테스트를 해보았더니 그런 미끼를 물려고 하는 사람은 (시장의 20퍼센트는 고사하고) 한 명도 찾기가 힘들었다(미안해요!). '하루 지난 초밥' 아이디어는 성공 가능성이 전혀 없었다. 흥!

눈치챘겠지만 이 사례는 상표 바꾸기 프리토타입에 잠입자 프리토타입을 결합한 것이다. 우리는 기존 제품과 포장뿐만 아니라 기존 고객층과 인프라(카페테리아와 점심시간의 많은 유동인구)까지 활용했다. 여러 개의 프리토타이핑 기법을 결합하면 실험에 필요한 비용과 시간을 극적으로 줄일 수 있다. 이어지는 페이지에서는 추가적으로 프리토타이핑 결합 사례를 몇 가지 더 살펴본다. 그리고 페이지 이야기가 나왔으니 말인데….

사례 : 책 표지

표지로 책을 판단할 수는 없다. 하지만 표지를 통해 시장 데이터를 일부 확보할 수는 있다. 내 친구 마이크(실제 이름은 아니다. 실제 이름은 스티브다)는 컴퓨터 프로그래밍과 관련된 농담(주로 재미없는

2부 쓸모 있는 데이터를 수집하는 방법

농담)의 열렬한 수집가이자 전파자다. 마이크가 수집한 농담 중에는 이런 것도 있다. "핀란드에서는 프로그래머를 뭐라고 부르는지 알아? 너딕(Nerdic, 북유럽을 뜻하는 '노르딕Nordic'에 컴퓨터만 파고드는 괴짜를 뜻하는 '너드nerd'를 결합한 것 - 옮긴이)."(마이크에 비하면 내 말장난은 재미난 편이다.)

나와 알고 지낸 처음부터 마이크는 그런 농담을 모아서 책을 내겠다고 입버릇처럼 말해왔다. 마이크는 수많은 프로그래머가 이 책을 살 거라고 확신했다. "친구야, 엄청 팔릴 거야. 괴짜들을 위한 완벽한 선물이 될 거니까." 마이크는 또 그 책을 위한 완벽한 제목까지 생각해뒀다. 《100000000 프로그래밍 조크(100000000 Programming Jokes)》. (100000000은 256을 이진법으로 쓴 것이다. 이해가 되는지? 이해되지 않는다고 해도 걱정할 필요는 없다. 장담하는데 몰라도 되는 것이다.)

다시 한 번 말하지만 아이디어 자체는 그럴 듯하게 들린다. 그리고 분명히 몇 권은 팔릴 것이다. 하지만 몇 권이나? 마이크가 그 책을 만드는 데 들일 노력과 비용을 상쇄할 만큼 팔릴까? 프리토타이핑을 이용하면 이런 질문에 답해줄 '나만의 데이터'를 어느 정도 확보할 수 있을 것이다. 그리고 이 경우에는 상표 바꾸기와 잠입자 프리토타입을 결합하는 것이 아주 좋은 효과를 낼 것이다.

먼저 우리는 마이크의 막연한 시장 호응 가설을 XYZ가설로 바꿰야 했다. '숫자로 이야기'할 차례였다. 마이크는 '대부분의 프로그래머가 이 책을 살 것'이라고 생각했지만, '대부분'을 숫자로 바꾸자 '적어도 50퍼센트'가 됐고, 마이크조차 약간 지나치게 낙관적으로 들린다는 사실을 깨달았다. 고심 끝에 마이크는 조금 더 현실적인 숫자를 정했고 우리는 다음과 같은 XYZ가설을 얻었다.

적어도 5퍼센트의 프로그래머는 자신이나 친구를 위해 9.95달러에 《100000000 프로그래밍 조크》를 살 것이다.

그런 다음 우리는 범위 축소를 통해 동네 서점(그렇다, 아직도 몇몇 개는 존재한다)의 도움을 얻어 검증할 수 있는 xyz가설을 얻었다.

마운틴뷰에 있는 북스 서점에서 컴퓨터 과학 및 프로그래밍 서적을 둘러보고 매대에 놓인 《100000000 프로그래밍 조크》를 발견한 프로그래머 중 적어도 25퍼센트는, 이 책을 집어서 살펴볼 것이다.

만약 XYZ가설이 맞다면, 우리의 xyz 실험에도 반영되어야 한다. 다시 말해 컴퓨터 프로그래밍 섹션을 둘러보다가 이 책의 표지를 본 사람들 중 적어도 25퍼센트가 이 책을 집어서 확인한다면 5명 중에 한 명은 살 가능성이 높다. 정말로 조크를 다룬 책이라면 말이다. 이 가설을 테스트하려면 기존 책에다가 진짜처럼 보이는 《100000000 프로그래밍 조크》 표지를 입혀서 매대에 올려놓고 이 책을 발견한 사람들 중 과연 몇 명이나 집어 드는지 세어보면 된다.

물론 책을 열어본 사람은 '아, 책 표지로 책을 판단하면 안 되는구나' 하고 깨달을 것이다. 하지만 그 순간 마이크가 다가가서 실험 내용을 설명하고 약간의 속임수에 관해 사과한 후 그것을 보상할 작은 선물을 주면 될 것이다(예컨대 그의 농담 10개가 담긴 샘플 페이지라든가). 아니면 아직은 책이 준비되지 않았는데 이메일 주소를 준다면(약간의 적극적 투자) 기꺼이 책을 보내주겠다고 설명해도 된다. 이런 식의 실험을 몇 번 해보고 나오는 데이터가 그의 가설을 확인해주면 그때부터 마이크는 제대로 된 책을 작업하면 된다.

물론 비슷한 테스트를 온라인으로 할 수도 있다(그리고 어쩌면 반드시 온라인 테스트를 통해 오프라인 서점에서 나온 결과를 재확인하는 것이 좋을 것이다). 하지만 이런 실험은 오프라인에서 직접 해보는 게 훨씬 재밌다. 합법적이고 윤리적이어야 한다는 점만 기억하라. 그리고 여러분에게 '나만의 데이터'를 제공해주는 사람들에게는 인심을 좀 써라.

변형과 조합

프리토타이핑 기법의 설득력 있는 사례로 보이는 것들을 수집하고, 공유하며, 기억할 만한 이름을 붙여주는 과정은 즐거웠다. 하지만 여기서 공유한 프리토타입 목록이 완전한 것이라고는 절대 생각하지 말아주길 바란다. 이 목록은 그냥 작업할 때 프리토타이핑 사고방식을 보여주는 몇 개의 사례에 불과하다고 생각하라. 여러분만의 프리토타이핑 기법, 기존 기법의 변형, 두세 가지 기법을 결합한 여러 방법을 생각해내기 위한 자극제 정도로 생각하라. 앞서 이미 그런 사례를 보았을 것이다. '하루 지난 초밥' 사례는 잠입자 프리토타입과 상표 바꾸기 프리토타입을 결합한 것이었다. 두 가지 사례만 더 소개한다.

사례 : 라이브 데모 프리토타입

아직 작동하지 않는 제품의 잠재적 모습을 그려보고 온라인 영상으로 보여주는 방법(유튜브 프리토타입)도 있지만, 실제로 사람들 앞에서 시연을 하는 방법도 있다. 유튜브는커녕 TV도 생기기 전에 그랬던 것처럼 말이다.

예를 들어 학생들이 긴장을 풀고 집중할 수 있게 해서 공부를 하거나 시험을 보는 데 도움을 주는 앱에 관한 아이디어가 있다고 치자. 여러분은 이미 친구들과 함께 충분한 조사와 실험을 실시했고 이 앱이 성공할 거라는 확신이 든다. 하지만 몇 주 혹은 몇 달을 투자해서 제품을 개발하고, 테스트하고, 출시하고, 마케팅하기 전에 표적 시장의 사람들 중 과연 몇 퍼센트가 기꺼이 5달러를 주고 이 앱을 사려고 할지 알고 싶다. 여러분은 익숙한 여러 단계(그러니까 시장 호응 가설 → XYZ가설 → …)를 차례로 밟았고, 범위 축소를 통해 깔끔한 xyz가설을 얻었다. 당장이라도 테스트가 가능한 이 가설은 다음과 같다.

오늘 점심때 캠퍼스 서점에 갔다가 멈춰 서서 이 앱의 3분짜리 시연을 지켜본 스탠퍼드 학생들 중 10퍼센트는 우리 앱이 출시되면 알림을 받기 위해 이메일 주소를 줄 것이다.

여러분은 서점 근처에 책상과 의자를 설치하고 소규모 공연을 한다.

'릴랙스, 포커스 앤 스터디 앱'의 놀라운 능력을 직접 보십시오. 이 앱은 스마트폰을 이용해 과학적으로 증명된 시청각 신호를 발생시킴으로써 초조함은 줄이고 긴장은 이완된 집중 상태를 유도하여 여러분을 공부하기에 가장 이상적인 상태로 만들어드립니다. 2분이면 됩니다.

여기 앉아 있는 리사는 지금 심박수 및 혈압 측정기를 연결하고 있습니다. 보시다시피 지금 리사는 심박수와 혈압이 높은데 이는 약간의 스트레스 상태임을 알려줍니다. 낯선 여러분이 리사를 쳐다보고 있으니 놀랄 것도 없는 일이죠. 하지만 리사가 이어폰을 끼고, '릴랙스, 포커스 앤 스터디 앱'을 켜서 스크린에 집중하면… 기다려보세요…. 기다려보세요…. 여기! 심박수와 혈압이 떨어지기 시작했네요. 그리고 계속 떨어집니다….

무슨 말인지 이해했을 것이다.

시연이 끝나면 학생들에게 앱이 아직 출시되지 않았으나 RelaxFocusAndStudyApp.com에 들어가서 이메일 주소를 입력하면 나중에 앱이 출시되었을 때 5달러가 아니라 1달러에 구매하게 해주겠다고 이야기한다. 그리고 좀 더 뻔뻔해질 수 있다면 그 자리에서 1달러를 받아도 된다. 더 큰 적극적 투자이기 때문이다. 이 경우 필요하면 환불해줄 준비가 되어 있어야 한다. 물론 시연을 위해 실제로 작동하는 '릴랙스, 포커스 앤 스터디 앱'이 있을 필요는 없다. 그냥 리사가 긴장을 풀 수 있는, 음악이 깔린 영상을 하나 찾아 사용하면 된다.

사례 : 한 입 프리토타입

앞서 가짜 문 프리토타입을 이용해 다람쥐 관찰 관련 서적에 대한 시장의 관심도를 확인해보았다. 또 상표 바꾸기 프리토타입을 이용해 프로그래밍 조크에 관한 참신한 책도 테스트해보았다. 하지만 이번에는 여러분이 좀 더 야심차고 문학적인 책, 말하자면 소설 같은 것을 집필하려고 한다고 치자. 성공적인 소설 작품이 되려면 산문을 잘 써야 할 뿐만 아니라 흥미로운 스토리와 훌륭한 캐릭터로 독자들을 끌어들여야 한다.

대부분의 작가들은 기업가나 발명가와 마찬가지로 스토리나 캐릭터에 대한 본인의 아이디어가 자신을 그랬던 것처럼 시장도 완전히 사로잡을 거라고 생각한다. 하지만 안타깝게도 그렇지는 않다. 실패라는 야수는 잉크를 좋아해서 대부분의 책(특히 소설)은 시장에서 실패한다. 문학 에이전시나 출판사를 설득해서 여러분의 걸작을 읽게 하는 데 성공하더라도 그들의 결정(보통은 '거절')은 자신들의 전문가적 의견과 시장에 대한 이해를 바탕으로 내려질 것이다. 그리고 그 결과가 어떻게 되는지는 우리가 아는 대로다. '해리 포터' 시리즈에서 《모비딕》에 이르기까지 역사상 가장 성공한 소설들 가운데 일부는 처음에는 수십 군데의 출판사에서 퇴짜를 맞았었다.

그렇다면 책이 성공할 확률을 극대화하려면 작가나 출판사들은 어떻게 해야 할까? 그들은 프리토타입을 통해 샘플로 챕터 몇 개를 써보고, 그 챕터를 광고 타깃의 부분집합에 선보인 다음 '나만의 데이터'를 수집해야 한다. 다시 말해 아직 완성되지 않은 작품을 시장에 공짜로 몇 입 먹여주고 나서, 더 많은 것을 받고 싶다면 약간의 적극적 투자를 하라고 요청해야 한다.

그렇게 할 수 있는 방법은 많다. 하지만 요즘 내가 가장 좋아하는 것은 화성에 고립된 우주비행사에 관한 소설 《마션》을 쓴 앤디 위어(Andy Weir)의 사례다. 소프트웨어 엔지니어인 위어는 취미로 SF소설을 집필했다. 하지만 대부분의 야심찬 작가들이 그렇듯이 위어도 여러 문학 에이전시와 출판사로부터 줄줄이 거절만 당했다. 좌절한 위어는 《마션》의 일부 챕터를 본인의 웹사이트에 공짜로 연재했다. 이 고립된 우주비행사에게 무슨 일이 일어났는지 읽으려고 매주 그의 사이트를 찾아오는 사람들의 숫자가 계속 늘어났다. 결국 그는 수천 명의 온라인 팬을 거느리게 됐고 그들은 위어의 소설을 읽어주었을 뿐만 아니라 자발적으로 시간을 내어 위어의 책에 대한 편집과 팩트체크, 아이디어 제안을 해주었다. 모두 적극적 투자의 사례일 뿐만 아니라 훌륭한 시장 호응의 초기 신호다.

이야기는 여기서 끝나지 않았다. 일부 팬의 요청으로 위어는 자신의 소설을 아마존에 전자책으로 출판했다. 그는 이 책을 무료로 보게 하고 싶었으나 아마존에서 허락하는 최저가가 99센트

였기 때문에 어쩔 수 없이 독자에게 약간은 적극적인 투자를 하게 할 수밖에 없었다. 석 달 만에 그는 3만 부 넘게 팔았다. 아마존 SF 분야 베스트셀러에 오를 만한 실적이었다. 이 정도의 '나만의 데이터'가 있으면 에이전시나 출판사의 문을 두드릴 필요가 없다. 그들이 여러분의 문으로 찾아오기 때문이다. 불과 몇 주 만에 위어에게는 에이전시와 출판사가 생겼고, 대형 영화사로부터 영화를 만들자는 제안까지 받았다. 책도, 영화도 어마어마한 성공을 거두었다. 《마션》은 '될 놈'이었다.

프리토타입의 본질

앞서 보았듯이 프리토타입은 여러 형태를 띨 수 있다. 하지만 이름값을 하려면 프리토타입은 세 가지 핵심 사항을 반드시 만족시켜야 한다.

① 프리토타입은 적극적인 투자가 있는 '나만의 데이터'를 생성해야 한다.
② 프리토타입은 빠르게 수행할 수 있어야 한다.
③ 프리토타입은 저렴하게 수행할 수 있어야 한다.

하지만 이런 요구 사항을 모두 고수한다고 하더라도 우리가 선택할 수 있는 프리토타이핑 기법과 조합은 너무 많다. 그래서 다음과 같은 의문이 생긴다.

어떤 프리토타입을 사용할지 어떻게 고르는가?

여러 가지 실험을 몇 가지나 해봐야 하는가?

데이터를 얼마나 많이 수집해야 하는가?

언제 테스트를 중단하는가?

위와 같은 질문에 답하려면 마지막 도구인 분석 도구가 필요하다. 바로 다음 장의 주제다.

6장

분석 도구

앞서 XYZ가설이나 범위 축소 같은 사고 도구들이 막연하고 불분명한 아이디어를 분명하고 객관적이며 검증 가능한 가설로 바꿔주는 모습을 보았다. 또한 미캐니컬 터크나 가짜 문 같은 프리토타이핑 기법을 사용하면 많은 돈을 들이지 않고 가설을 빠르게 검증해 여러분의 아이디어에 관한 데이터를 수집할 수 있었다. 이제 분석 도구를 이용해 여러분이 수집한 데이터를 이해하는 방법을 배워보자. 데이터가 의사결정으로 바뀌는 중요한 순간이다.

적극적 투자 지표

'적극적 투자'라는 말은 앞서 소개하고 이미 여러 번 사용했다. 이번에는 이 핵심 콘셉트를 실제 적용 사례와 함께 좀 더 철저히 소개하고 논의해보려 한다.*

적극적 투자를 뜻하는 '스킨 인 더 게임'이라는 말을 누가 만들어냈는지는 분명하지 않다. 누구는 전설의 투자자 워런 버핏이라고 하고, 누구는 아무 근거 없는 주장이라고 말한다. 오랫동안 나는 모피 사냥꾼들이 포커를 하며 돈 대신 모피를 걸어서 이런 표현이 생긴 것이라고 생각했다. ('돈'을 뜻하는 'buck'이라는 단어도 '사슴 가죽'인 'buckskin'이라는 단어에서 온 것을 생각하면 별로 이상한 추측도 아니다. 사슴 가죽이 화폐의 한 형태로 간주된 시절도 있었다.) 이 표현의 기원에 관해 일치된 의견은 없지만, 그 뜻에 관해서는 대부분의 사람이 의견의 일치를 보고 있다. 일반적으로 말해 '스킨 인 더 게임'에서 게임은 무언가를 잃거나 딸 수 있는 어떤 활동에 대한 은유이고, 스킨은 위험 부담을 안고 어떤 중요한 것(예컨대 돈, 시간, 명성)을 건다는 의미다. 이 책에서 '게임'은 새로운 아이디어를 시장에 내놓는 것이고, 잃느냐 따느냐는 그 새로운 아이디어가

---

* 이 중요한 콘셉트에 관해 좀 더 폭넓고 깊이 있는 분석과 논의를 보고 싶다면 나심 니콜라스 탈레브의 《스킨 인 더 게임》을 적극 추천한다.

2부 쓸모 있는 데이터를 수집하는 방법

시장에서 성공하느냐, 실패하느냐로 결정된다.

체스나 미식축구 등과는 달리 우리가 하는 게임은 제로섬(zero-sum) 게임이 아니다. 신제품 하나를 잃었다(시장 실패)고 해서 다른 비슷한 제품이 떴다(시장 성공)는 뜻은 아니다. 또한 어느 한 가지 제품이 한 시장의 100퍼센트 혹은 90퍼센트를 장악하고 수십 년간 시장을 지배하는 일은 극히 드물다. 다시 말해 이것은 우리가 앞서 본 것처럼 따기 힘든 게임이고 대부분의 사람이 대부분의 경우에 잃는 게임이다. 잃게 되면(여러분의 아이디어가 시장에서 실패하면) 투자(스킨)의 전부 혹은 대부분을 잃는다. 하지만 따게 되면(여러분의 아이디어가 시장에서 성공하면) 투자한 것(스킨)을 돌려받을 뿐만 아니라 몇몇(혹은 때로는 많은) 추가 가죽까지 얻게 된다. 많은 이들에게 이 게임과 그 위험 부담이 충분히 가치 있고 재미있어지는 이유는 바로 이 추가 가죽 때문이다.

새로운 아이디어에 뛰어든 기업가, 발명가, 투자자는 자동으로 적극적 투자를 하게 되고, 대개는 많은 것을 투자하게 된다. 마크가 지금 다니는 훌륭한 직장을 그만두고 집 담보로 추가 대출을 받아서, 일주일에 80시간 일하며 새로운 사업을 시작한다면, 그는 돈과 시간을 비롯해 온갖 것을 투자한 셈이 된다. 그는 큰 위험 부담을 지는 셈이다.

만약 메리가 본인의 새로운 발명품에 투자하도록 회사를 설득해서 개발팀을 이끌게 된다면, 비록 메리 자신의 돈을 쓰는 것은 아니고 그녀의 시간에 대해서는 회사에서 돈을 지불하겠지만, 그래도 메리 역시 발명품이 회사의 기대치를 충족시키지 못할 경우에는 자신의 명성과 미래의 승진, 잠재적 수입까지 (위험 부담을 안고) 투자하는 셈이다. 벤처 투자자나 앤젤 투자자가 어느 아이디어에 투자하기로 결정할 때는 돈과 시간뿐만 아니라 벤처 투자 업계에서 본인의 명성까지 위험 부담을 안고 투자하는 것이다.

새로운 아이디어에 투자하는 기업가나 발명가, 투자자가 된다면 여러분 역시 어느 정도 혹은 종종 많은 적극적 투자를 할 수밖에 없다. 누구나 이 점을 알고 있고 당연하게 여긴다. 그리고 마땅히 그래야만 한다. 적극적으로 투자한다는 것은 무언가에 대한 위험 부담을 진다는 의미고, 결과에 따라 중요한 것을 얻거나 잃을 수도 있다는 뜻이다. 무언가를 적극적으로 투자했다는 것은 여러분이 그 아이디어에 대해 진지하다는 뜻이다. 이는 여러분이 이미 나름의 조사를 했다는 뜻이고, 또한 향후 어떤 어려움이 생기더라도 단번에 아이디어를 폐기하기보다는 어려움을 극복해보겠다는 뜻이다. 적극적 투자는 약속과 진지함, 심사숙고를 뜻한다.

하지만 시장 스스로 어느 정도의 적극적 투자를 할 만큼 이 아이디어에 충분한 관심이 있음을 보여줄 때까지는 아이디어 개발에 너무 많은 투자를 하지 않도록 조심해야 한다. 의견이나 예측으로는 안 된다. '적극적 투자'가 있어야 한다!

개인이 이 게임에 어느 정도의 적극적 투자를 하기 전에는 그들을 예상 고객이나 이용자로 생각하면 안 된다. 오히려 그들은 그냥 구경꾼이다. 그들은 잃을 게 하나도 없다. 젠장. 어쩌면 그들은 여러분의 아이디어나 여러분 자신이 추락하고 불타버리는 모습을 지켜보며 즐길지도 모른다.

어느 아이디어의 시장 잠재력이나 성공 가능성을 측정할 때는 확고한 데이터에 기반해 심사숙고해야 한다. 그리고 그 데이터는 반드시 적극적 투자가 어느 정도 수반된 것이어야 한다. 이 부분은 너무나 중요하기 때문에 다시 한 번 말하겠다. '여러분의 아이디어에 많은 것을 투자하기 전에, 표적 시장으로부터 반드시 어느 정도의 적극적 투자를 얻어내라.'

하지만 과연 표적 시장에서의 적극적 투자란 뭘까? 우리는 어느 정도의 적극적 투자가 필요할까?

이런 중요한 질문에 답할 수 있게 나는 '적극적 투자 지표'라는 것을 개발했다. 이 지표를 이용하면 표적 시장의 반응 유형에 따라 적극적 투자의 '점수'를 할당할 수 있다. 이 지표는 구체적 제품과 시장에 따라 조정이 가능하다.

사례 : 토르텔로매틱

내가 토르텔로매틱(Tortell-o-matic)이라는 제품 아이디어를 갖고 있다고 치자. 250달러면 집에서 토르텔리니(파스타의 한 종류)를 자동으로 만들 수 있는 기계다. 이 기계에 밀가루, 물, 달걀, 소금 외에 원하는 속재료를 넣고 2분을 기다리면, 완벽하게 모양이 잡힌 토르텔리니를 토해놓는다. 냠냠!

생각랜드에서는 토르텔로매틱이 훌륭해 보인다. 친구들이나 동료들도 정말 멋진 아이디어라면서 자기네 집에도 분명히 사놓을 거라고 한다(그래, 잘도 그러겠지!). 안타깝게도 토르텔로매틱을 설계하고 개발하고 제조하려면 큰 투자가 필요하다. 일회성 시제품을 하나 만드는 데도 수만 달러(수천만 원)의 돈과 몇 달의 시간이 걸릴 가능성이 크다. 그 정도면 나로서는 아주 큰 투자다. 그래서 나는 투자에 앞서 표적 시장의 '의견'이나 '약속'보다는 좀 더 가시적인 것이 필요하다. 그들도 뭔가 적극적 투자를 한 '나만의 데이터'가 필요하다.

나는 가장 좋아하는 프리토타입 기법 중 하나인 미캐니컬 터크를 이용해 실험과 '나만의 데이터' 수집을 준비한다. 토르텔로매틱 모형을 테이블에 올린다. 테이블보 아래에는 공범 한 명이 미리 만들어둔 토르텔리니 한 바구니를 안고 숨어 있다. 아무 작동도 하지 않는 기계의 버튼을 내가 누르면 나의 공범이 녹음해둔 기계 소리를 내고 기계 밖으로 토르텔리니를 밀어내기 시작한다. 이 프리토타입을 이용하는 경우 실제 시연 혹은 온라인 시연 혹은 둘 다를 하면서 '나만의 데이터'를 수집할 수 있다.

문제는, 사람들에게 토르텔로매틱이 작동하는 모습을 보여준

다음, 시장의 반응에 대해 적극적 투자 점수를 어떻게 할당할 것인가다. 이럴 때 유용한 것이 '적극적 투자 지표'다. 예를 들어 나의 토르텔로매틱에 사용할 수 있는 적극적 투자 지표는 아래와 같다.

증거의 유형	예시	투자 점수
의견(전문가든, 비전문가든)	"훌륭한 아이디어네." "아무도 안 살 거야."	0
격려 혹은 비난	"해봐!" "회사는 그만두지 말고."	0
쓰지 않거나 가짜인 이메일 주소나 전화번호	bogusemail@spam.com, (123) 555-1212	0
소셜 미디어의 댓글이나 '좋아요' 수	"형편없는 아이디어네요." '좋아요' 혹은 '싫어요'	0
온/오프라인 설문조사, 투표, 인터뷰	"이 제품을 얼마나 살 것 같은지 1에서 5점 척도로 답해주세요."	0
제품 업데이트 및 제품 정보 안내에 사용될 것임을 명시적으로 인지한 유효한 이메일 주소	"제품에 관한 업데이트를 받고 싶으면 이메일 주소를 남겨주세요 : _____."	1
제품 업데이트 및 제품 정보 안내에 사용될 것임을 명시적으로 인지한 유효한 전화번호	"제품에 관한 안내 전화를 받고 싶으면 전화번호를 남겨주세요 : _____."	10
시간 투자	30분간 제품 시연에 참석	30 (분당 1점)
현금 보증금	대기자 명단에 오르기 위해 50달러 지불	50 (달러당 1점)
주문	제품이 출시되는 경우 처음에 나오는 10개 중 하나를 구매하기 위해 250달러를 지불	250 (달러당 1점)

보다시피 나는 적극적 투자 점수를 매길 때 혹독할 만큼 까다롭다. 예를 들어 무작위적 의견을 무시할 뿐만 아니라 소위 전문가 의견이라는 것도 무시한다. 왜일까? 전문가라고 해도 비전문가보다 잘 알지 못하는 경우가 너무나 많다는 것을 경험으로 알고 있기 때문이다. 예컨대 포드의 가장 큰 실패작 중에 하나인 에드셀의 아이디어를 낸 사람들은 이미 많은 훈장을 달고 있던 자동차 시장 전문가들이었다. 마찬가지로 인터넷 제품 개발에서 구글보다 많은 경험을 가진 회사는 거의 없을 테지만, 여전히 구글은 구글 웨이브, 구글 버즈를 비롯해 수많은 인터넷 기반 아이디어를 실패했다. 동시에 전문가들이 가망 없다고 생각했던 수많은 아이디어가 엄청난 성공을 거뒀다. 예를 들어 작가 조앤 롤링은 전 세계에서 가장 노련한 출판사 다수로부터 거절을 당한 후에야 첫 '해리 포터' 시리즈를 출판하는 모험을 감행해줄 편집자를 만났다. 적극적 투자 지표에서 '의견'이 '0'점인 이유는 바로 이 때문이다.

나는 또 온라인에서의 '좋아요'나 트윗, 리트윗, 댓글을 비롯해 온갖 종류의 투표나 설문조사에도 0점을 준다. 아무 생각 없이 '좋아요'를 누르거나 댓글을 달거나 트윗을 쓰기가 너무나 쉽기 때문이다. 적극적 투자를 한 게 아무것도 없다면 점수는 '0'이다.

이 경우 내가 데이터로 간주하는 증거 중에 가장 작은 것이 '유효한' 이메일 주소다. 특정 제품 아이디어에 대한 가격 제안, 업데이트, 정보 등이 올 거라는 사실을 알면서 상대가 기꺼이 알려준 이메일 주소 말이다. 여기서 유효하다는 것은 이용자가 실제로 정기적으로 사용하고 확인하는 진짜 이메일 계정이라는 의미다. 사람들이 종종 마지못해 넘겨주는, '안 쓰는' 이메일 주소가 아니다. 내 경험에 따르면(아마 여러분의 경험도 그럴 것이다) 대부분의 사람은 자신이 주로 사용하는 이메일 주소는 보호하려 하면서 잘 알려주지 않는다. 이 말은 곧 주된 이메일 주소는 사람들에게 어느 정도의 중요성이 있다는 뜻이다. 그 때문에 나는 상대가 나의 특정 제품에 대한 정보를 받기 위해 기꺼이* 유효한 이메일 주소를 알려줬다면 적극적인 투자라고 생각하지만, 그래도 가장 적은 점수인 1점을 준다.

반면에 나는 유효한 전화번호에는 10점을 부여한다. 이메일보다 훨씬 큰 점수를 주는 이유가 뭘까? 왜냐하면 대부분의 사람은 이메일 주소를 공유할 때보다 전화번호를 공유할 때 적어도 10배는 더 조심하고 방어적이기 때문이다.

나는 사람들의 시간에는 1분에 1점을 부여한다. 누군가 어느 신제품 프레젠테이션을 듣는 데 기꺼이 30분을 투자했다면 그들의 적극적 투자 점수는 30점이다. 왜냐하면 그건 이 제품에 진짜 관심이 있다는, 믿을 만한 신호이기 때문이다.

---

* 상대의 명시적인 동의 없이 스팸 목적으로 수집하는 혹은 구매하는 이메일에는 일절 가치를 부여해서는 아 된다(예컨대 "이메일 주소 10만 개에 39,99달러").

마지막은 궁극적 형태의 적극적 투자, 즉 돈이다. 흔히 말하듯이 "의견이 아무리 많아봤자, 결정은 돈이 한다". 그래, 뭐 원래 표현은 조금 다르긴 하다. 하지만 소똥보다 더 쓸모없고 매력 없는 것이 '의견'이다. 소똥은 거름에라도 쓸 수 있지. 돈에 대한 나의 평가는 단순하다. 1달러가 곧 적극적 투자 1점이다.

앞의 표는 얼마든지 여러분 나라의 화폐로 바꾸어도 되고, 여러분의 아이디어나 시장에 따라 조정해도 된다. 다만 너무 정확해지려고 애쓰지는 마라(예컨대 '이메일은 0.4점, 전화번호는 3.7점' 하는 식으로). 대신에 그냥 10배 단위로 생각하라(예컨대 1, 10, 100). 그리고 여러분의 직관과 경험을 활용해 점수를 정하면 된다. 적극적 투자가 아닌 것(0점짜리들)과 적극적 투자를 철저히 구분하는 것이 정확한 점수보다 훨씬 더 중요하다. 점수의 상대적 배분이 정직하고, 객관적이고, 합리적이 되도록 하라. 예를 들어 50달러의 보증금은 유효한 이메일 주소보다 훨씬 더 중요하게 취급되어야 한다.

사례 : 두 팀 이야기

학생이나 고객이 '그들이' 데이터라고 생각하는 것을 들고 오면 나는 늘 이 '적극적 투자 지표'를 활용한다. 예를 들면 다음과 같은 식이다.

A팀과 B팀이 여러분을 찾아왔고 여러분에게는 신제품에 투자할 수 있는 두 번의 기회가 생겼다고 치자. A팀은 자신들의 제품이 향후 어떤 식으로 작동할지 현란한 유튜브 영상 시연을 보여준다. 그리고 아무런 적극적 투자가 없는 여러 지표를 늘어놓는다.

일주일 만에 저희 영상은 14만 뷰를 기록했고, 2만 개의 좋아요를 받았어요. 싫어요는 100개뿐이었어요. 그리고 이 댓글들을 보세요. '근사하다', '엄청나겠다!', '대단한 아이디어어'….

B팀도 영상을 갖고 있다. 하지만 그들은 조회수나 좋아요, 댓글 등을 근거로 대는 것이 아니라 다음과 같은 데이터를 제시한다.

저희는 저희 제품이 어떤 기능이 있는지 보여주는 2분짜리 영상을 만들었습니다. 그리고 400달러를 들여서 온라인 광고를 내고 영상을 보게 만들었죠. 일주일 만에 우리 영상을 총 8000명이 봤습니다. 영상 끝부분에 우리에게 이메일 주소를 보내주면 제품이 출시되었을 때 알려주겠다고 했어요. 120개의 이메일 주소를 받았는데, 40개는 확인되지 않아서 80개만 유효한 것으로 계산했습니다. 일주일 후 저희는 그 80명에게 후속 이메일을 보냈고, 제품 출시 전에 수작업 제품을 125달러(얼리어답터 할인 50퍼센트 적용)에 살 수 있는 기회를 주었습니다. 그러자 20개의 주문이 들어왔습니다.

적극적 투자 지표에 따르면 A팀은 몇 점을 받을까? 간단하다. 0점이다! 득점 제로! 잘 모르는 사람이 보면 A팀이 제시하는 절대 수치들이 B팀보다 더 인상적일지 모른다(14만 뷰 vs 8000뷰). 하지만 그것들은 훌륭한 '나만의 데이터'가 아니다. 심지어 A팀은 그 14만 뷰를 얻기 위해 어느 정도의 시간이나 광고료를 썼는지도 이야기하지 않았다.

반면에 B팀은 숫자뿐만 아니라 그 숫자를 평가할 수 있는 맥락을 함께 제시했다. 그리고 가장 중요한 것은 이들의 '나만의 데이터'에는 적극적 투자가 개입되어 있다는 점이다.

400달러의 광고료 → 8000뷰 = 적극적 투자 지표 0

(뷰 자체는 점수가 없다. 하지만 뷰를 얻기 위해 어느 정도의 비용이 들지, 한번 추측해볼 수 있는 근거가 제시된다. 예상 비용은 뷰당 0.05달러다.)

8000뷰 → 유효한 이메일 주소 80개 = 적극적 투자 지표 80점

80개의 이메일 주소 → 125달러짜리 주문 20개 = 적극적 투자 지표 2500점

A팀의 아이디어가 '될 놈'이어서 어마어마한 성공을 거두는 것도 전적으로 가능하다. 인상적으로 보이는 숫자도 많지만, 확신을 갖기 위해서는 진짜 데이터를 봐야 한다. 적극적 투자가 개입된 '나만의 데이터' 말이다. 나라면 이들에게 이 책을 한 권 주면

서 진짜 데이터를 가지고 다시 오라고 말할 것이다.

반면에 B팀은 진짜 데이터, 유용한 데이터를 제공했다. 광고에 400달러를 투자했더니 80개의 유효한 이메일 주소(주소 한 개당 5달러)와 2500달러어치의 주문이 들어왔다. 물론 나는 몇 번의 실험을 더 해보겠지만(왜 그런지, 어떻게 하는지는 조금 후에 설명한다) 시작치고는 전망이 좋다.

데이터라고 해서 모두 똑같지는 않다. '나만의 데이터'도 마찬가지다. A팀은 양에 초점을 맞추었고, B팀은 질에 초점을 맞췄다. 데이터는 양보다 질이 중요하다. 그리고 적극적 투자가 많이 개입된 데이터만큼 데이터의 질을 더 잘 알려주는 것은 없다.

될놈척도

적극적 투자가 포함된 '나만의 데이터'를 수집해서 시장 호응 가설을 확인하는 것이 꼭 필요한 첫 번째 단계이기는 하지만 원본 데이터 자료만으로는 충분치 않다. 데이터에서 가치를 추출하고 그것을 활용해 합리적이고 충분히 근거 있는 의사결정을 내리려면 데이터를 해석하고, 측정하고, 비교하고, 다른 유관 데이터와 결합할 방법이 필요하다.

예를 들어 콜레스테롤 테스트에서 나온 데이터는 그냥 두 가지 값의 비율일 뿐이다. 혈액 1데시리터당 콜레스테롤이 몇 밀리그램인지 하는 비율 말이다. 매년 건강검진을 받는다고 치자. 혈액 검사 결과 총 콜레스테롤 양이 300인 것을 알게 됐다. 이 숫자 자체는 그리 큰 의미가 없다. 그러나 의사가 차트를 꺼낸 다음 콜레스테롤 수치가 300인 사람은 200인 사람보다 심장질환으로 사망할 확률이 4.5배 높다는 것을 통계적으로 보여주면, 당분간 치즈버거를 끊어야겠다는 생각이 들 수도 있다.

얼마나 '될 놈'인지를 알려주는 척도, 줄여서 '될놈척도'는 여러분이 최대한 객관적으로 수집한 '나만의 데이터'를 해석하는 데 도움을 주기 위해 내가 개발한 시각적 분석 도구다. 조금 더 정확히 말하면 될놈척도는 어느 아이디어가 시장에서 성공할 가능성이 얼마나 되는지 추정하는 데 도움을 주는 척도다. 하지만 확률이나 통계가 개입될 때 흔히 그렇듯이 아주 기술적이고, 복잡하고, 헷갈리는 그런 척도는 아니다.

먼저 실제로 될놈척도가 어떻게 생겼는지부터 보자. 그런 다음 사용법과 해석법을 설명하겠다. 다음 쪽의 이미지는 네 번의 프리토타이핑 실험(오른쪽의 흰색 화살표 4개)이 끝난 후의 될놈척도를 보여준다. 보다시피 될놈척도는 다섯 가지의 성공 가능성 카테고리로 나뉜다. '매우 낮음'(성공 가능성 10퍼센트)에서 '매우 높음'(성공 가능성 90퍼센트)에 이르는 이 카테고리는 각각 여러분의

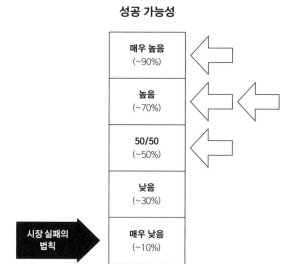

성공 가능성

매우 높음 (~90%)	
높음 (~70%)	
50/50 (~50%)	
낮음 (~30%)	
매우 낮음 (~10%)	

시장 실패의 법칙

아이디어가 '될 놈'일 가능성을 나타낸다.

　카테고리는 왜 7개, 10개가 아니고 5개일까? 카테고리가 더(예컨대 '극도로 낮음'이나 '극도로 높음') 필요한 것은 아닌지 토론을 해보았으나, 더 복잡해지기만 할 뿐, 우리의 실험 도구나 대상(사람들)이 그 정도로 정확할 수는 없다는 결론이 나왔다. 그리고 그렇게 되면 아무 보장도 없는 환경에서 괜히 확실한 듯한 불편한 기분이 들 것이다. 그래서 이 척도는 0퍼센트에서 100퍼센트까지 촘촘하게 증가하는 대신 10퍼센트에서 90퍼센트까지 20퍼센트씩 껑충껑충 증가한다. 나는 '숫자로 이야기하라'는 말을 신봉하지만, 이런 종류의 예측에서 지나친 정확성이나 확신을 요구하는 것은 닥터 수스(Dr. Seuss)의 1990년작 《축하합니다, 오늘은 당신의 날》에 나오는 다음과 같은 문장을 생각나게 할 수밖에 없다.

여러분은 성공할까요?

그럼요! 정말로 성공할 겁니다.

98과 4분의 3퍼센트 장담해요.

나는 저 문장들을 볼 때마다 입꼬리가 올라간다. 안타깝게도 나는 여러분에게 98과 4분의 3퍼센트처럼 정확한 장담을 해줄 수가 없다. 누구도 그렇게는 못한다(어쩌면 닥터 수스는 예외일지도). 그리고 확신하건대 닥터 수스 자신도 본인의 이 책이 500만 부 이상 팔려서 20년이 지난 후까지도 여전히 베스트셀러일 거라고는 예상하지 못했을 것이다. '될 놈'인 책이 바로 이런 게 아니면 뭘까.

여러분이 물리학이나 화학 전공자이고 아주 정교한 도구를 이용한다면 62.7퍼센트와 63.3퍼센트 사이의 차이가 정확하고 유의미할지도 모른다. 하지만 지금 우리가 다루고 있는 것은 시장과 사람들의 행동이고, 이런 것들은 정량화하기가 훨씬 힘들다. 그러나 여러분이 만약 내가 알려준 도구와 기법들을 제대로 적용한다면 성공 확률을 크게 높일 수 있을 것이다. 80퍼센트 수준으로 장담한다!

이번에는 그림 속의 화살표를 한번 보자. 아래쪽에 있는 저 크고 불길한 검은색 화살표는 '시장 실패의 법칙'이라는 이름으로 '매우 낮음'을 가리키고 있다. 이 화살표가 거기 있는 이유는 대부분의 새로운 아이디어가 시장에서 실패할 거라는 준엄한 사실을 상기시키기 위해서다. 시장 실패의 법칙이 예상하고 있는 그 암울한 성공 확률에 맞설 수 있을 만큼 우리가 충분한 실험을 진행하고 충분한 '나만의 데이터'를 수집했는지 재확인하게 만들기 위해서다. 이 부분은 워낙 중요하기 때문에 알기 쉬운 비유를 한 가지 해보겠다.

미국의 형사 법정에서 피고인은 합리적 의심의 여지가 없는 유죄로 증명될 때까지는 무죄로 추정된다. 뿐만 아니라 입증의 책임은 검사에게 있다. 형사 재판에서 피고인은 자신의 무죄를 증명할 필요가 없다. 설득력 있는 충분한 증거를 제공해서 유죄를 증명해야 하는 사람은 검사다. 하지만 형사법이 아니라 아이디어를 법정에 세우는 시장의 법칙으로 오게 되면 우리는 내 아이디어가 '안 될 놈'이라는 '유죄' 추정에서부터 시작한다. 내 아이디어는 시장에서 실패할 거라고 일단 가정하고 들어간다. 확고한 증거를 충분히 제공해서 배심원의 마음을 내 아이디어에 호의적인 쪽으로 돌려놓아야 하는 것은 우리 책임이다.

비슷한 맥락으로 천문학자 칼 세이건(Carl Sagan)이 대중화시킨 표현이 있다. "특별한 주장에는 특별한 증거가 필요하다." '될 놈' 인 제품이 반드시 '특별한'(그러기에는 '될 놈'이 너무 많다) 것은 아니지만, 이는 원칙이 아니라 예외다. 그러니 어쩌면 우리의 모토는 이렇게 되어야 할지도 모른다. '예외를 주장하려면 예외를 뒷받침할 수 있는 충분한 증거가 필요하다.' 우리의 법정이 허락할 유일한 증거는 적극적 투자가 개입된 '나만의 데이터'뿐이다. 우리가 '나만의 데이터'를 확보할 유일한 방법은 프리토타이핑 실험뿐이다. 그래서 나머지 화살표가 필요해진다.

그림의 오른쪽에 있는 밝은 색의 더 작은 화살표들은 하나하나가 프리토타이핑 실험을 나타내면서 그 실험이 구체적으로 어느 성공 확률에 해당하는지를 표시한다. 화살표의 위치를 정하기 위해서는 실험을 통해 수집한 데이터가 여러분의 가설을 얼마나 잘 입증하는지 알아야 한다. 이를 파악할 한 가지 방법은 실험을 통해 데이터를 수집한 후에 다음과 같이 질문해보는 것이다.

만약 이 아이디어가 유능하게 실행되는 것을 전제로 시장에서 성공할 운명이라면, 이 프리토타이핑 실험이 이런 결과를 내놓았을 확률은 얼마나 될까?

프리토타이핑 실험은 구체적인 xyz가설을 테스트하기 위해 설계된 것이고, xyz가설은 시장 호응 가설에서 파생했다는 점을 기억하라. 따라서 우리가 정말로 해봐야 할 질문은 다음과 같다.

만약 시장 호응 가설이 참이라면, 이 프리토타이핑 실험이 이런 데이터를 내놓을 확률이 얼마나 될까?

여러분의 답을 될놈척도에 표시할 때 가이드라인은 다음과 같다.

데이터가 가설의 예측을 **크게 상회한다면**, 화살표는 '**매우 높음**'을 가리킨다.
데이터가 가설의 예측을 **살짝 상회하거나 예측과 비슷한 수준이라면**, 화살표는 '**높음**'을 가리킨다.
데이터가 가설의 예측에 **살짝 못 미친다면**, 화살표는 '**낮음**'을 가리킨다.
데이터가 가설의 예측에 **크게 못 미친다면**, 화살표는 '**매우 낮음**'을 가리킨다.
마지막으로, 어떤 이유에선지 데이터가 **애매하거나, 손상되었거나, 해석하기 힘들다면**, 화살표는 50대 50을 가리키거나 폐기된다. 심지어 과학 실험이라고 해도 모든 실험이 깨끗하고 믿을 만한 데이터를 내놓지는 않기 때문이다.

사례 : 하루 지난 초밥

앞의 설명이 복잡하게 들릴 수도 있지만 실제로는 전혀 복잡하지 않다. 될놈척도를 실제로 적용하면 어떻게 되는지 '하루 지난 초밥' 사례로 살펴보자. 생선은 신선하지 않더라도 여러분의 기억은 아직 생생하기를 바란다. 먼저 우리에게 XYZ가설이 있는지 확인하고 나서 범위 축소를 통해 xyz가설을 얻어야 한다.

기억이 날지 모르겠지만, 하루 지난 초밥의 XYZ가설은 아래와 같았다.

적어도 20퍼센트의 포장 초밥 구매자는 가격이 절반일 경우 '하루 지난 초밥'을 시도해볼 것이다.

그리고 우리가 범위 축소를 통해서 얻은 첫 번째 xyz가설은 다음과 같았다.

적어도 20퍼센트의, 오늘 점심으로 학교 카페테리아 포장 초밥을 구매한 학생은 가격이 절반일 경우 '하루 지난 초밥'을 선택할 것이다.

첫 번째 xyz가설을 테스트하기 위해서 우리는 '상표 바꾸기' 프리토타입을 생각해냈고, 진열된 초밥의 절반에 "하루 지난 초밥 : 50퍼센트 할인!"이라는 라벨을 붙인 다음 몇 명이나 이것을 사는지 세었다. 진열된 초밥이 100개이고 그중 절반(50개)에 '하루 지난 초밥' 라벨을 붙였다고 해보자. 우리가 수집해야 할 핵심적인 데이터는 판매된 전체 초밥 중에 하루 지난 초밥의 비율이다. 다시 말해 점심으로 초밥을 먹고 싶었던 사람들 중에 몇 명이나 하루 지난 초밥을 선택했는가?

점심시간에 학생들은 총 40개의 포장 초밥을 구매했다고 가정해보자. 그중 '하루 지난 초밥' 라벨이 붙어 있던 것은 몇 개일까? 가능한 시나리오 몇 개를 상정해보면 아래와 같다.

결과	40개 중에서 판매된 숫자	총 판매 중 비율
A	0	0
B	2	5
C	6	15
D	8	20
E	16	40
F*	2	5
G**	30	75

* 실험 당일 〈스탠퍼드 데일리〉에 생선을 날것으로 먹었을 때의 위험을 다룬 기사가 실렸다.
** 이날 점심을 먹은 사람 중에는 캠퍼스를 방문한 130명의 일본 학생이 포함되어 있었다.

위 결과를 될놈척도에 표시하는 방법은 다음과 같다.

결과 A(판매된 초밥 중 0퍼센트) : 이렇게 자문해본다. "만약에 하루 지난 초밥이 '될 놈'이라면 40개 중에서 하나도 팔지 못할 가능성이 얼마나 될까?" xyz가설은 8개를 예상했는데 실제로는 0개를 팔았다는 사실을 고려하면 간단히 답이 나온다. 이 실험 결과에 해당하는 화살표는 '매우 낮음'을 가리켜야 한다.

결과 B(판매된 초밥 중 5퍼센트) : 앞의 결과만큼 암담하지는 않은 결과다. 무엇보다 '약간 오래된 초밥'이라는 아이디어에 동의한 사람이 최소한 2명은 있기 때문이다. 하지만 2명은 우리가 세운 가설의 예측인 20퍼센트에는 한참 못 미친다. 우리가 사업 모델과 기대치를 크게 수정(예컨대 정말로 돈이 없고 초밥은 먹고 싶은 몇 안 되는 용감한 사람만 표적 시장으로 삼는다)할 계획이 아니라면, 결과 B 역시 '매우 낮음'을 가리켜야 한다.

결과 C(판매된 초밥 중 15퍼센트) : 가능성 있는 시장이 존재할 수도 있다는 증거가 되지만, 그 시장은 우리의 기존 가설에 따른, 사업 성공에 필요한 규모는 되지 못한다. 현재로서는 우리가 사업 모델과 기대치를 수정하지 않는 한, 이 데이터는 '낮음'을 가리켜야 한다.

결과 D(판매된 초밥 중 20퍼센트) : 우리가 가정했던 시장의 최저 수준에 해당하지만, 가설을 확인할 만큼의 최소 기준은 충족시킨다. 좋았어! '높음' 등급을 받을 수 있다.

결과 E(판매된 초밥 중 40퍼센트) : 와! 우리의 예측을 완전히 날려버리는 결과다. "하루 지난 초밥이 '될 놈'이라면, 40개 중 16개를 팔 가능성이 얼마나 될까?"라고 묻는다면 자신 있게 '매우 높음'이라고 답할 수 있다.

결과 F(판매된 초밥 중 5퍼센트) : 암울한 결과이지만 학교 신문 1면에 생선을 날것으로 먹을 때의 위험에 관한 기사가 게재되는 불운한 우연이

겹쳤기 때문에 데이터에 의문의 여지가 있다. 따라서 화살표는 50대 50(결정할 수 없음)을 가리키거나 아니면 데이터 자체를 폐기해야 한다.

결과 G(판매된 초밥 중 75퍼센트) : 환상적인 결과이지만 객관적 태도가 필요하다. 따라서 실험 당일 이례적으로 많은 수의 일본 고등학생들이 캠퍼스 투어를 하다가 카페테리아를 방문했다는 사실을 무시할 수 없다. 아마도 어린 학생들은 하루 지난 초밥이라는 라벨의 뜻을 완전히 이해하지 못했거나 점심 값이 충분치 않았을 수 있다. 어느 쪽이든 정상적 상황은 아니기 때문에 이 결과는 무시해야 한다. 우리가 낸 아이디어가 그야말로 훌륭하다고 믿고 싶은 마음이야 굴뚝같겠지만 스스로를 속이지는 말아야 한다.

어느 정도의 데이터가 필요할까

될놈척도를 이해했고, 수집한 데이터의 성공 가능성을 어떻게 표시할지 알았다면 이제 중요한 질문에 답할 차례다. 데이터는 얼마나 수집해야 충분한 걸까? 무엇보다 분명히 밝혀둘 점은 한 번의 실험으로는 충분치 않다는 것이다. 결과가 아무리 결정적이고 확정적으로 보여도 상관없다.

이렇게 생각해보라. '하루 지난 초밥' 사례를 예로 들면, 우리의 첫 번째 실험이 결과 A(0퍼센트)로 끝났다고 해보자. 그러면 이 아이디어는 포기해야 하는 걸까? 혹은 결과가 E(40퍼센트)로 나와서 우리의 기대치보다 2배나 좋았다면 모든 것을 그만두고 '하루 지난 초밥'에 올인해야 하는 걸까? 답을 하기 전에 다른 유형의 두가지 중요한 결정을 보고 가자.

여러분이라면 데이트를 한 번 해보고 청혼을 하거나 청혼을 수락하겠는가? 그렇지는 않을 것이다. 그 한 번의 데이트가 아무리 '완벽했다'고 하더라도 말이다. 그렇게 함께 보낸 처음의 몇 시간이 인생의 반려를 찾았다는 훌륭한 징조일 수도 있다. 하지만 '될 놈'과 마찬가지로 인생의 반려도 예외이지, 규칙은 아니므로 더 많은 데이트를 통해 처음의 결과를 재확인하는 것이 좋다.

회사의 어느 자리에 새로운 사람을 고용하기 위해 면접을 본다고 하자. 질문을 하나만 하고 그 대답에만 기초해서 최종 결정을 내리겠는가?

"학교 버스에 탁구공을 채우면 몇 개나 들어갈까요?"
"어… 글쎄요… 10만 개?"
"틀렸습니다! 비슷하지도 않네요. 탁구공을 만드는 우리 회사와는 어울리지 않는 분이 분명하군요. 와주셔서 감사합니다. 좋은 직장 찾으시길 바랍니다. 나가시는 문은 저쪽입니다."

한 번의 프리토타이핑 실험으로 아이디어가 성공할지의 여부를 믿을 만하게 결정할 수는 없다. 그 한 번의 실험에서 나온 결과가 분명하고 설득력 있다고 하더라도 말이다. 왜일까? 왜냐하면 실험을 왜곡시킬 수 있는 요소가 수없이 많기 때문이다. 결과를 오염시켰을지 모를 요소(예컨대 하루 지난 초밥의 경우라면 초밥의 안정성에 관한 무시무시한 뉴스 기사나 급증한 일본인 방문객 등)를 알고 있다면 일부 결과는 무시하거나 버릴 수 있다. 하지만 데이터가 왜곡되거나 오염될 수 있는 수많은 방법을 우리가 모두 알고 있을 수는 없다.

활을 완전히 처음 쏴보는 사람도 첫 번째에 정가운데를 명중시킬 수 있고, 노련한 궁수도 어쩌다 한 번쯤은 심하게 과녁을 빗나갈 수 있다. 그렇기 때문에 될놈척도에는 여러 개의 화살이 필요하다.

결과에 대해 확신을 가지려면 여러 번의 프리토타이핑 실험을 실시해서 다수의 xyz가설의 유효성을 확인해야 한다. 실험은 몇 번이나 해야 할까? 이 말은 곧 청혼을 하거나 결혼에 동의하기 전에 데이트를 몇 번이나 해야 하느냐 혹은 중요한 직책에 직원을 채용하기 전에 인터뷰 질문을 몇 개나 해야 하느냐는 질문과 같다. 답은 여러 요소(각각의 데이트가 얼마나 괜찮았는지, 해당 직책이 얼마나 중요한 자리인지 등)에 달려 있다. 하지만 데이트 횟수가 한두 번은 넘어야 할 것이다. 그렇지 않은가?

마찬가지로 프리토타이핑을 할 때도 다음과 같은 여러 요소에 따라 답이 달라진다.

이 아이디어에 얼마나 많이 투자할 계획인가?

이 아이디어가 잘못될 경우 잃어도 되는 시간이나 돈은 어느 정도인가?

의사결정을 내리기 전에 어느 정도의 확실성이 필요한가?

지금까지의 실험 결과들이 확실한가, 불확실한가?

경험상 나는 여러분에게 '최소한' 세 번에서 다섯 번 정도는 실험을 해야 한다고 말하고 싶다. 해당 아이디어 실행에 상당한 위험 부담(예컨대 직장을 그만둔다거나 '회사의 명운을 거는' 경우 등)이 따르거나 큰 투자를 해야 할 경우에는 그보다 몇 번은 더 해봐야 한다. 실험의 횟수는 실패의 파장이나 투자, 즉 여러분의 적극적 투자 정도와 맞아야 한다.

될놈척도 해석하기

이제 개별 실험에서 나온 '나만의 데이터'를 될놈척도에 배치하는 법을 알았으니 전체 결과를 해석하고 다음 단계를 정하는 방법을 알아보자. 아이디어의 최초 버전에서부터 '될 놈'이 되는 과정을 전형적으로 보여주는 샘플 시나리오를 보면 도움이 될 것이다. 글러브를 끼고 마우스가드를 하기 바란다. 이제 우리는 링 위에 올라가 실패라는 야수와 몇 판 붙어야 하니까.

1라운드 : 안면을 가격당하다

가장 흔한 시나리오로 시작해보자. 운이 좋은 경우가 아니라면, 실험을 두 번쯤 진행한 이후 최초 버전의 아이디어(아이디어 1)에 대한 될놈척도는 대략 다음과 비슷한 모습일 것이다.

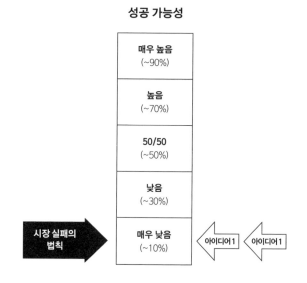

이런 일을 처음 겪어본다면 처음의 펀치 몇 대는 충격적이고 아플 뿐만 아니라 방향 감각을 잃게 만들 것이다. 하지만 이런 결과가 나온다고 해서 의기소침하거나 낙담할 필요는 없다.

첫째, 여러분만 그런 것이 아니다! 내 아이디어가 '될 놈'이 확실하다고, 의심의 여지가 없다고 생각했으나 실패라는 야수에 희망과 기대가 무참히 부서졌던 사람은 많고도 많다.

둘째, 그 아이디어를 테스트하지 않고 추진했다면 얼마나 더 나쁜 결과를 맞았을지 생각해보라. 몇 달의 시간과 많은 돈을 투자해서 제품을 개발하고 출시했는데, 그 아이디어가 '안 될 놈'이었다는 사실을 발견했다면 어떻게 됐을까? 여러분은 KO당해서 병원에 실려 갔을 것이다. 다행히도 우리가 배운 사고 도구, 프리토타이핑 도구, 분석 도구가 그런 일을 피하게 도와줄 수 있다. 지금 약간 아픈 것이 나중에 겪을 수많은 아픔을 피하게 해줄 수 있다. 해당 아이디어가 성공 가능성이 낮다는 사실을 빠르고 값싸게 알게 되었다면 당초의 아이디어를 수정하거나 완전히 새로운 아이디어를 탐구할 시간과 자원이 아직 많이 남았을 테고, 몇 번쯤은 이런 시도를 더 해볼 수 있다.

이 될놈척도에 따르면 내가 아끼는 신제품 아이디어는 시장에서 실패할 확률이 높다는 사실을 인정할 수밖에 없다. 1라운드는 실패라는 야수가 이겼다. 이 신제품 아이디어에 대한 열정이 정말로 크다면, 그저 확실히 해두기 위해서, 똑같은 아이디어를 가지고 다시 링에 올라가 몇 번의 실험을 더 해볼 수도 있다. 그러나 좀 더 논리적이고 덜 아픈 행동의 방향은 처음으로 돌아가는 것(복싱의 은유법을 계속 쓰고 싶다면, 내 '코너'로 돌아가는 것)이다. 그리고 실험을 통해 알게 된 사실들을 이용해 아이디어를 수정하는 것이다.

2~4라운드 : 몇 대 맞고, 몇 대 주다

당초의 아이디어(아이디어 1)를 좀 수정해서 수정안별로(아이디어 2, 3, 4) 테스트를 실시한다. 결과를 될놈척도에 표시하고 아래와 같은 '성공 가능성'을 얻는다.

여전히 몇 대 맞고 있지만(특히 아이디어 2), 이전처럼 세게 맞는 것은 아니다. 수정안들은 '매우 낮음'은 용케 피했고, 네 번째 안(아이디어 4)으로 한 대 가격하기도 했다. 이것은 아주 좋은 신호다. 우리는 시장에 관해 더 많은 것을 알아가고 있고, 그에 따라 아이디어를 수정하면서, '될 놈'의 영역에 가까워지고 있다.

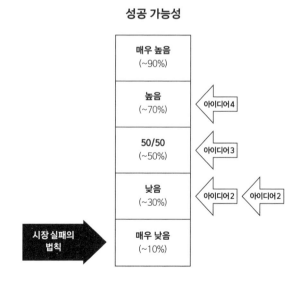

성공 가능성

5라운드 : 좋은 펀치를 몇 대 날리다

아이디어 4(성공 가능성 '높음'을 기록한 아이디어)를 출발점 삼아 추가적으로 두 가지 정도를 수정한 다음 다시 아이디어 5를 들고 링에 올라간다.

다섯 번째 버전의 아이디어로 실시한 세 번의 실험 결과는 화살표가 모두 '높음' 또는 '매우 높음'을 가리키고 있다. 훌륭하다! 이런 결과를 낸 실험이 적절히 설계·실시됐고, 각 실험에서 나온 데이터가 공정하고 객관적으로 해석되었다면 이 아이디어가 '될 놈'일 수 있다는 강력한 증거가 생긴 셈이다. 그러나 하단의 불길한 검은색 화살표는 새로운 아이디어가 시장에서 성공하는 것이 얼

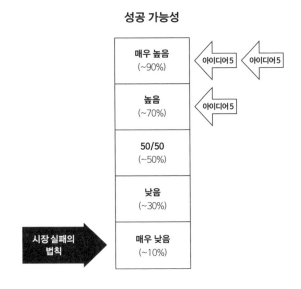

마나 드문 일인지를 우리에게 다시 한 번 일깨워준다. 이 세 번의 긍정적 결과는 시장 실패의 법칙을 상쇄하기에 충분한가?

이 아이디어를 추진하려면 상당한 투자와 헌신이 필요할 것이다. 따라서 계속 추진해나가기 위해서는 더 높은 수준의 확신이 필요하다. 그래서 우리는 아이디어 5를 가지고 세 번의 실험을 더 진행해보기로 한다.

새로 나온 결과들을 처음의 결과들(두 번째 결과는 굵은 글씨로 표시)과 함께 될놈척도에 표시하니 아래와 같은 그림이 된다.

됐다! 아이디어 5로 진행한 새 실험들도 첫 번째 실험의 결과들을 재확인해준다. 훌륭하다. 커다란 검은색 화살표는 완전히 무

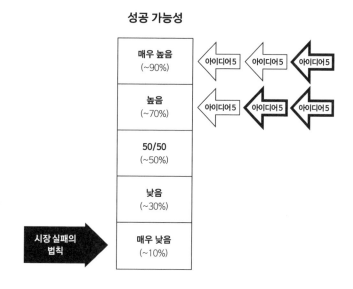

시해도 좋다(여전히 시장은 예상치 못한 펀치로 우리를 놀라게 할 수 있다). 다섯 번째 수정안이 '될 놈'일 가능성은 꽤 크다.

이 과정을 머릿속에 그려보기 쉽게 우리가 아이디어를 수정하고 실험한 과정을 순서대로(아이디어 1에서 아이디어 5까지) 모두 하나의 될놈척도에 나타내면 다음과 같다.

우리는 5개의 아이디어(5개의 안)를 가지고 총 12번의 프리토타이핑 실험을 실시했다. 이렇게 말하면 수정과 실험을 많이 한 것 같지만, 프리토타이핑 기법을 사용했다면 시간은 채 2주도 걸리지 않았을 것이다. 그 정도면 대부분의 팀이 '그들의 데이터'에 기초한 사업계획서를 작성하는 데 걸리는 시간보다 더 적은 시간

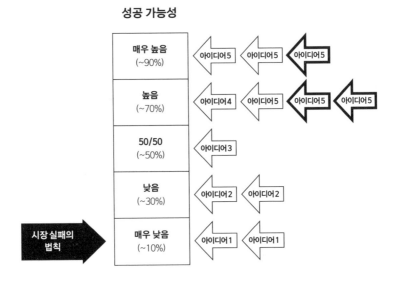

이다.

될놈척도에 관한 얘기를 마무리하면서 다시 한 번 강조하고 싶은 것은 주의 깊게 설계하고 직접 실시한 실험에서 나온 실제 데이터만이 화살표로 인정된다는 점이다. 의견이나 '그들의 데이터'(다른 사람이 다른 때에 다른 방법을 이용해서 실시한 시장조사)는 화살표가 될 수 없다. 화살표는 반드시 적극적 투자가 개입된 '나만의 데이터'로만 구성되어야 한다.

유연한 전략

7장

전략 도구

2부에서는 아이디어에 관해 사고하고, 아이디어를 검증하기 위한 데이터를 빠르게 수집하고, 수집한 데이터를 체계적이고 객관적으로 분석·해석하는 데 도움이 되는 도구들을 소개했다. 이것들은 선택의 여지도 많고, 사용 방법도 다양하고, 수많은 방법으로 결합·사용할 수 있는 강력한 도구상자다. 하지만 언제 어떤 도구를 어떻게 사용할지는 어떻게 결정해야 할까? 이것이 바로 3부 '유연한 전략'에서 다룰 내용이다.

혹시나 궁금해할 사람들을 위해 설명하자면, 3부의 제목에 있는 '유연한(plastic)'이라는 단어는 새로운 상황, 예기치 못한 상황에 대응하여 계획과 행동을 조정하고 바꿀 수 있는 능력을 뜻한다. 유연성을 갖는 것은 매우 중요하다. 왜냐하면 새로운 아이디어를 의도한 시장에 소개할 때 모든 것이 계획대로 순조롭게 진행되는 경우는 아주 드물기 때문이다. 우리가 아무리 성실하고 주의 깊게 계획을 세워도 마찬가지다.

2부에서 사용했던 복싱의 비유를 이어가자면 계획과 관련해 내가 들었던 표현 중에 가장 훌륭한 것은 뜻밖에도 마이크 타이슨 (Mike Tyson)이 했던 말이다. 상대의 경기 계획과 관련해 한마디 해달라는 요청에 타이슨은 이렇게 대답했다. "누구나 계획이 있죠. 저한테 한 대 맞기 전까지는요." 우리는 시장의 펀치에 몇 번 맞고 계획과 전략을 수정할 각오를 해야 한다.

나는 여러분에게 어디에나 통할 계획이라든가, 이케아 가구의 조립 안내서 같은 단계별 지시 사항을 알려줄 수는 없다. 하지만 우리가 배운 도구를 십분 활용할 수 있도록 내가 아주 좋아하는, 효과적인 전략들을 알려줄 수는 있다. 그렇게 하면 시장의 펀치를 좀 피하고 몇 번쯤은 오히려 펀치를 되돌려줄 수도 있을 것이다. 우리가 배운 모든 도구와 전략들이 실제로 어떻게 적용되는지 볼 수 있게 마지막으로 사례를 하나 더 들어보려고 한다.

준비됐는가? 가자.

전략 1 : 생각은 글로벌하게, 테스트는 로컬하게

만약 '생각은 글로벌하게, 테스트는 로컬하게'라는 말이 익숙하게 들린다면, 생태학적 문제에 관심을 갖는 사람이나 단체들이 흔히 사용하는 '생각은 글로벌하게, 행동은 로컬하게(Think globally, act locally)'라는 슬로건(그리고 자동차에 붙은 스티커) 때문이다. 우리 목표는 고래를 구하거나 오존층을 보호하는 것이 아니다. 우리 목표는 생각랜드에서 전 세계 판매 및 유통 전략 같은 때이른 거창한 계획을 세우느라 시간을 낭비하는 대신, 현지 시장과 일찌감치 접촉해 시간을 절약하고 귀중한 자원을 보호하는 것이다.

'생각은 글로벌하게, 테스트는 로컬하게'라는 말의 뜻은 우리가 제품에 대한 글로벌 계획을 가져도 되지만, 그렇게 야심찬 해외 계획의 수립과 실행에 시간을 쓰기 전에 훨씬 작고 접근하기 쉬운 표적 시장의 하위 시장에서 아이디어를 검증해야 한다는 것이다. 그런 첫 시장은 여러분이 사는 도시나 동네, 여러분의 직장이나 학교가 되어야 한다. 테스트 시장은 가까이에 있고 접근이 쉬울수록 좋다.

피자 식당에 대한 여러분의 독특한 아이디어가 제2의 '캘리포니아 피자 키친'(몇몇 국가에 수백 개의 매장을 가진 체인이다)이 될 거라고 잠시 공상하는 것은 얼마든지 괜찮다. 하지만 글로벌 시장을 장악할 계획을 세우느라 시간을 낭비하기 전에, 한 지역에서라도 먼저 지속적인 성공을 거둬보라.

'글로벌하게', '로컬하게'라는 말은 지리적인 것을 암시하지만, '테스트는 로컬하게'라는 원칙은 단순히 물리적 거리나 지리적 지역에만 적용되는 것이 아니다. 이 말은 시장이 개념적으로 여러 집단으로 나뉘거나 업계 표준이 여럿이라서 각각에 접근하려면 추가적인 투자가 필요할 때도 적용된다. 예를 들어 여러분의 시장이 스마트폰 이용자라면 중요한 것은 그 이용자들이 어디에 사느냐가 아니라 어떤 스마트폰 플랫폼(예컨대 애플 iOS냐, 구글 안드로이드냐)을 사용하느냐일 것이다. 모바일 앱 개발자 중에는 새로운 앱을 여러 모바일 플랫폼에서 동시에 출시하기 위해 당장의 투자를 두세 배로 늘리고 개발과 마케팅에 몇 달씩 낭비하는 사람이 많다. 그러다가 구글 안드로이드 이용자나 애플 iOS 이용자 모두 본인들의 앱에 관심이 없다는 사실을 알게 되곤 한다. 여러분의 아이디어를 한 가지 플랫폼에서 먼저 검증하라. 기술적으로, 콘셉트적으로 여러분에게 더 가까운 플랫폼에서 먼저 검증한 다음, 나머지를 정복하면 된다.

만약 여러분이 모바일 앱 개발자인데 구글 안드로이드 OS가 가장 편안하고 친숙하다면 그게 여러분의 로컬 '동네'다. 여러분에게는 수천 킬로미터 떨어진 곳에 사는 안드로이드 이용자가 옆

집에 사는 iOS 이용자보다 더 접근하기 쉬운 상대다. 그러니 새로운 앱 아이디어는 안드로이드 시장에서부터 프리토타이핑하고 검증하라. 프리토타이핑 실험 결과 여러분의 앱이 안드로이드 이용자들에게 성공 가능성이 높은 것으로 나온다면 그때부터 다른 플랫폼 버전을 개발하는 것도 고민해보면 된다.

커리어 초창기에 글로벌 성공에 눈이 멀었던 나는 '테스트는 로컬하게' 전략을 계속 무시했다가 결국에는 큰 대가를 치렀다. 예컨대 내가 공동 설립했던 회사 중 하나는 미국에서 충분한 이용자를 확보하고 지속적·반복적으로 판매에 성공하기도 전에 벌써 유럽과 아시아 담당 세일즈팀을 만들었다. 지원해야 할 국가가 하나 늘어날 때마다 우리는 여러 제품과 문서를, 그 국가에 맞게 번역하고, 맞춤화하고, 테스트해야 했다. 이 모든 일에는 많은 시간과 돈이 들어갔고 신경 쓸 거리가 늘어나면서 집중을 크게 방해했다. 그 회사가 실패한 것을 그 하나의 결정 탓으로 돌릴 수는 없지만, 그런 결정이 도움이 되지 않았던 것만은 분명하다.

그런데 여러분의 아이디어에 로컬 시장이라는 것이 존재하지 않는다면 어떻게 해야 할까? 예컨대 여러분이 몬태나에 살고 있는데, 여러분의 아이디어는 태양 에너지를 이용한 서핑 보드라면? 그런 경우라면 여러분이 캘리포니아 남부나 하와이로 옮겨가서 새로운 아이디어를 찾아보고 그런 거리를 좁힐 창의적 방법을 찾아야 한다(아니면 서핑하는 사람들에게 언제든지 접근할 수 있는 사람과 협업한다거나).

'테스트는 로컬하게'는 내가 가장 좋아하는 전략 중 하나다. 왜 냐하면 빠르게 여러분의 아이디어와 여러분 자신을 생각랜드 밖 으로 끄집어내서 시장과 접촉하게 하는 최고의 방법이기 때문이 다. 이 전략을 사용할 때는 범위 축소에서 한 단계 더 나아가야 한 다. 즉 단순히 작은 테스트 시장에 초점을 맞추는 것이 아니라 작 고 '로컬한' 테스트 시장에 초점을 맞춰야 한다.

상표 바꾸기 프리토타입의 예시로 보았던 하루 지난 초밥 사례 에서 우리가 얼마나 가까운 위치까지 범위를 줄였는지 기억할 것 이다. 단순히 캘리포니아나, 팰러앨토나, 스탠퍼드대학교가 아니 라, 당시에 학생들이 있던 바로 그 건물로 범위를 줄였었다. 그렇 게 함으로써 우리는 당장에 쉽게 실행할 수 있는 프리토타이핑 실험을 생각해낼 수 있었다.

숫자로 이야기하라 : 데이터까지의 거리

'생각은 글로벌하게, 테스트는 로컬하게'라는 전략을 얼마나 잘 따르고 있는지는 데이터까지의 거리를 계산해보면 알 수 있다. 오프라인에서(예컨대 매장이나 길거리, 클럽 모임 등에서) 데이터를 수 집할 계획이라면 흔히 거리를 재는 단위(미터, 킬로미터 등)로 데이 터까지의 거리를 측정하고 그 거리를 최소화하면 된다. 최초의 시장 검증을 최대한 로컬하게 할수록 귀중한 시간과 돈을 절약할 수 있고, 결과적으로 더 많은 실험을 하고 더 많은 아이디어를 검증할 수 있다. 바로 코앞에서 혹은 인근에서 구할 수 있는 훌륭한 '나만의 데이터'가 얼마나 많은지 알면 깜짝 놀랄 것이다. 하나만 예를 들어보겠다.

린다는 코인 세탁소를 좀 더 효율적으로 이용할 수 있는 19달러짜리 장치에 대한 아이디어가 있다. 린다는 이 장치에 '론드로던(LaundroDone)'이라는 이름을 붙였다. 세탁기나 건조기에 옷과 함께 론드로던을 넣으면 빨래가 끝나고 기계가 회전을 멈췄을 때 이 장치가 내 전화기로 문자를 보내 빨래가 다 되었음을 알려준다. 론드로던 덕분에 린다는 더 이상 코인 세탁소의 플라스틱 의자에 앉아서 파자마 차림의 남자들이 걸어오는 수작을 방어하며 고생할 필요가 없다. 형광 불빛이 번쩍거리고 세제 냄새와 섬유 유연제 냄새가 역겨운 그곳을 탈출할 수 있다. 론드로던 덕분에 린다는 안전하고 편안한 차에서 콜드플레이의 음악을 들으며 빨래가 다 되었다는 알림을 기다리면 된다.

린다는 미캐니컬 터크와 외관 프리토타입을 결합해서 본인의 아이디어를 테스트할 기발한 방법을 생각해냈다. 그녀는 당장이라도 이 방법으로 첫 번째 '나만의 데이터'를 수집하고 싶어서 안달이 날 정도다. 린다는 자신의 아이디어에 맞는 최고의 시장은 뉴욕이나 LA 같은 대도시에 있는 대형 코인 세탁소라고 생각하고, 거기서 테스트를 진행하고 싶어 한다.

하지만 린다는 캘리포니아 남부 교외의 작은 주거단지에 살고 있다. 이 동네에 코인 세탁소는 하나뿐이다. 린다의 표현에 따르면 "별의별 이상한 사람들이 다 모이는 소름 끼치는 곳"이다. 그 소름 끼치는 코인 세탁소가 론드로던을 발명하는 동기가 되었지만 어쨌든 가능하다면 린다는 다시는 그곳에 발을 들이고 싶지 않다. 대신에 린다는 차를 몰고 190킬로미터 떨어진 LA로 가서 호텔 방을 잡고 이틀 정도 머물며 그곳의 여러 코인 세탁소에서 테스트를 진행할 생각이다. 이 계획에 문제는 없다. 하지만 첫 번째 '나만의 데이터'를 수집하기 위해서 린다는 정말로 그렇게 멀리까지 운전을 해야 할까?

린다는 '테스트는 로컬하게' 전략을 적용하고 데이터까지의 거리를 가이드 삼아 30킬로미터 거리 안에 그렇게까지 소름 끼치지 않는 코인 세탁소가 여럿 있는 중간 크기의 도시를 찾아낸다. 린다의 고향만큼 로컬은 아니지만 그래도 같은 지역이어서 거리가 멀지는 않다. 집에서 비교적 가까운 곳을 선정함으로써 린다는 왕복 380킬로미터를 운전할 필요도 없게 되었고 호텔 비용도 아낄 수 있게 되었다. 또한 그렇게 아낀 시간과 돈으로 더 많은 테스트를 진행할 수도 있다. 이게 더 합리적이지 않은가?

그런데 만약 여러분의 제품 아이디어가 온라인에서 사용하고, 습득하고, 마케팅해야 하는 것이라면 어떻게 할까? 그럴 경우에는 물리적인 거리의 단위를 이메일이나 웹 포스트, 웹 페이지 같은 가상의 단위로 대체하면 된다. 물리적인 단계의 숫자를 세는 것이 아니라 디지털 단계의 숫자를 세면 된다. 이것은 생각보다 어렵지 않은 일이다. 쉽게 이해할 수 있도록 또 다른 예를 들어보자.

몇 년 전에 나는 오디오 톤을 조절해주는 장치에 대한 아이디어가 있었다. 녹음 상태가 열악한 음악을 더 풍부하고 덜 거슬리게 들을 수 있게 해주는 장치였다. 나의 표적 시장은 오디오 애호가들이었다. 음향 세계의 열반을 찾아 오디오 장비에 많은 돈을 쓰는 사람들 말이다. 요즘은 대부분의 오디오 애호가들이 온라인에서 물건을 구매한다. 오프라인 오디오 상점이 오프라인 서점만큼이나 귀해졌기 때문이다. 그래서 내 계획은 나의 오디오 장치를 온라인으로 마케팅하고 판매하는 것이었고, 그에 맞게 프리토타입과 테스트를 설계했다.

나는 '테스트는 로컬하게' 전략을 따르고 싶었다. 하지만 온라인에서 '로컬하게'가 대체 무슨 뜻일까? 내 경우에 가상 세계에서 내가 사는 동네란 내가 자주 찾는 인터넷 오디오 포럼이었다. 나는 그곳에 열심히 포스트도 올리고 오디오 제품 리뷰도 썼다. 나는 이 포럼의 창단 멤버였고 포럼 설립자와도 좋은 관계를 유지하고 있었다. 그래서 내가 설립자에게 부탁하면 내 장치를 소개하는 포스트를 올려서 포럼 회원들 중에 이 장치를 구매하고 싶어 하는 사람이 있는지를 알아볼 수 있을 듯했다. 이 경우 데이터까지의 거리는 디지털로 세 단계였다.

① 포럼 진행자에게 한 통의 이메일을 쓴다.

② 내 제품을 소개하는 포스트를 하나 쓴다.

③ 잠재적 고객들의 적극적 투자가 포함된 정보를 수집할 랜딩 페이지를 가진 기초적인 웹사이트를 만든다.

나는 이미 포럼 회원으로 포럼 설립자와 우호적인 관계를 가지고 있었기 때문에 나의 '온라인 동네'에서 모든 것을 해결하고 프리토타이핑을 빠르게 진행할 수 있었다.

첫 번째 xyz가설을 세울 때는 '생각은 글로벌하게, 테스트는 로컬하게'를 반드시 염두에 두라. 단순히 특정 시장으로 범위를 좁히지 말고, '지금 현재' 여러분이 있는 그곳으로 범위를 좁혀라. '현재'라는 말이 나왔으니 말인데….

전략 2 : 내일보다는 오늘 테스트하는 게 낫다

'내일보다는 오늘 테스트하는 게 낫다'라는 말에는 많은 설명이 필요하지 않다. 이 말이 전하는 메시지는 분명하다. 테스트를 미루지 마라. 여러분의 아이디어(와 엉덩이)를 생각랜드에서 끄집어내어 최대한 빨리 시장으로 가져가라. 첫 시장 호응 가설을 정하고, XYZ가설 형식으로 표현하고, 범위 축소를 통해 xyz가설로 좁히고, 프리토타이핑 실험을 설계했다면, 이제는 추상적 사고에서 구체적 테스트로 이동할 때다.

하지만 대부분의 사람들은 편안한 생각랜드를 벗어나는 것을 망설인다. 몇 달씩, 종종 몇 년씩 그냥 생각랜드에 살곤 한다. 내 아이디어에 관해 생각하고, 떠들고, 벌써 몇 년째 생각 중인 해외 사업 계획을 수정하고, 계획서를 작성하면서 말이다. 아이디어를 검증할 '나만의 데이터'는 한 조각도 없으면서 말이다. 대체 왜 그러는 걸까?

나 자신도 생각랜드를 빠져나오지 못하고 그곳에 갇혀 있었던 적이 여러 번 있다. 그러니 답은 나도 안다고 생각한다. 바로 두려움 때문이다! 좀 더 정확히 말하면, 거절당할지 모른다는 두려움, 내가 애지중지하는 아이디어에 시장이 전혀 관심을 갖지 않는다는 사실을 발견하게 될지 모른다는 두려움이다. 대부분의 사람은 이런 두려움을 인정하는 것을 좋아하지 않지만, 행동을 보면 그 두려움을 정확히 알 수 있다. 내가 지그문트 프로이트(Sigmund Freud)는 아니지만, 생각랜드에서 어슬렁거리며 시장과의 접촉을 미루는 것은 잠재적으로 고통스러울지 모를 시장과의 첫 대면을 무의식적으로 피하는 방법일 수도 있다.

나는 종종 시장에서 거절당했을 때의 실망과 창피함, 고통에 대한 두려움을, 사랑을 고백하고 거절당하는 두려움에 비교하곤 한다. 사랑에서든 무엇에서든 거절은 아주 불쾌하고 심리적으로 감당하기 어려운 것이다. 나도 충분히 이해한다. 하지만 심약하다면 결코 미인을 쟁취할 수 없다. 시장점유율도 쟁취할 수 없다.

시장 실패의 법칙으로부터 벗어날 방법은 없다. 여러분이 가지는 대부분의 아이디어는 시장으로부터 거절당할 것이고, 여러분은 상처를 입을 것이다. 하지만 이 책에 나오는 여러 도구와 전략들이 이런 불쾌하지만 불가피한 과정의 일부를 덜 고통스럽고, 더 빠르고, 더 쉽게 지나도록 해줄 것이다. 그러니 미루지 마라. 만약 여러분의 아이디어가 거절당할 운명이라면 나중보다는 지금 현실을 깨닫는 편이 낫다.

지난 세월 나는 수백 개의 팀과 함께 수천 개의 신제품 아이디어를 작업하면서 다음과 같은 패턴을 발견했다.

생각랜드에서 의견과 그들의 데이터에 너무 많은 시간을 들이고 다시 사업 계획서를 쓰느라 몇 달씩 시간을 보내는 팀은 보통 실패한다.

계획과 검증은 최소만 실시하고 출시를 서두르는 팀은 보통 실패한다.

시장 '테스트'를 서두르는 팀은 보통 성공한다.

다시 말해 생각랜드에서 너무 많은 시간을 보내면 안 되지만,

그렇다고 완성된 제품의 시장 출시를 서둘러서도 안 된다. 대신에 제품을 출시하고 싶은 간절함을 이용해 먼저 시장을 '테스트'하라.

숫자로 이야기하라 : 데이터까지의 시간

데이터까지의 시간이란 프리토타이핑 실험을 실행하고 질 높은 '나만의 데이터'를 수집하기까지 몇 시간이나 걸리는지를 측정하는 것이다. 예를 들어 하루 지난 초밥의 첫 번째 프리토타이핑 실험의 경우 데이터까지의 시간은 겨우 두 시간이었다. 라벨을 프린트해서 전시된 초밥 상자에 붙이는 데까지 걸린 시간이 전부다 (점심시간이 가까웠던 것도 도움이 되었다).

모든 게 똑같다고 가정하면 데이터까지의 시간은 짧을수록 더 좋다. 나는 학생들에게 프리토타이핑 실험 과제를 내줄 때 보통 48시간을 데이터까지의 시간 한계로 정하고, 혹시 학생들이 더 빨리 '나만의 데이터'를 수집했다는 사실을 증명할 경우 보너스 점수를 준다. 어느 수업에서 내가 프리토타이핑 과제에 관해 한창 설명하고 있는데 한 학생이 손을 번쩍 들더니 5달러짜리 지폐를 흔들며 이렇게 소리쳤다. "데이터까지의 시간 3분이요! 어때요?"

내가 뭐라고 답할 기회도 없이 학생이 설명했다. "저희 팀의 아이디어는 자전거 청소와 정비 서비스예요. 저희는 5달러에 여러분의 자전거를 깨끗이 청소해줄 겁니다. 10달러면 브레이크와 기어를 체크하고 체인에 윤활유를 바르고 타이어에 공기를 넣어드립니다." 웅성웅성 좋다고들 말하는 소리가 들렸다. 학생은 말을 이었다. "그래서 제가 우리 반 학생들에게 이메일을 보냈어요…."

그 순간 그 학생 뒤에 앉아 있던 학생이 일어나서 말했다. "방금 제가 그 메시지를 보고 5달러를 줬어요. 첫 번째로 서비스를 받고 싶거든요. 비 때문에 자전거가 진창에 완전히 더러워져서요."

나는 미소를 짓지 않을 수 없었다. 나는 박수를 치기 시작했고, 다른 학생들도 다 함께 박수를 쳤다. 데이터 하나에 불과했지만 이 학생은 데이터까지의 시간이라는 기본 원칙과 정신을 제대로 이해한 것이 분명했다. 상상이 가겠지만 이 학생은 데이터까지의 시간을 0.05(3분은 0.05시간이다)로 만들면서 수업을 듣던 모두(나를 포함)의 기대치를 바꿔놓고 새로운 기준을 세웠다. 이제 학생들은 모두 경쟁적으로 달려들었다.

주의 : 처음에 나는 이 척도를 다른 이름으로 불렀다. '데이터까지의 기간'이라고 말이다. 하지만 결국에는 사람들의 기대치를 조정하고 다급한 느낌을 주기 위해 '데이터까지의 시간'으로 이름을 바꾸었다. 효과는 놀라웠다. 수업 시간에도, 기업 고객들과 함께하는 프로젝트에서도 각 팀이 첫 번째 '나만의 데이터'를 얻

기까지의 시간이 며칠에서 몇 시간으로 훅 줄어들었다.

이렇게 이름을 바꾸는 것을 심리학자들은 '프라이밍(priming)' 혹은 '앵커링(anchoring)'이라고 부른다. 기본적 척도로 시간 단위를 사용하면서 나는 며칠 혹은 몇 주 단위가 아니라 '시간' 단위로 생각할 수 있는 분위기를 조성했고, 사람들은 정확히 그렇게 했다.

전략 3 : 싸게, 더 싸게, 제일 싸게 생각하라

이 책에 나오는 기법들을 사용한다면 질 높은 '나만의 데이터'를 빠르게 수집할 수 있다. 그것도 다른 시장조사 기법들보다 훨씬 저렴한 비용, 아마도 10배, 100배, 심지어 1000배는 더 저렴한 비용으로 말이다. 내가 함께 작업했던 수많은 기업들은 시장조사에 몇 달의 시간과 수십만 달러(수억 원)의 비용을 할당하는 게 습관이 되어 있었다. 그래서 '겨우' 수만 달러(수천만 원)가 드는 프리토타이핑 실험을 생각해내고는 기뻐서 어쩔 줄 몰라 했지만 나는 그렇지 않다. 나는 그들에게 수십만 달러에서 수만 달러로 줄인 것이 훌륭한 발전이기는 하지만, 아마도 똑같은 '나만의 데이터'를 겨우 몇천 달러(수백만 원), 심지어 몇백 달러(수십만 원)로도 얻을 수 있을 거라고 말해준다.

대부분의 신제품 아이디어는 아주 적은 돈으로도 충분히 테스트할 수 있다. 일부는 사실상 돈이 한 푼도 안 들기도 한다. 내가 가장 좋아하는 프리토타이핑 예산은 '팀원들 점심 피자값'이 전부인 경우다.

첫 번째 혹은 두 번째로 생각해낸 프리토타이핑 실험 아이디어에 만족하지 마라. 이렇게 자문해보라. "이게 우리가 할 수 있는 최선인가?" '나만의 데이터'의 질을 희생하지 않고도 여러분의 아이디어를 테스트할 더 값싼 방법을 생각해낼 수 있는 경우가 많을 것이다. 그렇다면 이제는 더 좋은 방법을 생각해내기 위해 애써보라. '싸게, 더 싸게, 제일 싸게 생각하라'라는 전략을 고안하게 된 것은 다음 일화 덕분이다.

헨리 키신저(Henry Kissinger)는 끊임없이 더 많은 것을 요구하는 상사였다. 닉슨의 국가안보자문으로 있을 때 그는 보좌관 중 한 명에게 성명서를 쓰게 했다. 보좌관은 며칠이 걸려 성명서를 완성했다. 이만하면 됐다 싶었을 때 상사에게 내밀었고, 키신저는 고맙다고 하면서 저녁때 읽어보겠다고 했다.

다음날 키신저는 그 보좌관을 불러 성명서를 돌려주면서 이렇게 물었다. "이게 자네가 할 수 있는 최선인가?"

깜짝 놀라고 약간은 당황한 보좌관은 조금 더 잘할 수 있을 것 같다고 대답했다. 그리고 다른 계획을 모두 취소한 채 며칠을 고심해 성명서를 다시 썼다.

수정된 성명서에 대한 키신저의 반응은 똑같았다. "이게 자네가 할 수 있는 최선인가?"

보좌관은 기절할 듯이 놀랐고 굴욕감을 느꼈다. 그는 다시 한 번 기회를 달라고 부탁하며 이번에는 훨씬 더 잘 써오겠다고 맹세했다. 며칠 후 보좌관은 세 번째 성명서를 내밀었다.

보좌관이 자리를 뜨기 전에 키신저가 물었다. "이게 정말로 자네가 할 수 있는 최선인가?"

"네, 그렇습니다. 정말로 제가 할 수 있는 최선입니다." 보좌관이 대답했다.

"좋아. 그러면 이제 읽어보겠네." 키신저가 대답했다.

내가 그 자리에 있었던 것은 아니기 때문에 이 이야기가 얼마나 진실이고 얼마나 정확한지는 단언할 수 없다. 하지만 나는 키신저의 접근법을 좋아한다. 왜냐하면 우리의 첫 번째 해결책이 최선이자 가장 효과적이고 효율적인 경우는 거의 없기 때문이다.

구글 초창기, 신생 기업의 자원을 있는 대로 활용해야 했던 당시, '창의성은 제약을 좋아한다'는 구호 아래 예산 증액 요청은 거절당하는 경우가 잦았다. 그래서 어떻게 되었을까? 대부분의 경우 사람들은 주어진 예산으로 어떻게든 해낼 방법을 찾아냈다.

창의력을 십분 발휘한다면 보통은 처음에 생각한 것보다 더 싸게 아이디어를 테스트할 방법을 발견하게 된다. 처음에 실험 예산으로 1000달러를 배정했다면 예산을 100달러로 줄일 방법을 찾는 것을 스스로 도전과제로 삼아보라. 그래서 성공하면 이것을 다시 10달러로, 심지어 0으로까지 줄일 수는 없는지 살펴보라.

숫자로 이야기하라 : 데이터까지의 비용

데이터까지의 비용에는 많은 설명이 필요하지 않다. 이 '비용' 자리에는 다양한 화폐가 들어갈 수 있다. 달러, 유로, 위안, 비트코인, 도넛… 잠깐, 도넛이라고? 그렇다. 도넛. 이 척도는 전통적 화폐에 기초할 필요가 없다. 여러분의 프로젝트가 자원자들로 이루어져 있고 그들에게 아침 식사 대용으로 도넛을 대접한다면 '데이터까지의 도넛'이 합리적인 단위가 된다.

전략 4 : 고치고 뒤집고 다 해보고 그만둬라

첫 실험에서 실망스러운 '나만의 데이터'가 나왔다고 해서 섣불리 낙담하지 마라. 몇 가지만 살짝 손보면 '될 놈'이 될지도 모른다. 프리토타이핑은 바로 그렇게 손봐야 할 부분을 찾도록 도와줄 것이다. 설명하면 다음과 같다.

대부분의 신제품 아이디어는 아무리 미친 소리처럼 들리더라도 보통은 별로 미치지 않은 '전제'에 기초하고 있다. 그런 아이디어를 내놓은 사람들이 미치광이인 경우는 별로 없기 때문이다(미치광이에 해당하는 경우도 몇 번 본 적이 있다). 보통은 업계를 그런대로 잘 이해하고 본인의 아이디어가 진짜 고객의 진짜 문제를 해결해줄 수 있다고 믿고 있는 경우가 대부분이다. 그들은 본인들이 파고들 수 있는 진짜 시장 기회가 있다고 확신하고 있고, 보통 그 생각은 옳은 경우가 대부분이다. 문제는 그들의 최초 아이디어가 바로 그 시장 기회와 가깝기는 해도 정답은 아닌 경우가 대부분이라는 점이다. 내 말 뜻을 좀 더 분명히, 있는 그대로 설명해보겠다.

아래 그림에서 밝은 회색 부분은 특정한 시장 기회에서 '될 놈'의 영역을 나타내고, 어두운 회색 부분은 '안 될 놈'의 영역이다.

시장 기회는 바로 거기에 있고 그것이 현실이다. 그러나 그 시장 기회에 접근하는 모든 제품이 성공하는 것은 아니다. 너무 비싸거나, 너무 크거나, 너무 복잡하거나, 색깔이 잘못됐거나, 이름이 잘못됐거나… 등등에 해당할 수 있다. 시장은 아주 아주 까탈스럽고 까다로울 수 있다. 시장이 좋아하는 제품 조

● = '안 될 놈'

● = '될 놈'

합(즉 '될 놈')을 생각해내지 못하면, 시장은 여러분의 아이디어를 거절할 것이다. 다른 많은 부분에서 여러분의 제품이 문제를 잘 해결하고 기회를 잘 포착했다고 하더라도 말이다. 시장의 특정한 문제나 기회에 대해 여러분이 정말로 헌신적이거나, 관심이 있거나, 열정적이라면 그 시장을 고수해라. 하지만 최초의 아이디어를 수정하고 바꿔가면서 실험해라.

여러분이 최초의 아이디어(다음의 이미지에서 '그놈')를 가지고 여러 번의 프리토타이핑 실험을 진행했다고 치자. 그런데 데이터는 여러분의 아이디어가, 지금 상태 그대로는, '안 될 놈'이라고 확정적으로 말한다.

'그놈1'

● = '안 될 놈'

● = '될 놈'

여러분은 실망한다. 충분히 이해할 만한 일이다. 하지만 그 아이디어를 테스트하는 과정에서 여러분은 여러분의 표적 시장에 관해 흥미로운 사실들을 발견했다. 어쩌면 생각랜드에 기초한 여러분의 핵심 가정이 완전히 잘못되었다는 사실을 알게 됐을 수도 있다(예컨대 대부분의 사람은 8달러라는 포장 초밥의 가격을 그리 비싸다고 생각하지 않는다거나). 혹은 포장 초밥 구매자의 80퍼센트는 라벨에 찍힌 '포장 시간'을 유심히 관찰하고는 거기에 찍힌 시간이 하루 이상 되었을 경우 박스를 도로 내려놓는다는 사실을 알게 됐을 수도 있다. 실험을 한 번 할 때마다 여러분은 귀중한 '나만의 데이터'를 얻었고, 이 데이터는 여러분의 다음 단계에 대한 정보를 제공하고 가이드가 되어줄 수 있다.

'하루 지난 초밥'에 대한 최초의 아이디어가 '안 될 놈'으로 밝혀지더라도, '하루 지난 초밥'이 나오게 된 생각랜드의 이웃 동네에는 '될 놈'인 저렴한 포장 초밥 아이디어와 사업 모델이 살고 있을 수도 있다. 일주일씩 예약 서비스를 테스트해보고 이름과 슬로건을 바꿔서 신선하지 않다는 사실 대신 편리함을 강조해보라. "초밥2유 : 편리하고 저렴한 초밥 예약 서비스."

이렇게 고쳐도 시장이 반응하지 않는다면 조금 더 고쳐서 탐구하고 프리토타이핑을 해보라(예컨대 "그루피 초밥 : 그룹으로 주문하고 할인받으세요"). '될 놈'인 조합을 찾아낼 때까지 말이다.

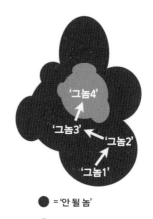

하지만 수없이 수정을 해도 '될 놈'을 찾지 못했다면 어떻게 할까?

그 시점에는 오른쪽 이미지에서 보여주는 것처럼 저렴한 초밥이라는 아이디어에 해당하는 '될 놈'이 존재하지 않을, 아주 실질적인 가능성을 고려해봐야 한다. 아이디어를 아무리 다양하게 변형시켜보아도 실패할 수밖에 없다. 왜냐하면 값싼 초밥을 상한 초밥과 연관짓는 사람이 너무 많기 때문이다. 온갖 고약한 결과를 초래할 수 있는 상한 초밥 말이다.

그러면 이제는 어떻게 할까? 여러분의 마음이 어떻게든 포장 초밥 사업을 계속하기로 정해졌다면 창의성을 몇 배로 더 발휘해서 다른 형태의 포장 초밥 테마를 찾아봐야 할 것이다.

= '안 될 놈'

= '될 놈'

나는 내가 뭔가 창의성 전문가라고 생각한 적이 있었다. 브레인스토밍의 대가라고 생각했었다. 그러다가 이 주제에 관한 진짜 전문가를 만났다. 바로 스탠퍼드대학교의 티나 실리그(Tina Seelig) 교수다.* 2016년에 나는 티나 실리그와 함께 대학원생들을 상대로 '창의성과 혁신'이라는 수업을 진행할 기회가 있었다. 이 수업의 목적은 창의성 기법(처음 떠올리는 아이디어의 수를 크게 늘리기 위해)과 프리토타이핑 기법(그 첫 아이디어들을 테스트하고 검증하고 다듬어서 가장 성공 가능성이 높은 것을 선별하기 위해)을 결합해 학생들에게 문제에 대한 혁신적 해결책을 개발하는

---

* 티나 실리그의 책 《인지니어스》를 강력히 추천하는 바다. 그리고 할 수만 있다면 그녀의 수업도 들어보길 권한다.

방법을 가르치는 것이었다. 나는 프리토타이핑을 가르치는 데만 집중했고, 티나가 창의성 기법을 가르칠 때는 학생들 옆에 나란히 앉아서 넋이 나간 사람처럼 집중하고 미친 듯이 받아 적었다.

학생들은 하나의 과제(예컨대 운전 중에 문자를 보내지 못하게 할 방법)를 부여받고 해당 문제를 해결할 혁신적 아이디어를 적어도 100개씩 생각해내야 했다. 노벨상을 두 번이나 수상한 라이너스 폴링(Linus Pauling)의 유명한 말처럼 "훌륭한 아이디어를 가질 수 있는 최선의 방법은 많은 아이디어를 생각하는 것이다". 하지만 한 가지 문제를 해결할 아이디어를 많이 생각해내는 것은 보기만큼 쉽지 않다. 거기에는 제대로 된 테크닉이 필요하다. 대부분의 사람은 이런 과제를 받으면 40개, 50개를 넘기기가 쉽지 않다, 그래서 자신은 충분히 창의적이지가 않다고 결론을 내려버린다.

하지만 티나는 그런 결론에 결코 동의하지 않는다. 티나는 창의성이란 누구나 배울 수 있는 기술이라고 생각하며, 일련의 기법을 가르침으로써 그 주장의 정당성을 입증한다. 이 기법은 '100개의 아이디어'를 생각해내는 것을 100배는 쉽게 만들어준다. 수업 중에 가장 기억에 남고 교훈이 컸던 것은 '태양의 서커스'에 대한 하버드대학교의 연구였다. 티나는 학생들에게 특정 아이디어에 대한 선입견과 가정들을 뒤집어서 대안이 드러나게 하는 방법을 보여주었다. 이 대안이 기존 아이디어에 대한 성공적 변형으로 이어질 수도 있었다. 미디엄닷컴(Medium.com)에 게재한 기사에서 티나는 이 과제를 다음과 같이 설명했다.

내가 가장 좋아하는 과제 중에 하나는 우리가 갖고 있는 모든 가정들을 해부하고 뒤집어엎어서 대안이 드러나게 하는 것이다.

창의성 수업에서 나는 태양의 서커스에 관한 하버드대학교의 케이스 스터디를 활용한다. 이 케이스는 학생들이 가정을 의심하는 기술을 갈고닦을 수 있는 기회를 제공한다. 배경은 서커스 산업이 곤경에 처해 있던 1980년대다. 공연들은 예측 가능하며 진부했고, 관객의 수는 줄어들었으며, 서커스단은 동물들에 대한 처우로 공격받고 있었다. 새로운 서커스를 시작하기에 좋은 시기처럼 보이지는 않았다. 하지만 캐나다의 거리 공연가 기 랄리베르테(Guy Laliberté)는 새로운 서커스를 시작했다. 그는 사람들이 서커스에 대해 가지고 있는 모든 가정을 의심했다.

나는 학생들에게 1939년에 나온 막스 형제의 영화 〈서커스에서〉의 한 장면을 보여준 다음, 전통적인 서커스에 관해 우리가 갖고 있는 가정들을 모두 나열해보라고 한다. 커다란 텐트와 동물들, 싸구려 티켓, 기념품을 파는 호객꾼들, 동시에 여러 공연이 진행되는 모습, 광대, 팝콘, 차력사, 불타는 고리 등등.

그런 다음 나는 학생들에게 이런 것들을 뒤집어보라고 말한다. 각각 정반대의 것을 상상해보라고 말이다.

예를 들어 새로운 리스트에는 조그만 텐트, 비싼 좌석, 한번에 하나의 공연 등이 올라 있는 반면 동물, 호객꾼, 광대, 팝콘 등은 빠져 있다. 그런 다음 전통적 서커스와 구분하고 싶은 것들, 바꾸고 싶은 것들을 고른다. 그 결과 완전히 새로운 유형의 서커스, 태양의 서커스가 나온 것이다. 그리고 그 태양의 서커스가 얼마나 성공했는지는 우리 모두가 알고 있다. 전통적 서커스는 사실상 사라져버렸다.

서커스 산업을 가지고 이 연습을 해보고 나면 이미 변화의 때가 무르익은 다른 산업이나 제도에 적용하기는 쉽다. 패스트푸드 식당, 호텔, 항공사, 교육, 심지어 구애와 결혼까지도 말이다. 한번 이해하고 나면 아무 종이에나 끼적거리는 것으로도 가능한 정말 쉬운 연습이다. 이 방법을 이용해 삶과 커리어의 모든 측면을 재평가할 수 있다. 핵심은 시간을 내서 모든 가정을 분명하게 확인하는 것이다. 통상 이게 가장 어려운 부분이다. 왜냐하면 가정은 종종 우리의 세계관에 이미 하나로 포함되어 있어서 눈에 잘 보이지 않기 때문이다. 그러나 약간만 연습을 하면 우리의 선택지를 신선한 시각으로 바라볼 수 있는 유용한 방법이 될 수 있다.[*]

이 창의성 기법을 포장 초밥에 한번 적용해보자. '하루 지난 초밥'과 관련해서 값싼 길은 이미 가보았으니, 이번에는 재미 삼아 다른 길로 한번 가보자. 우리의 아이디어를 완전히 뒤집어서 규

---

[*] Tina Seelig, "What Does Your Life Look Like Upside Down?" Medium, August 3, 2017, https://medium.com/@tseelig/what-does-your-life-look-like-upside-down-66a5048df461.

모를 키워보자. "고급 초밥 : 당신이 살 수 있는 가장 신선하고 질 높은 포장 초밥." 누가 아는가? 값싸고 덜 신선한 포장 초밥 시장은 크지 않아도, 프리미엄 포장을 한 특별히 더 신선한 초밥은 큰 시장이 있을지. 우리가 해야 할 일은 사람들이 흔히 포장 초밥 하면 가정하는 것들, 연상하는 것들의 리스트를 만들어서 우리의 고급 초밥 아이디어에 맞는 다른 대안들을 생각해내는 것이다. 예를 들면 아래와 같이 말이다.

포장 초밥	고급 초밥
7~10달러의 가격	14~20달러의 가격
최고 3일까지 오래됨	신선함 보장
싸구려 플라스틱 박스	근사한 대나무 박스
가짜 고추냉이	진짜 고추냉이
싸구려 간장 봉지	작고 귀여운 유리병에 든 프리미엄 간장

냠냠. 생각만 해도 배가 고파진다. 하루 지난 초밥보다는 고급 초밥 아이디어가 훨씬 마음에 든다는 점을 고백해야겠다. 심지어 더 신선한 생선과 진짜 고추냉이(인공색소로 녹색을 낸 튜브에 든 것이 아니라), 나중에 다른 용도로도 쓸 수 있는 대나무 상자, 그리고 비닐에 든 간장이 아니라 작고 귀여운 유리병에 든 프리미엄 간장에 몇 달러 더 쓰는 내 모습이 상상될 정도다. 하지만 이것은

나 혼자 생각랜드에서 한 생각일 뿐이다. 다른 사람들 중에 포장 초밥에 거의 20달러 가까이 쓸 사람이 과연 얼마나 될까? 포장이 아무리 근사하다고 하더라도 말이다. 지금쯤이면 이 질문에 답하기 위해 뭘 해야 하는지 여러분도 알 거라고 확신한다.

그건 그렇고, 우리가 반드시 신제품 아이디어가 '안 될 놈'으로 밝혀질 때까지 기다렸다가 아이디어를 수정하고 다른 아이디어를 탐색해야 하는 것은 아니다. 우리가 배운 도구와 기법들은 어떤 아이디어든 빠르고 효율적으로 테스트할 수 있게 해준다. 이 말은 곧 여러 개의 아이디어(혹은 기본 아이디어에 대한 약간씩의 수정안)를 테스트해서 그중 하나를 골라도 된다는 뜻이다. 아이디어를 꼭 100가지씩 생각해낼 필요는 없지만(생각해내도 된다) 적어도 몇 가지 다른 아이디어는 꼭 생각해볼 만하다. 왜냐하면 첫 번째 아이디어가 최선의 아이디어는 아닐 확률이 크기 때문이다.

전면 수정보다는 부분 수정

대부분의 사람은 첫 번째 아이디어가 '될 놈'일 가능성이 적다는 사실을 이해한다. 생각랜드에서 나온 아이디어가 완전히 무르익어서 성공할 준비가 된 경우는 드물다는 사실도 안다. 사람들은 약간의 조정이 필요하리라 가정한다. 그러나 안타깝게도 사람들은 그 조정이란 것을 생각랜드에서 한다. '나만의 데이터'를 가이드로 삼는 것이 아니라 의견과 그들의 데이터를 이용해서 말이다. 시장에 나온 대부분의 아이디어가 처참하게 실패하는 것도 무리가 아니다.

시장이 '정말로' 원하는 게 무엇인지 알아내고 그에 맞춰 아이디어를 손볼 유일한 방법은 시장과 '진짜' 접촉을 하는 것이다. 시장이 뭘 원한다고 '생각'하는지 묻기만 할 게 아니라 여러분의 아이디어의 프리토타입을 시장에 내놓고 관심에 대한 증거로서 어느 정도의 즉각적 투자를 '요구'하는 것이다. 더 빨리 그럴수록 더 좋은 일이다. 왜냐하면 오래 기다릴수록 여러분이 얻게 될 교훈은 더 고통스럽고 값비싼 것이 될 테니까. 그리고 결국에는 다른 방법을 시도해볼 자원이 하나도 남지 않은, 너무 지치고 낙담한 자기 자신을 발견할 테니까.

요즘 기업가나 PM, 벤처 투자자들은 '피벗(pivot)'이라는 말을 자주 쓴다. 피벗은 일반적으로 신제품 혹은 신사업의 기본적 아이디어나 시장 가설에 대한 '전면적' 수정을 뜻한다. 우리가 피벗을 할 수밖에 없는 이유는 (놀랍게도!) 최초의 아이디어가 '안 될 놈'인 것으로 밝혀졌기 때문이다. 문제는 약간 손을 보는 것과는 달리 대부분의 피벗은 이미 최초의 아이디어 개발에 상당한 시간과 돈을 투자한 후에야 이뤄진다는 점이다. 나 역시 커리어 초창기에 여러 피벗에 참여해본 적이 있지만, 당시에는 그런 용어가 없었다. 우리는 그냥 "망했어!"라고 표현했다. 제품 회의에서 피벗이라는 단어가 대화에 끼어들면 바로 그 세상에서 가장 날카로운 냄새가 따라온다. '절박함의 냄새.' 그때쯤이면 보통 자원의 대부분을 '안 될 놈'에 낭비한 후이고, 남은 옵션은 매우 한정적이다. 그리고 우리는 그런 식으로 일할 필요가 없다.

일찌감치 여러분의 아이디어에 프리토타이핑 기법을 활용하고 필요한 수정을 가한다면, 충격적인 피벗을 피하면서도 결국에는 '될 놈'에 안착하게 될 확률을 극적으로 끌어올릴 수 있다. 한 번의 고통스러운 피벗보다는 10번의 작은 손질이 낫다.

8장

완성 사례 : 버스U

이제 그동안 우리가 배운 다양한 도구와 전략들이 어떻게 서로 맞물리는지 살펴볼 차례다. 신사업 아이디어를 하나 고른 다음, 생각랜드에서부터 출발해 데이터, 의사결정까지 전체 과정을 함께 밟아볼 것이다. 나는 내가 어떤 단계들을 밟아가는지 뿐만 아니라 계획이 펼쳐지는 동안 진행되는 나의 사고 과정도 보여줄 것이다. 여기에 나오는 것은 우리가 이 기법들을 적용할 수 있는 무수히 많은 방법 중에 하나에 불과함을 잊지 마라. 단일한 최고의 접근법은 없다. 나라면 다른 식으로 할 수 있을 텐데, 더 잘할 수 있을 텐데라는 생각이 든다면 잘된 일이다. 그 말은 곧 내가 여러분을 잘 가르쳤다는 뜻이기 때문이다.

이번에 우리가 사례로 이용할 신사업 아이디어는 출근길인 101

번 고속도로를 엉금엉금 기어가다가 내 머릿속에 번뜩 떠오른 내용이다. 나는 아침 일찍 잡혀 있는 회의에 참석하려고 실리콘밸리에 있는 집에서 나와 샌프란시스코 시내로 향하는 중이었다. 몇 년 전이었다면 이 길은 45분이 걸렸을 것이다. 베이에어리어 인근에 각종 사업과 건설 붐이 인 지금은 64킬로미터를 가는 데 두 시간이 걸릴 수도 있다. 그리고 수천 명의 사람들이 이렇게 왕복 서너 시간이 걸리는 길을 매일 출퇴근하고 있다. 이 얼마나 큰 낭비인가! 이 얼마나 큰 기회인가!

그날 아침 붉은색 브레이크등이 강을 이룬 모습을 지켜보던 나는 버스U에 대한 아이디어가 떠올랐다. 통근 버스를 교실로 바꿔서 통근 시간을 학습 시간으로 활용하는 아이디어였다. 목적지를 향해 엉금엉금 기어간 덕분에 내게는 슬로건을 생각해낼 시간까지 있었다. "버스에서 수업을 받으세요."

물론 나는 이런 생각을 떠올린 사람이 내가 처음이었을 거라고는 생각하지 않는다. 남들도 이미 이런 사업에 대해 생각해보았을 것이다. 어쩌면 누군가는 이미 시도했을지도 모르고. 그렇다면 우리는 그들의 시도로부터 무언가를 배울 수도 있을 것이다. 하지만 비슷한 아이디어를 가진 다른 사람들의 성공이나 실패를 이용하는 것을 내가 어떻게 생각하는지 지금쯤이면 여러분도 잘 알 것이다. 그들의 데이터도 고려할 수는 있지만 그게 우리의 자체 실험이나 '나만의 데이터' 수집을 대체할 수는 없다.

바로 그 '나만의 데이터'를 수집하기 위해 어떤 단계를 밟고 그 것을 어떻게 의사결정의 가이드로 삼을지 대략 그려보면 아래와 같다. 보다시피 우리는 세 가지 도구(사고 도구, 프리토타이핑 도구, 분석 도구)를 모두 이용할 것이다.

- ◎ 최초의 버스U 아이디어를 설명한다.
- ◎ 버스U의 시장 호응 가설을 확인한다.
- ◎ 버스U의 시장 호응 가설을 XYZ 형식으로 작성한다.
- ◎ 범위 축소를 이용해 빠르게 테스트 가능한 xyz가설을 만든다.
- ◎ 가설을 검증할 프리토타이핑 실험들을 찾아낸다.
- ◎ 데이터까지의 거리, 시간, 비용에 기초해서 실험들의 전략적 우선 순위를 정한다.
- ◎ 첫 번째 실험을 실시한다.
- ◎ 실험에서 나온 '나만의 데이터'의 객관적 분석에 기초해서 다음 단 계를 결정한다.

기억하라. 이것은 우리가 세운 조야한 첫 번째 계획일 뿐이다. 계획이 다 그렇듯이 우리의 아이디어가 시장과 접촉하고 첫 번 째 데이터가 수집되고 나면 계획은 바뀔 가능성이 크다. 일단 시 작하고 나면 우리는 뒷걸음질을 치거나 몇몇 단계를 건너뛸 수도 있다. 예를 들어 첫 번째 프리토타이핑 실험을 한창 진행하던 도

중에 예상치 못한 장애물을 만나거나 시장 호응 가설에 극적인 영향을 미칠 기회(예컨대 캘리포니아주가 버스에서 사업을 할 수 없는 법률을 통과시켰다거나)를 만날 수도 있다. 혹은 흔히 있는 일이듯이 작업 도중에 우리의 첫 번째 아이디어가 어떤 다른 아이디어 혹은 훨씬 더 좋거나 훨씬 더 큰 아이디어로 탈바꿈할 가능성도 있다. 놀라운 일이 생기고 새로운 인사이트를 얻게 될 것이다. 그럴 때마다 망설임 없이 모든 계획과 가설을 수정하라. 우리는 미지의 영역에 들어서고 있으므로 융통성과 적응력이 필요하다. 그래서 3부의 제목이 '유연한 전략'이다.

그러나 전략이 바뀔 수는 있어도 가이드가 되는 원칙이 바뀌지는 않을 것이다. 우리는 여러 도구를 이용해 분명하게 생각하고, 철저히 테스트하고, 객관적으로 분석할 것이다.

분명하게 생각하라

최초의 아이디어

교통 체증에 꼼짝 못할 때 내가 처음으로 그려보았던 버스U의 아이디어는 다음과 같았다.

버스U는 지역 대학과 파트너십을 맺고 최고의 교수들이 실시하는, 인가받은 대학 수준의 강의를 제공하면서 매일 직장인들을 회사로 출퇴근시켜줄 것이다. 버스U의 버스는 교실과 비슷한 형태로 개조하고 30에서 50명의 학생을 수용할 수 있을 것이다. 처음에는 샌프란시스코에서 실리콘밸리를 오가는 노선에 버스U 서비스를 제공할 것이다. 이 노선의 통근 시간은 50분짜리 스탠퍼드대학교 강의를 제공하기에 딱 맞을 것이다.

수익을 내려면 버스U는 최고 경영자와 전문가 교육이 되어야 할 것이고, 가격도 그에 맞게 책정될 것이다. 수업료는 10주 코스에 3000달러(약 360만 원) 정도가 될 것이다. 수업료가 비싸 보일 수도 있지만 직원들의 계속교육 및 훈련에 보조금을 주고 있는 첨단기술 기업들이 수업료의 일부를 지불할 것이다.

버스U에 대한 비전을 꽤 상세히 설명했다. 흥미로운 세부 사항도 일부 첨가하고 약간의 숫자도 포함되어 있다. 이렇게 되면 XYZ가설과 xyz가설을 작성하기가 더욱 쉬워진다. 하지만 그전에 우리는 중요한 다음 단계를 밟아야 한다. 시장 호응 가설을 확인하는 것 말이다.

시장 호응 가설

1부에서 본 것처럼 사업이 지속적으로 성공하려면 수많은 요소와 가정들이 착착 맞아 들어가야 한다. 버스U가 성공하려면 우리와 함께 협업할 의사가 있는, 인가받은 대학과 이미 증명된 대학 교수들을 찾아내야 한다. 교통안전 기준을 위반하지 않으면서 버스를 수업 용도로 개조하는 것은 틀림없이 가능할 것이고 비용도 과도하게 비싸지는 않을 것이다. 이외에도 여러 요소가 맞아 들어가야 한다. 하지만 이 경우에는 대부분의 아이디어가 그렇듯이 우리가 테스트하고 검증해야 할 가장 중요한 가정은 시장의 관심이다. 기억하라. "시장이 있다면, 방법은 있다." 시장의 관심이 충분하다면 학교와 파트너십을 맺고 교수들을 초빙하고 교통 기준을 준수할 방법은 찾아낼 수 있을 것이다.

버스U의 타깃 고객이 통근 시간이 오래 걸리는 직장인이기 때문에 우리의 시장 호응 가설은 이들 인구층을 기초로 해야 한다. 버스에서 수업을 듣기 위해 사립대학 수준의 수업료를 기꺼이 낼 직장인들이 충분히 많이 있을까?

우리의 시장 호응 가설 초안을 대략 만들어보면 아래와 같다.

통근 시간이 긴 많은 직장인들은 대학 수준의 수업료를 내고 버스 수업을 들을 것이다.

시작이긴 하지만 너무 막연하고 애매한 설명이라 크게 쓸모가 없다. '많은 직장인'은 얼마인가? '긴 통근 시간'은 얼마인가? '대학 수준의 수업료'는 얼마인가? 우리는 '숫자로 이야기'하고, 실험과 관찰을 통해 테스트할 수 있는 방식으로 표현해야 한다.

XYZ가설

생각랜드에서 나온 비전(이미 약간의 숫자를 포함하고 있다)을 시장 호응 가설과 결합해 XYZ가설 형식으로 나타내보자. '적어도 X퍼센트의 Y는 Z할 것이다'의 형식으로 말이다.

적어도 2퍼센트의, 편도 한 시간 이상의 통근 시간이 필요한 직장인들은, 적어도 1년에 한 번은 3000달러를 내고 인가된 10주 수업을 버스U에서 들을 것이다.

훌륭하다! 애매모호한 것들을 많이 덜어냈고, 암묵적이던 가정을 명시적으로 만들었으며, 경험을 바탕으로 일부 숫자를 추정하여 실험에서 이용할 수 있게 됐다.

적어도 2퍼센트의 표적 시장이 3000달러짜리 버스U 수업을 1년에 한 번 듣게 할 수 있다면, 버스U를 가능성 있고 가치 있는 사업으로 만들 수 있는 훌륭한 토대가 마련될 것이다. 하지만 여기에는 수많은 가정이 포함되어 있다. 아주 유망하고 합리적이고 그럴듯하게 들리지만, 현시점에서 우리는 아직도 생각랜드에 있을 뿐이라는 점을 기억하라. 우리는 얼마든지 긍정 오류의 함정에 빠질 수 있는 상태다. 이제 우리의 아이디어는 짐을 싸서 생각랜드를 떠나 현실 세계에서 테스트를 받을 때가 됐다. 범위 축소가 필요하다.

XYZ를 xyz로

다음 단계는 프리토타이핑을 통해 XYZ가설을 우리가 빠르고 쉽게 테스트할 수 있는 3개의 xyz가설로 바꾸는 것이다. 이미 사용할 수 있는 것들, 가까이 있는 것들을 이용해서 시간과 비용 투자를 최소화하는 게 필요하다. '생각은 글로벌하게, 테스트는 로컬하게' 전략을 실천에 옮길 때다.

나는 현재 상황과 자원을 보고 내가 잘 활용할 수 있는 것이 뭐가 있는지부터 살펴본다.

나는 구글과 링크트인(LinkedIn)의 본사가 있는 캘리포니아주 마운틴뷰에 살고 있다. 두 회사 모두 수천 명의 직원을 거느리고 있고 교육 보조금과 수업료 지원 정책을 펴고 있다.

마운틴뷰에서 일하는 구글과 링크트인의 많은 직원들이 샌프란시스코에 살고 있어서 자가용이나 회사 통근 버스를 이용해 출퇴근한다.

나는 구글에 많은 친구들이 있고 링크트인에도 친구가 몇 명 있다.

나는 스탠퍼드대학교 최고 교수들 중 몇 명과 좋은 관계를 맺고 있다.

요약 : 나는 첫 번째 실험에 활용할 수 있는 자원이 아주 많다. 구글과 링크트인에서 일하는 직원들 다수는 엔지니어이고 대부분의 엔지니어는 학습 기회를 아주 좋아하기 때문에 이들은 우리가 첫 번째 테스트를 진행할 버스U 표적 시장의 훌륭한 하부 집단이다. 하지만 첫 번째 실험은 구글을 이용해야 할까, 링크트인을 이용해야 할까, 아니면 양자를 모두 이용해야 할까? 이를 결정하기 위해 데이터까지의 시간 지표를 활용할 수 있다.

지리적으로 보면 구글과 링크트인의 사무실은 둘 다 우리 집에서 16킬로미터 이내 거리이며, 서로 3킬로미터 정도 떨어져 있으므로 큰 차이가 없다. 하지만 나는 링크트인보다는 구글에 아는 사람이 훨씬 많기 때문에 딱 맞는 사람들에게 연락이 닿기 위해 내가 보내야 하는 이메일의 개수를 기준으로 데이터까지의 거리를 측정한다면 구글이 더 나은 선택이다. 링크트인의 지인들은 구글 직원들을 대상으로 한 실험에서 나온 데이터를 확인하고 싶을 때 미래의 실험을 위해 아껴둘 수 있다. 따라서 범위를 좁힌 나의 첫 표적 시장(즉 xyz에서 y)은 샌프란시스코에 살면서 마운틴뷰 사옥에서 일하는 구글 엔지니어들이 될 것이다.

좋았어! 이제 쉽게 접근할 수 있는 표적 시장이 생겼으니 이것을 이용해 범위 축소를 하면 된다. 이 집단을 이용해서 내가 테스트할 수 있는 xyz가설 3개를 나열하면 아래와 같다.

xyz1 : 적어도 40퍼센트의, 샌프란시스코에서 마운틴뷰로 통근하는 구글 엔지니어 중 버스U에 관해 알게 된 사람들은, BusU4Google. com 웹사이트를 방문해 본인들의 구글닷컴 이메일 주소를 제출하고 향후 수업 계획에 관한 정보를 받을 것이다.

---

xyz2 : 적어도 20퍼센트의, 샌프란시스코에서 마운틴뷰로 통근하는 구글 엔지니어는, 버스U에 관해 더 많이 알아보려고 점심시간에 하는 한 시간짜리 프레젠테이션에 참석할 것이다.

---

xyz3 : 적어도 10퍼센트의, 샌프란시스코에서 마운틴뷰로 통근하는 구글 엔지니어는, 스탠퍼드대학교의 AI 교수가 가르치는 1주짜리 'AI 입문' 수업을 버스에서 듣기 위해 300달러를 지불할 것이다.

더 진행하기 전에 이들 xyz가설에서 내가 x값으로 선택한 숫자들에 관해 궁금한 사람들이 있을지 모르니 설명을 하고 넘어가겠다. XYZ가설에서는 2퍼센트를 사용해놓고 범위를 좁힌 xyz가설에서는 왜 40퍼센트, 20퍼센트, 10퍼센트를 사용했을까?

내가 그렇게 한 것은 흔히 '단계별 전환율(conversion funnel)'이라고 부르는 것을 고려했기 때문이다. 상점에 들어서거나, 공짜세미나에 참석하거나, 전자상거래 웹사이트를 방문하는 모든 사람이 유료 고객이 되지는 않는다. 오히려 정반대다. 데이터를 보면 무료 체험 또는 무료 세미나에 등록하거나 웹사이트를 방문했던 사람들 중에 아주 소수만이 유료 고객으로 전환된다는 것이 일관되게 나타나는 경향이다.

신제품을 알리기 위해 초대한 사람 100명 중에 초대에 응하거나 호응하는(예컨대 더 많은 정보를 얻기 위해 매장을 찾거나 웹사이트를 방문하는) 사람이 5명만 되어도 운이 좋은 것이다. 그 5명 정도 중에 아마도 한두 명만이 최종 구매를 하거나 기타 다른 형식으로 확고한 고객이 될 것이다. 어쩌면 그런 사람이 한 명도 없을 수도 있다.

앞에 나온 3개의 xyz가설에서 x값이 모두 다른 또 다른, 이유는 각 가설에서 적극적 투자의 정도가 다르기 때문이다.

xyz1 : 유효한 이메일 주소 하나당 1점

xyz2 : 프레젠테이션에 참석한 한 시간당 60점

xyz3 : 300달러를 지불하고 일주일 수업에 참석하기로 했다면 900점(300달러니까 300점에 적어도 10시간 동안 버스 수업에 참여하므로 600점 추가)

적극적 참여의 정도가 늘어날수록 수업에 등록하는 사람의 수는 감소할 것이라고 예상해야 한다. 또한 현재로서 이들 숫자는 모두 그냥 경험에 의한 추정치임을 기억하라. 출발점에 불과하다. 이들 숫자가 대략이라도 비슷한지는 우리가 실시하는 실험들이 말해줄 것이다. 만약 비슷하지 않다면 현재의 가설을 수정해서 다음 단계의 계획을 짤 것이다.

이렇게 설명을 해도 이들 가설이 얼마나 정확한지 혹은 유효한지에 관해 문제 삼는 사람이 있을 수 있다. 혹은 훨씬 더 나은 가설을 생각해낸 사람도 있을지 모른다. 아니면 내 숫자들이 비현실적이거나 터무니없다고 생각할 수도 있다.

훌륭하다! 우리가 저 높은 곳에 있는 아이디어를 상세한 XYZ가설 및 xyz가설로 힘들게 바꾸는 이유가 모두 그 때문이다. '숫자로 이야기'하는 것 역시 그 때문이다. 처음의 저 숫자들은 지금으로서는 추정치에 불과하다. 토론을 촉진하고 서로 다른 의견과 생각들을 수면 위로 끌어올려 해결하기 위한 것들이다. 만약 이게 실제 상황이고 우리가 버스U의 아이디어를 탐구하는 팀의 일원이라면 두 시간 정도를 투자해 xyz가설이 될 수 있는 것들을 몇 가지 더 의논해본 후에 몇 개로 합칠 수도 있을 것이다. 그런 다음 두어 번 실험을 하고 더 많이 고민한 후 아마도 가설들을 다시 한번 수정하거나, 아니면 완전히 새로운 가설을 생각해내게 될 것이다. 그런 식으로 진행될 것이고, 또 마땅히 그렇게 해야 한다.

그러면 이제 이 가설들이 최고의 xyz가설이 아니라는 점, 첫 시도로서 꼭 맞는 숫자도 아니라는 점, 여러분은 다르게 혹은 더 좋게 만들 수도 있다는 점 등을 감안하고 다음으로 넘어가자.

테스트

우리에게는 xyz가설이 3개나 있기 때문에 첫 번째 테스트에서 어느 것을 프리토타이핑해볼지 골라야 한다. 이들 가설은 모두 우리에게 귀중한 데이터를 제공하겠지만 어느 것부터 시작해야 할까?

첫 번째 프리토타입 고르기

'테스트는 로컬하게' 전략은 이미 적용했으니 이번에는 '내일보다는 오늘 테스트하는 게 낫다' 전략과 '싸게, 더 싸게, 제일 싸게 생각하라' 전략을 이용해 출발점을 결정해보자. 그러려면 각 xyz가설을 '데이터까지의 시간'과 '데이터까지의 비용'이라는 관점에서 평가하고 점수를 매겨야 할 것이다. 시작하자.

xyz1 : 적어도 40퍼센트의, 샌프란시스코에서 마운틴뷰로 통근하는 구글 엔지니어 중 버스U에 관해 알게 된 사람들은, BusU4Google.
com 웹사이트를 방문해 본인들의 구글닷컴 이메일 주소를 제출하고
향후 수업 계획에 관한 정보를 받을 것이다.

xyz1을 테스트하려면 적어도 100명의 구글 엔지니어와 접촉
해야 하고 간단한 웹사이트도 필요하다. 그러려면 최대 이틀 정
도의 시간과 몇 달러의 돈이 들 것이다. 따라서 xyz1의 예상 소요
시간과 비용은 다음과 같다.

데이터까지의 시간 : 약 48시간
데이터까지의 비용 : 100달러 이하

이 정도면 아주 훌륭하다.
xyz2는 어떤지 한번 보자.

xyz2 : 적어도 20퍼센트의, 샌프란시스코에서 마운틴뷰로 통근하는
구글 엔지니어는, 버스U에 관해 더 많이 알아보려고 점심시간에 하는
1시간짜리 프레젠테이션에 참석할 것이다.

xyz2를 테스트하려면 100명의 엔지니어와 접촉도 해야 하지
만, 프레젠테이션을 만드는 데 적어도 몇 시간을 들여야 하고, 구

글의 일정에 이 프레젠테이션을 포함시키고, 내용을 발표하는 등 2주 정도가 소요될 것이다. 이 실험은 더 많은 적극적 투자가 개입된 데이터를 모아주겠지만 xyz1에 비해 준비에 시간과 노력도 더 많이 들어간다. xyz2의 예상 소요 시간과 비용은 다음과 같다.

데이터까지의 시간 : 적어도 336시간*(2주)
데이터까지의 비용 : 100달러 이하

이 정도면 나쁘지 않다. 하지만 '내일보다는 오늘 테스트하는 게' 더 나을 뿐만 아니라 xyz1이 xyz2보다는 '나만의 데이터'를 더 빨리 수집해준다. 따라서 아직은 xyz1이 우리의 첫 번째 프리토타이핑 실험에서는 최우선 후보다.

xyz3는 어떨까?

xyz3 : 적어도 10퍼센트의, 샌프란시스코에서 마운틴뷰로 통근하는 구글 엔지니어는, 스탠퍼드대학교의 AI 교수가 가르치는 1주짜리 'AI 입문' 수업을 버스에서 듣기 위해 300달러를 지불할 것이다.

이 가설은 xyz2보다도 더 많은 시간과 노력을 필요로 할 것이

---

* 336시간이라고 하니까 좀 어색해 보이지 않는가? 잘됐다! 그러라고 이렇게 표시한 것이다. 이 단계에서 우리는 '주' 단위가 아니라 '시간' 단위로 생각해야 한다.

다. 이 일을 해줄 교수를 선별하고(강연료를 지급해야 할 수도 있다), 버스를 빌리는 등등의 일이 필요하다. xyz3의 예상 소요 시간과 비용은 다음과 같다.

데이터까지의 시간 : 적어도 672시간(4주)
데이터까지의 비용 : 5000달러 이상

대부분의 시장조사 예산과 비교하면 이것도 빠르고 저렴한 편이다. 하지만 프리토타이핑을 원하는 우리로서는 이 단계에 저 정도는 너무 많은 시간과 비용이다. '내일보다는 오늘 테스트하는 게 낫다'는 점과 '싸게, 더 싸게, 제일 싸게 생각하라'를 기억하라. 이 시점에서는 xyz1이 가장 빠르고 값싸게 '나만의 데이터'를 수집하는 방법이다.

우리는 전략과 관련 기준을 적용해서 xyz가설을 확인했다(xyz1). 이 가설이라면 이틀 안에 겨우 몇 달러로 우리에게 첫 데이터를 맛보게 해줄 것이다. 만약 우리의 첫 번째 실험이 xyz1을 유효한 것으로 확인해준다면, 그때는 '나만의 데이터'를 바탕으로 xyz2의 검증에 조금 더 많은 시간과 돈을 투자하는 것이 정당화될 것이다. 그리고 xyz2가 유효한 것으로 확인된다면, xyz3 검증에 훨씬 더 많은 시간과 돈을 투자하는 것도 정당화될 것이다. 하지만 너무 앞서가지는 말자. 일단 훌륭한 출발점을 마련했으니 이제 프리토타이핑으로 옮겨가자.

첫 번째 프리토타이핑 실험 실시

우리가 테스트할 첫 번째 가설은 다음과 같다.

xyz1 : 적어도 40퍼센트의, 샌프란시스코에서 마운틴뷰로 통근하는 구글 엔지니어 중 버스U에 관해 알게 된 사람들은, BusU4Google. com 웹사이트를 방문해 본인들의 구글닷컴 이메일 주소를 제출하고 향후 수업 계획에 관한 정보를 받을 것이다.

다음으로 내가 스스로에게 묻고 싶은 것은 이것이다. y에게, 즉 샌프란시스코에서 마운틴뷰로 통근하는 구글 엔지니어라는 표적 시장에 접근할 가장 좋은 방법은 무엇인가?

구글을 잘 아는 나는 구글 내부에 사내버스를 이용하거나 다른 직원과 카풀을 하고 싶은 사람들을 위한 웹사이트나 이메일 주소가 있을 거라고 가정하게 된다. 그래서 현재 구글에서 일하는 친구 중 한 명에게 나의 가정이 맞는지 물어본다. 친구는 그런 정보 여러 개를 알려준다. 그중에 회원수가 1600명이 넘는 MTVCarPoolers라는 비공식 메일 주소록이 있다. 빙고!

나는 이 리스트를 관리하는 베스를 소개받고, 버스U에 관한 아이디어를 공유하기 위해 베스와 미팅 약속을 잡는다. 베스는 버스U의 콘셉트가 아주 마음에 든다며 테스트를 도와주기로 한다. 베스는 메일 주소를 올린 사람의 절반 이상(정확히는 그중 820명)이 샌프란시스코에서 마운틴뷰의 구글 본사까지 통근한다는 사실을 확인해준다. 완벽하다. 내게는 적어도 100명씩 8번의 테스트를 해볼 잠재적 고객들이 생겼다. (나는 내 가설 속의 표적 시장을 대표하는 사람들을 대상으로 테스트할 예정이기 때문에 100명이면 결과가 통계적 유의성을 가질 수 있는 적절한 샘플 크기다.)

이제 표적 시장에 손쉽게 (그리고 공짜로) 접촉할 수 있는 방법이 생겼으니 프리토타입 웹사이트를 만들어야 한다. 우리의 첫 '나만의 데이터'를 수집해야 하기 때문이다. 나는 쓸 만한 도메인 이름을 사고, 마우스질만 몇 번 하면 되는 수많은 웹사이트 개발 서비스(스퀘어스페이스Squarespace, 위블리Weebly, 윅스Wix 등) 중 하나를 이용해 3페이지짜리 웹사이트를 만든다. 그리고 버스U의 콘셉트를 소개하고 설명한다. 총 투자액은 20달러 정도에 두 시간 정도의 내 시간이 들어간다. 간편하고, 빠르고, 값싸다.

이 웹사이트는 버스U 서비스가 어떻게 운영되는지 설명하고 서비스될 수업 목록과 수업을 가르치는 교수의 프로필을 보여준다. 이 사이트를 방문한 방문자는 다음의 양식(적극적 투자)을 채우면 더 많은 정보를 얻을 수 있다.

이름:

이메일:

직책:

관심 있는 수업이나 주제:

의견 또는 질문:

나는 프리토타입 웹사이트와 이 양식을 베스에게 보여준다. 베스는 약간의 수정이 가능한지 묻는다. 베스는 이 서비스가 아직 시작되지 않았고, 지금은 조사 단계이며, 관심 있는 사람이 많으면 시작될 서비스라는 점을 처음부터 솔직하게 알리길 원한다. 베스는 아이디어를 먼저 테스트하는 게 중요하다는 사실을 이해하지만, 최대한 솔직하고 윤리적이길 원한다. 문제없다. 실은 베스가 그 점을 알려줘서 고마울 정도다. 나는 베스의 말대로 수정을 한다. 그리고 우리는 샌프란시스코에서 마운틴뷰까지의 통근자 리스트에서 첫 100명의 구글 직원에게 보낼 이메일 메시지를 함께 작성한다.

다음날 아침 베스가 이메일을 보낸다. 네 시간도 채 지나지 않아 88명이 웹사이트를 방문하고 그중 62명이 양식을 작성한다. 와! 대단한 결과다. 나는 대략 40퍼센트의 사람들이 이메일 양식을 작성할 거라고 추정했는데 62퍼센트가 호응한 것이다.

하지만 데이터를 더 면밀히 살펴보니 제출된 양식에서 거의 모든 사람이 같은 질문을 하고 있다. 사람들은 이 서비스가 무료인지, 만약에 유료라면 얼마의 비용이 들고 회사가 비용을 함께 부담해주는지 묻고 있다. 젠장! 우리는 이메일이나 웹사이트에서 금전적인 부분을 더 명확하게 표현해야 할 듯하다. 특히나 구글 직원들은 공짜 식사와 공짜 마사지 등 수많은 특전에 익숙하기 때문이다.

나는 베스에게 피드백에 관해 이야기하고 우리는 다음번 실험에서는 이메일과 웹사이트를 편집해서 비용에 관해(10주 수업에 3000달러이고 버스 비용이 포함됨) 좀 더 명확히 표현하기로 한다. 우리는 또 이게 구글에서 승인한 계속교육 프로그램이 아니고 학생들이 전체 수업료를 지불해야 한다는 점을 분명히 표현한다.

하지만 다음번 실험에 앞서 첫 번째 실험 결과에 대해 될놈척도에서 몇 점을 주어야 할지, 혹시 우리의 가설에서 손봐야 할 부분은 없는지 이야기해보기로 하자.

분석과 반복

가설 xyz1은 40퍼센트의 응답을 예상했지만 우리 테스트는 62퍼센트라는 견고한 결과를 냈다. 이 결과는 우리의 기대치를 상회하는 것이고 강한 정도의 관심을 나타낸다. 평소 같으면 이 정도의 훌륭한 수치(우리 예상을 훨씬 상회하는 수치)는 이 아이디어가 성공할 가능성이 '매우 높음'을 나타냈을 것이다. 하지만 우리가 이 메일에서 3000달러라는 묵직한 가격표를 언급하지 않았기 때문에 많은 구글 직원들은 버스U 수업이 공짜라고 (혹은 회사에서 교육비를 지불한다고) 가정했을 수도 있다. 나는 결과를 보수적으로 해석하기로 마음먹는다. 그래서 '매우 높음' 대신에 '높음'의 점수를 준다.

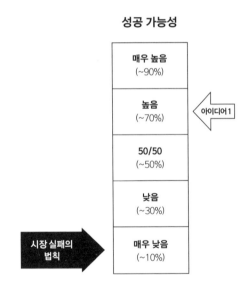

성공 가능성

더 보수적으로 해석해서 실험 결과에 50대 50의 점수를 주거나 데이터가 부적절한 것으로 폐기할 수도 있었다. 하지만 어느 시장의 어떤 아이디어가 되었든 60퍼센트 이상의 반응을 얻는다는 것은 드문 일이기 때문에 나는 이것을 시장이 큰 관심을 갖고 있다는 증거로 받아들이기로 한다. '시장이 있다면, 방법은 있다.' 내가 옳은지 그른지는 다음번 실험이 알려줄 것이다.

우리는 첫 번째 실험에서 고무적인 결과를 얻었지만, 될놈척도에 있는 커다란 검은색 화살표는 여전히 우리에게 경고를 보내고 있다. 저 화살표 덕분에 우리는 계속 현실 감각을 유지할 수 있다. 검은색 화살표는 대부분의 새로운 아이디어가 시장에서 실패할 거라는 사실과 우리에게 성공적인 실험 결과가 여러 개 더 있어야만(긍정적 증거가 우세해야만) 시장 실패의 법칙에 맞설 수 있다는 사실을 일깨워준다.

그러는 동안 베스는 구글의 계속교육 프로그램 담당자를 만난다. 담당자에 따르면 구글은 버스U가 좀 더 자리를 잡고, 이미 인가를 받은, 좀 더 전통적인 교육기관이 제공하는 것과 비슷한 수준의 가치를 제공하는 것으로 증명되지 않는 한, 교육비 지원을 하지 않을 거라고 한다. 이런. 나는 링크트인에서 일하는 친구에게 링크트인에도 비슷한 정책이 있는지 물어본다. 안타깝게도 친구가 들려준 대답은 우리가 원하던 내용은 아니다. "담당자 말이, 과거 이력이나 인가 내용 같은 게 있어야 직원들의 교육 비용으로 환급해줄 수 있대."

젠장! 우리의 가설에서 회사의 교육비 지원 가능성은 제거해야 할 것 같다. 적어도 처음에는 말이다. 실망스러운 소식이지만 '나중보다는 지금이 낫다'는 말은 나쁜 소식에도 똑같이 적용된다. 버스U가 더 자리를 잡기 전에는 회사의 교육비 지원을 기대할 수 없다는 소식을 나중에 듣는 것보다는 지금 듣는 편이 낫다.

나는 이메일과 웹사이트를 모두 편집하여 3000달러라는 수업료가 눈에 띄게 만든다. 그리고 적어도 지금은 버스U의 수업으로 구글에서 교육비 지원을 받을 수는 없다는 사실을 분명히 밝힌다. 그런 다음 기도하는 마음으로 다음번 100명에게 이메일을 보낸다.

이번에는 지난번만큼 결과가 고무적이지는 않다. 웹사이트 방문자는 42명에 불과하고 그중 겨우 22명만이 양식을 제출했다. 나는 실망했지만 놀라지는 않는다. 비용이 3000달러인데 회사에서 지원해주지 않는다(적어도 당분간)는 사실을 알게 되면 관심을 갖는 사람이 줄어드는 것은 당연한 일이다.

우리에게는 계획이 있었으나 어쨌든 한 방을 맞은 기분이다. 마이크 타이슨이 아니라 시장에게 말이다. 이제 어떻게 해야 하나? '유연한 전략'에서 말하는 유연성을 실행에 옮길 차례다.

22퍼센트라는 반응 숫자는 우리가 처음에 예측했던 40퍼센트의 대략 절반 정도에 해당한다. 하지만 응답을 했던 22명은 수업료로 3000달러를 직접 지출하는 것에도 동의한다는 사실을 고려하면 이것도 상당히 괜찮은 숫자라는 결론에 이른다. 이 정도면 해볼 만하다. 그냥 기대치를 낮춰야 할까? 아니다! 우리는 지금 테스트 중이고, 영점을 맞추는 중이고, 처음의 가정들을 현실과 견주어 조정하는 중이다. 우리는 '속임수'를 쓰고 있지 않다. 응답률이 낮은 것은 사실이지만, 실제로 응답한 사람들은 적극적 투자 의지(회사 돈이 아니라 본인의 돈을 투자할 의지)가 있는 사람들이다.

이런 변화를 반영해서 우리는 xyz1을 다음과 같이 손본다.

◉ 시장 호응 비율(x)의 예상치를 40퍼센트에서 20퍼센트로 낮춘다.

◉ 3000달러라는 비용을 언급한다.

◉ 이 수업이 회사의 교육비 지원 대상에 해당하지 않는다는 사실을 대놓고 밝힌다.

이렇게 수정하면 xyz1은 다음과 같이 된다.

xyz1A : 적어도 20퍼센트의, 샌프란시스코에서 마운틴뷰로 통근하는 구글 엔지니어 중 버스U의 3000달러짜리 수업(회사의 교육비 지원 대상에 해당하지 않음)에 관해 알게 된 사람들은, BusU4Google.com 웹사이트를 방문해 본인들의 구글닷컴 이메일 주소를 제출하고 향후 수업 계획에 관한 정보를 받을 것이다.

그렇지 않으면, 우리는 다음과 같이 할 수도 있다.

◉ 40퍼센트라는 수치를 유지한다.

◉ 수업료를 낮춰본다(예컨대 1000달러).

이렇게 수정하면 xyz1은 다음과 같은 모습이 될 것이다.

xyz1B : 적어도 40퍼센트의, 샌프란시스코에서 마운틴뷰로 통근하는 구글 엔지니어 중 버스U의 1000달러짜리 수업(회사의 교육비 지원 대상에 해당하지 않음)에 관해 알게 된 사람들은, BusU4Google.com 웹사이트를 방문해 본인들의 구글닷컴 이메일 주소를 제출하고 향후 수업 계획에 관한 정보를 받을 것이다.

그렇지 않으면 xyz2나 xyz3로 옮겨갈 수도 있다. 우리에게는 여러 옵션이 있다. 그런데 우리가 다음 단계에 관해 고민하는 사이, 어떤 일이 벌어진다….

행운의 사건

나는 밥이라는 구글 직원으로부터 다음과 같은 이메일을 받는다.

알베르토 씨, 안녕하세요? 제가 자주 함께 통근을 하는 에밀리라는 친구에게서 버스U의 아이디어에 관해 들었어요. 콘셉트가 정말 마음에 들고 제가 수업을 가르쳐보고 싶어요. 저는 버클리에서 AI 박사학위를 받았고, '기계학습 입문'이라는 10시간짜리 미니 수업(수업평가 4.8/5.0으로 훌륭함)을 이미 버클리와 구글에서 여러 번 진행해본 경험이 있어요. 저한테는 아주 즐거운 경험이 될 테고, 강의료는 주지 않으셔도 됩니다. 언제부터 가능할까요?

나는 공짜로 AI 입문 수업을 가르쳐주겠다는 밥의 이메일에 기쁨을 주체하지 못한다. 사실 너무 좋아서 믿어지지가 않을 정도다. xyz3가 기억날지 모르겠다.

xyz3 : 적어도 10퍼센트의, 샌프란시스코에서 마운틴뷰로 통근하는 구글 엔지니어는, 스탠퍼드대학교의 AI 교수가 가르치는 1주짜리 'AI 입문' 수업을 버스에서 듣기 위해 300달러를 지불할 것이다.

밥은 스탠퍼드대학교의 교수가 아니고 기계학습은 AI 분야의 하위 과목에 불과하지만 이 정도면 상당히 비슷하다고 할 수 있다. 정말 큰 행운이다! 하지만 나는 크게 놀라지는 않는다. 왜냐하면 우리가 생각랜드를 벗어나 내 아이디어를 실제 세상에서 프리토타이핑해보면 이런 일도 생길 수 있다는 사실을 이미 알고 있기 때문이다.

첫 프리토타입에서 나온 데이터를 검토하고 이런 새로운 상황 전개를 고려한 나는 새로운 행동 방향을 정한다. 나는 밥을 만나 보고 xyz3를 다음과 같이 수정한다.

xyz3A : 적어도 10퍼센트의, 샌프란시스코에서 마운틴뷰로 통근하는 구글 엔지니어는, 동료 구글 직원이 가르치는 1주짜리 '기계학습 입문' 수업을 버스에서 듣기 위해 300달러를 지불할 것이다.

다음으로 나는 지역 운수회사 몇 곳에 전화를 걸어 샌프란시스코에서 마운틴뷰까지 적당한 40인승 버스를 (운전기사까지 함께) 전세 내는 데 드는 비용이 대략 하루 1000달러, 일주일에 5000달러라는 사실을 알게 된다. 그리고 이들 버스 중에는 이미 TV 스크린을 갖춘 것도 있어서 강사가 슬라이드를 보여주거나 전자 칠판을 사용할 수도 있다는 사실을 알게 된다. 좋았어.

나는 일주일짜리 AI 수업에 적어도 20명이 (1인당 300달러에) 등록한다면 버스 임차료를 낼 수 있고, 이런 서비스를 운영하는 귀중한 경험도 할 수 있을 뿐만 아니라, 밥의 시간과 헌신에 대한 비용도 지불할 수 있다는 계산을 한다. 이전 실험에서 나온 '나만의 데이터'에 기초해서 나는 200명의 구글 직원에게 이메일을 보낸다면 적어도 10퍼센트는 이런 수업에 등록할 거라고 추정한다.

더 많은 사람이 등록하면 더 좋을 것이다. 버스는 40명까지 수용할 수 있으니까.

나는 베스에게 밥의 제안에 대해 이야기하고 새로운 계획을 설명한다. 베스는 깊은 인상을 받고 앞서보다 더 열정적이 된다. "직원들이 서로 다른 직원에게 무언가를 가르쳐준다는 생각이 정말 좋네요." 밥 교수와 함께 가능한 날짜를 확정한 후 나는 첫 번째 실제 수업 목록을 웹사이트에 게재하고 등록 페이지와 결제 페이지를 추가한다.

다음날 베스는 구글 직원 200명에게 이메일을 보내서 수업 내용과 300달러의 비용, 스케줄 등을 설명한다. 이메일은 이 수업이 구글에서 인가한 서비스가 아니고 신생 기업에서 파일럿 프로그램으로 마련한 것이며, 구글의 교육비 지원 요건을 충족시키지 않는다는 사실을 분명히 밝힌다.

이틀도 안 되어 48명이 수업에 등록하고 결제한다! 우리는 첫 수업을 매진시켰을 뿐만 아니라 8명의 대기인 리스트까지 갖게 됐다. 이것은 24퍼센트(200명 중에 48명)의 응답률이므로, xyz3A에 대해서 추정했던 10퍼센트보다 상당히 높은 것이다. 상황이 상당히 좋아 보인다.

이제 버스U의 은행계좌에는 1만 4400달러가 들어 있다. '적극적 투자 점수'로 환산하면 1만 4400점이다(수업료 300달러당 300점 곱하기 학생수 48명). 내가 좋아하는 종류의 '나만의 데이터'가 상당히 많이 모인 셈이다. 이 첫 고객들은 상당히 많은 시간도 투자하는 셈이다(더 많은 적극적 투자). 하지만 어차피 이는 출퇴근 시간을 사용하는 것이기 때문에 보수적으로 해석해서 '적극적 투자 점수'는 부여하지 않기로 한다. 이제 버스에 승차할 시간이다!

나는 전세 버스를 예약한다. 2주 후 비 오는 월요일 아침 8시 30분, 전세 버스가 첫 번째 버스U 수업을 신청한 35명의 학생을 태우고 샌프란시스코를 떠난다. 왜 35명일까? 3명은 마음을 바꾸어서 환불을 요청했기 때문에 수업에 참석하지 못했다. 2명은 늦게 도착해서 버스를 놓쳤다. 안타깝게도 대기자 목록에 있던 사람들로 그 자리를 채우기에는 너무 늦은 시점이었다. 환불을 해주고도 프리토타입 비용을 감당하기에 충분한 돈이 남는다. 하지만 이 아이디어를 계속 추진하려면 이런 상황에 대처할 환불 정책과 버스를 놓쳤을 때의 정책을 마련해야 할 것이다. 어쩌면 항공사와 비슷한 정책을 사용해서 5퍼센트 또는 10퍼센트의 예약자를 더 받을 수도 있다. 이런 것들은 실제 세계에서만 알아낼 수 있는 귀중한 교훈들이자 프리토타입을 실시해봐야만 수집할 수 있는 데이터다.

긍정적으로 생각하면 그 주의 나머지 날들은 아주 순조롭게 진행됐다. 35명의 학생은 일주일짜리 코스를 끝내고 버스U의 첫 수료증을 받았다.

다음은 뭘까? 첫 번째 실험은 성공했으나 우리에게는 더 많은 데이터가 필요하다. 특히 버스U에 대한 '처음의' 관심이 '지속적인' 수준의 흥미로 전환될 것인지에 관해 알아야 한다. 대부분의 사업은 사업이 성공하고 수익을 유지하려면 반복적으로 찾아오는 고객이 필요하고, 버스U도 예외는 아니다. 우리의 첫 고객 중에 과연 몇 퍼센트가 다음 수업에 등록할까?

새로운 데이터, 새로운 결정

보통 수업이 끝나고 나면 학생들에게 질문지를 돌려서 수업자료 및 강사에 대한 평가를 받는다. 여기에 더해 이런 설문조사는 다음과 같은 것도 묻는다. "버스U에서 다른 수업도 받을 생각이 있습니까?" "버스U를 동료들에게 추천하시겠습니까?" 이쯤 되면 "~하시겠습니까?"라는 질문에 대한 답이 흥미로운 인사이트를 일부 제공할 수는 있어도 '데이터'는 아니라는 것을 여러분도 알 것이다. 왜냐하면 이런 질문에 대한 답은 적극적 투자를 포함하고 있지 않기 때문이다. 그래서 밥과 나는 아무런 투자가 개입되지 않는 가상적 질문을 하는 대신, 첫 수업에 참석한 학생들을 대상으로 다음번 수업에 대한 두 가지의 '적극적 투자' 옵션이 포함된 이메일을 보내기로 한다.

옵션 1 : 3000달러에 10주짜리 AI 수업 완결 코스(당초의 계획대로)

옵션 2 : 300달러에 일주일짜리 후속 수업 '기계학습 201'

그리고 피드백이나 제안이 있으면 알려달라고도 한다.

이틀 후 우리는 새로운 데이터를 접한다.

◎ 21명이 후속 수업에 등록했다.

  대단한 결과다. 학생들 중 절반 이상이 우리 서비스를 다시 찾고 싶
  어 했다.

◎ 3000달러짜리 10주 수업에는 아무도 등록하지 않았다.

◎ 학생들 대다수는 아침 수업이 즐겁고 많은 것을 얻을 수 있었으나
  저녁 수업은 따라가기가 훨씬 더 힘들었다고 언급했다. 하루 종일
  일하고 나서 지친 상태에서는 집에 가는 차 안에서 쉬고 싶다고 했
  다. (밥 역시 저녁 수업을 가르치는 것이 훨씬 힘들었다고 했다. 밥도 저녁
  에는 지쳐 있었기 때문이다.)

아이디어를 생각랜드 밖으로 끄집어내 프리토타입을 해야만
수집할 수 있는 귀중한 '나만의 데이터'의 현실적 사례다. 이 데
이터는 아주 분명하게 말하고 있었다. 우리가 처음에 생각했던
3000달러짜리 10주 수업보다는 300달러짜리 일주일 수업이 훨
씬 더 인기가 있을 것이며, 스케줄을 잡고 계획을 세우고 판매하
기도 훨씬 쉬울 것이라고. 게다가 아침 강의는 효과가 좋았으나

저녁 강의는 학생이나 강사 모두에게 힘들다는 사실도 알게 됐다. 하루가 끝날 즈음에는 다들 지쳐 있기 때문이다.

이후 6주 동안 우리는 일주일짜리 수업을 가지고 프리토타이핑 실험을 두 번 더 실시한다. 한 번은 구글 직원, 다른 한 번은 링크트인 직원을 대상으로. 새로운 실험에서 나온 결과들은 xyz3A와 동일선상에 있고 이 가설이 옳다는 사실을 확인해준다. 그렇다면 우리의 가설이 이제는 '데이터'로 격상될 수 있고, 우리가 첫 번째 '나만의 데이터'를 갖게 되었다는 뜻이다.

'나만의 데이터' 1 : 600명의 샘플 중에 132명(22퍼센트)의, 샌프란시스코에서 마운틴뷰로 통근하는 구글 및 링크트인 엔지니어가, 300달러를 내고 AI에 관한 일주일짜리 버스U 수업을 들었다.

이 '나만의 데이터'에는 거의 4만 달러의 적극적 투자가 개입됐다(300달러 곱하기 132).

게다가 프리토타이핑 과정에서 우리는 추가적으로 귀중한 '나만의 데이터'를 얻었는데 다음과 같은 내용들이다.

'나만의 데이터' 2 : 132명 중에서 0명(0퍼센트)의, 일주일간 진행된 버스U의 300달러짜리 AI 관련 수업을 들은 사람이, 3000달러짜리 10주 수업에 등록했다.

'나만의 데이터' 3 : 48퍼센트의, 일주일간 진행된 버스U의 300달러짜리 AI 관련 수업을 들은 사람이, 같은 가격의 다른 일주일짜리 수업에 등록했다.

'나만의 데이터' 4 : 약 12퍼센트의 등록 학생이 첫 수업을 놓치고 환불을 요청할 것이다.

'나만의 데이터' 5 : 89퍼센트의 학생이 아침에만 수업받는 것을 선호한다.

그들의 데이터나 의견, 온갖 검증되지 않은 가정에 기초해서 버스U에 관한 사업 계획서를 쓰느라 시간을 낭비하는 대신에 우리는 그 시간을 정말로 사업 기회가 존재한다는 것을 증명해줄 데이터 수집에 투자했다. '사업 계획서를 쓰기 전에, 사업 기회가 있는지부터 확인하라.'

다음은?

'나만의 데이터'가 말하는 내용은 분명하다. 첨단기술과 관련된 직업을 가진 사람들 중에 상당수가 버스U의 일주일짜리 수업에 관심을 갖고 있다. 그러나 더 긴(그리고 훨씬 더 비싼) 수업에는 관심이 없다. 따라서 적어도 지금은 10주에 3000달러짜리 수업을 제공하는 아이디어(아이디어 1)는 폐기해야 한다. 대신에 우리는 일주일에 300달러짜리 수업(아이디어 2)에 집중하기로 한다. 하지만 당초 계획에 약간의 수정이 필요하다. 정식 강의는 아침 통근 시간으로 한정할 것이다. 그리고 저녁 통근 시간은 더 편안하고 비공식적인 시간 및 강사와의 Q&A 시간으로 활용할 것이다.

우리는 XYZ가설과 xyz가설을 업데이트하고 몇 번의 프리토타이핑 실험을 더 실시해서 이 새로운 사업 모델을 검증한다. 그 과정에서 우리는 더 많은 '나만의 데이터'를 수집하고 추가적인 교훈을 배운다(예컨대 버스에서 커피와 간식을 판매하면 학생당 60달러를 더 벌 수 있다든지). 다섯 번의 실험 후에 300달러짜리 버스U 사업 모형(아이디어 2)의 될놈척도를 나타내면 다음과 같다.

성공 가능성

매우 높음 (~90%)	← 아이디어 2 ← 아이디어 2 ← 아이디어 2
높음 (~70%)	← 아이디어 2 ← 아이디어 2
50/50 (~50%)	
낮음 (~30%)	
매우 낮음 (~10%)	시장 실패의 법칙 →

새로운 버전의 버스U는 '될 놈'일 가능성이 높아 보인다. 그렇지 않은가?

버스U 사례와 관련한 몇 가지 유의점

8장을 마치기 전에 이 사례와 관련해 몇 가지 중요한 점을 짚고 넘어가려고 한다.

유의점 1: 아이디어를 검증하는 과정에서 우리는 적극적 투자가 포함된 직접 데이터('나만의 데이터')를 수집했다. 이 데이터는 우리가 벤처캐피털의 투자를 받으려는 경우 강력한 사업 근거가 되어줄 것이다.

◎ 희망과 과대 포장, 환상 속의 5개년 재무 전망 같은 것들로 채워진 생각랜드 기반의 사업 계획이 아니라 실질적 비용과 실제 매출, 실제 이익, 직접적 투자가 개입된 무시하기 힘든 피드백 등을 보여줄 수 있다(예컨대 '수업을 들었던 학생의 48퍼센트는 적어도 하나의 다른 수업에 등록했다' 등).

◎ 몇 개의 수업을 성공적으로 완료함으로써 우리가 이런 사업을 어떻게 운영하는지 알고 있다는 사실을 증명했다(우리가 이 아이디어

를 유능하게 실행할 수 있다는 것, 제대로 만들 수 있다는 것).

◎ 우리 자신이 이 아이디어 테스트에 적극적으로 투자(시간과 돈)하고 많은 난관과 장애물을 극복함으로써 결의와 회복력을 보여주었다.

◎ 마지막으로, 우리가 수집한 데이터를 반영해 최초의 비전과 사업 모형을 조정함으로써 우리가 유연하고 기민하게 시장에 대응한다는 사실을 증명했다. 이 두 가지는 오늘날처럼 빠르게 변화하는 시장에서 성공하기 위해 반드시 필요한 특징들이다.

잠재적 투자자에게 이런 데이터와 증거를 제시할 수 있는 팀은 투자를 받을 가능성이 크게 증가할 뿐만 아니라 더 높은 평가를 요구할 수 있는 강력한 위치에 있게 된다.

유의점 2: 이 사례는 우리의 접근법을 보여주기 위한 가상의 시나리오지만, 사실 실화에 근거하고 있다. 실제로 나는 통근길 차가 막혔을 때 버스U의 아이디어를 떠올렸고 한동안 진지하게 사업을 시작할까 고려했다. 게다가 내가 설명한 사항들은 모두 그럴듯하고 실행 가능하다. 구글은 실제로 직원들에게 무료 통근 버스를 제공하고 있고, 일부 교육비를 지원해주며, 전세 버스는 하루 1000달러 정도면 빌릴 수 있다. 기꺼이 이 수업을 맡아줄 AI 전문가도 분명히 찾을 수 있을 것이다.

유의점 3: 이 사례는 해피엔딩 쪽을 가리키고 있지만 이 아이디어의 최초 버전은 그렇지 않았다. 당초 계획대로 3000달러의 10주짜리 인가된 수업을 전속력으로 추진했다면 버스U 사업은 망했을 것이다! 최초의 버스U 아이디어는 '안 될 놈'이었다. '될 놈' 버전의 버스U 사업을 찾아낸 것은 테스트와 수정을 통해서였다.

유의점 4: 버스U를 예로 든 것은 우리가 배운 도구와 전략들이 어떻게 결합될 수 있고, 사안이 어떤 식으로 펼쳐질 수 있는지 가능한 시나리오를 보여주기 위해서였다. 구체적인 사건의 전개나 결과는 사안에 따라 달라질 것이다. 그러나 일반적으로 말하면, 여러분의 목표는 대강의 아이디어에서 테스트 가능한 가설로, 실험으로, 데이터로 옮겨가, 결국에는 제대로 된 데이터를 바탕으로 다음 단계에 대한 결정을 내리는 것이다. 여러분이 얻는 데이터의 성격과 질에 따라 다음 단계는 아이디어나 가설에 대한 사소한 수정이 될 수도 있고 아이디어의 완전한 폐기가 될 수도 있다. 또 운이 좋다면 여러분의 아이디어가 '될 놈'이라고 결정나 그대로 추진될 수도 있다.

9장

마지막 당부

나는 다음과 같은 불길한 경고로 이 책을 시작했다.

놈이 기다리네요. 끈덕지게.

틀림없이 금세 먹잇감을 찾아낼 겁니다. 늘 그래왔으니까.

저 이빨을, 저 촉수를 누구도 벗어나지 못합니다.

이렇든 저렇든 실패라는 야수가 우리 모두를 덮칠 겁니다.

저 음침한 말들은 스타트업이 실패한 직후에 내가 노트에 끼적
여둔 것이다. 어떻게 그런 일이 일어났는지 이해해보려고 안간힘
을 쓰다가 펜에서 그냥 술술 흘러나온 말이었다. 짐작이 가겠지
만 당시 나는 기운이 흘러넘치지는 않았다. 나는 두 가지 이유로

어둡고 비통한 날들을 보냈다. 한 가지 이유는 분명했으나 다른 하나는 그렇지 않았다.

내가 울적했던 분명한 이유는 믿기지 않을 만큼 전도유망하게 시작했던 우리 회사가, 전 세계에서 가장 성공한 벤처캐피털 세 곳에서 거의 2500만 달러(약 300억 원)를 투자받은 우리 회사가, 수십 명의 최고 인재가 5년간 공들여 일한 회사가 문을 닫고 팔려 나가야 한다는 사실이었다. 나를 비롯해 우리 회사와 관련된 수 많은 이들은 너무나 아프고 당황스러워했다. 하지만 나는 우리 모두가 다시 일어나 다음 생을 살아갈 것임을 알고 있었다.

투자자, 이사회, 변호사들과의 마지막 회의는 재미있었다고까지는 말할 수 없지만, (이 정도로 큰 실패를 처음 맛보았던 내가) 생각했던 것만큼 끔찍하지는 않았다. 소리를 지르는 사람도, 화를 내는 사람도, 누구를 탓하는 사람도 없었다. 대신에 그날 회의의 전반적 분위기는 실망과 이해와 (놀랍게도) 놀랍지 않은 듯한 표정들이 어우러진 것이었다. 투자자도, 이사들도, 변호사들도 똑같은 시나리오(뛰어난 아이디어＋훌륭한 계획＋충분한 자금＋노련하고 강력한 팀원들＋유능한 실행력＝실패)를 이미 여러 번 겪어본 사람들이었다. 그들에게는 이게 정상이었다. 대부분의 스타트업은 실패한다. 아주 전도유망하고 확실해 보인다고 하더라도 말이다. 웹밴도 있지 않은가?

스타트업의 실패에 관한 통계는 나도 알고 있었다. 하지만 어쩐지 그런 암울한 확률은 우리 회사와는 아무 관련이 없을 것 같았다. 절대로 우리한테는 적용될 수 없을 것 같았다. 먼저 우리는 기술적으로 철저한 주의를 기울였고, 시장조사를 했으며, 훌륭한 사업 계획서를 썼고, 훌륭한 투자자로부터 자금 지원을 받았다. 그런 다음 놀라운 팀원들을 모아서 우리가 만들겠다고 했던 그 제품, 시장이 원하고 필요로 하고 분명히 살 거라고 말했던 바로 그 제품을 만들었다. 다시 말해 우리는 빠짐없이 모든 것을 체크했다.

그런데 왜 이래?! 왜 실패야?! 나는 도무지 이해되지 않았다.

그게 바로 내가 우울했던 두 번째 근본적 이유(덜 분명하지만 더 깊고 오래 지속되었던)였다. 그 시기를 칠흑같이 어둡게, 그토록 속속들이 비통하게 만들었던 것은 내가 세상에 관해 깊숙이 품고 있던 몇 가지 믿음이 산산이 부서져 내렸기 때문이다. 내가 목격하고 배우고 믿고 흉내 냈던 '성공 공식'이 나를 배반했다. 마치 어느 날 갑자기 2 더하기 2는 더 이상 4가 아닌 게 되어버린 기분이었다.

처음에 나는 상실감과 절망, 배신감을 느꼈다. 그다음에는 나의 첫 대형 실패에서 느낀 충격과 고통이 서서히, 그러나 꾸준히, 좀 더 건강한 것으로 바뀌어갔다. 어쩌다가 이런 일이 일어났는지 이해하고 싶은 열망이 생겼다. 이것은 비단 우리 회사뿐만이 아니라 새로운 아이디어를 세상에 내놓으려는 사람이라면 누구에게나 일어날 수 있는 일이었다. 나는 이 부분을 완전히 이해해서 다시는 이런 일이 일어나지 않게 막고 싶었다. 서문에서 언급한 것처럼 실패라는 야수가 나를 콱 깨물었고 나는 반격을 결심했다. 아니면 적어도 최악의 상처는 입지 않도록 갑옷을 두르고 나를 방어하는 법을 배우기로 했다.

나는 우리가 어디서 어떻게 잘못됐는지 알아낼 것이다. 앞으로는 그런 오류를 막을 방법을 찾아내서 세상과 공유할 것이다. 이 책은 그래서 나왔다.

결론을 이야기하는 이번 장은 내가 그렇게 찾아낸 내용들을 다시 한 번 되새기고 요약하고, 가장 중요한 점들을 강조하고 반복하며, 몇 가지 중요한 조언과 응원의 말로 마무리하려고 한다.

요약

1부 복습 : 불변의 사실

1부에서 나는 다음과 같은 명령문을 이 책의 지침으로 제시했다.

제대로 만들기 전에,

'될 놈'을 만들어라.

'될 놈'을 찾으려면 몇 가지 준엄한 팩트를 받아들여야 한다.
이것들은 받아들이기도 힘들고, 피하기도 힘들고, 바뀌기도 힘들
다는 점에서 준엄하다. 모든 팩트의 어머니는 '시장 실패의 법칙'
이다.

대부분의 신제품은 시장에서 실패한다.
유능하게 실행해도 마찬가지다.

시장에 출시되는 대부분의 신제품이 실패하는 이유는 그것들
이 '안 될 놈'이기 때문이다. 안 될 놈이란 '유능하게 실행해도 시
장에서 실패할 신제품 아이디어'로 정의된다.
그다음 준엄한 팩트는 다음과 같다.

아무리 디자인이 뛰어나고 엔지니어링이 절묘하고 마케팅이 화려해도
'안 될 놈'이 실패라는 괴수에게 잡아먹히는 것을 막을 수는 없다.

코카콜라나 디즈니, 구글처럼 전 세계에서 가장 성공한 기업들
조차 신제품이 시장에서 자주 실패하는 이유는 바로 이 두 번째
팩트 때문이다. 이렇게 전문가급 기업들이 내놓은 신제품조차 실

패하는 이유는 그것들이 잘못된 '전제'에 기초하고 있기 때문이다. 시장이 관심을 갖지 않으면 그것들이 아무리 잘 설계되고 만들어지고 마케팅되어도 아무 소용이 없다.

다음으로 나는 이 책의 영웅을 소개했다. '될 놈'이란 '유능하게 실행할 경우 시장에서 성공할 신제품 아이디어'다. 여기서 세 번째 팩트가 나온다.

성공할 수 있는 유일한 기회는

유능한 실행력에 '될 놈'인 제품을 결합하는 것이다.

그런데 실제로 만들기 전에 어느 제품이 '될 놈'인지를 어떻게 알까? 아직 존재하지도 않는 제품을 시장이 원할지 어떻게 결정할까? '이 제품을 원하는지, 나중에 사겠는지 사람들한테 물어본다'라는 대답은 겉으로는 논리적으로 보일지 몰라도 참사를 불러올 완전히 틀린 답이다.

안타깝게도 생각랜드에서 떠올리고 수행하는 이런 식의 접근법은 데이터가 아니라 '의견'을 내놓는다. 사람들의 의견은 (소위 전문가라는 이들의 의견까지 포함해서) 믿을 만한 성공 지표가 아니다. 우리의 사고 과정과 결론이 틀림없이 인지 오류와 편향에 의해 왜곡되기 때문이다. 생각랜드에서는 '안 될 놈'에 해당하는 수많은 아이디어가 표적 시장으로부터 열렬한 '좋아요'를 받고(긍정 오류), '될 놈'에 해당하는 수많은 아이디어가 시시하거나 터무니없다는 이유로 무산된다(부정 오류).

따라서 신제품 아이디어를 검증할 때는 사람들의 생각이나 말, 약속에 의존해서는 안 된다. 우리는 다음의 네 번째 팩트를 인식하고 실천함으로써 생각랜드의 요괴들로부터 탈출해야 한다.

의견보다 데이터다.

하지만 오래된 아무 데이터나 쓸 수 있는 것은 아니다. 특히나 '그들의 데이터'에 의존해서는 안 된다. '그들의 데이터'는 결코 의존할 것이 못 된다. 왜냐하면 다른 시기에, 다른 사람들에게, 다른 제품에 일어난 일이 반드시 우리 신제품 아이디어에도 일어나는 것은 아니기 때문이다.

그래서 그다음 팩트는 우리에게 필요한 데이터가 어떤 종류인지 구체적으로 알려준다.

우리는 '나만의 데이터'를 수집해야 한다.

만약 '의견보다 데이터'이고, '그들의 데이터'보다 '나만의 데이터'라면, '나만의 데이터'는 내 아이디어의 성공 가능성에 대한 다른 어떤 데이터나 문헌들보다 더 우월하다는 뜻일까? 바로 그렇다! 단연코 그렇다! '나만의 데이터'는 그 모든 것보다 우선한다. 단, '나만의 데이터'가 엄격하고 객관적으로 수집되고, 필터링되며, 분석되었어야 한다.

마지막 팩트는 데이터의 질을 담보하는 내용이다.

어느 시장 데이터가 '나만의 데이터'의 요건을 충족시키려면 반드시 어느 정도의 적극적 투자가 개입되어야 한다.

우리 신제품에 관심이 있는지, 앞으로 살 것 같은지 단순히 시장에 물어보고 그렇게 나온 답을 곧이곧대로 믿어서는 안 된다. 그런 말이나 약속은 뭔가 가치 있는 것으로 뒷받침되지 않으면 안 된다. 그 가치 있는 것은 돈이면 가장 좋다. 돈은 가장 보편적이고 계량화하기 쉬운 형태의 적극적 투자이기 때문이다. 그런데 아직 제품을 만들기도 전에 내 아이디어가 '될 놈'인지를 결정하기 위해 '나만의 데이터'를 수집하는 경우 생기는, 닭이 먼저냐 달걀이 먼저냐 하는 문제는 어떻게 해결할까? 2부에 있는 도구들을 사용해야 한다.

2부 복습 : 쓸모 있는 데이터를 수집하는 방법

팩트 세례가 실컷 쏟아진 후에 처음으로 좋은 소식이 나온다. '나만의 데이터'는 시장에서의 잠재적 성공 가능성을 따져볼 수 있는 가장 믿을 만하고 중요한 지표일 뿐만 아니라, 쓸모없는 의견이나 철 지난 '그들의 데이터'보다 빠르고 값싸고 재미있게 수집할 수 있다는 장점이 있다. 제대로 된 도구만 있으면 된다.

사고 도구

믿을 만한 '나만의 데이터'를 찾기 위한 첫 번째 단계는 생각랜드에서 들러붙은 모호함(막연한 설명, 암묵적 가정 등)을 제거하고, 최대한 정확하고 분명하게 아이디어를 표현하는 것이다. 특히 팀을 이루어 작업할 때 이 첫 단계가 중요하다. 왜냐하면 팀원들 간에 생각의 차이가 있는지 확인하고 조정할 수 있게 도와주기 때문이다.

　모든 신제품 아이디어 뒤에는 시장 호응 가설이 있다. 시장 호응 가설이란 시장이 우리 제품에 어떻게 호응할 거라고 우리가 가정하는지(희망하는지)를 고차원적으로 설명한 것이다. 예를 들어 '하루 지난 초밥'의 경우 시장 호응 가설은 다음과 같았다.

초밥을 충분히 저렴하게 만든다면 많은 사람이 덜 신선한 초밥을 구매할 것이다.

시장 호응 가설은 반드시 필요한 출발점이기는 하지만, 보통 너무 막연해서 사용할 수가 없다. 우리는 '숫자로 이야기'해야 한다. '적어도 X퍼센트의 Y는 Z할 것이다'라는 형식을 이용해서 애매모호한 시장 호응 가설을 명료한 XYZ가설로 바꾸어야 한다.

적어도 20퍼센트의 포장 초밥 구매자는 가격이 절반일 경우 '하루 지난 초밥'을 시도해볼 것이다.

마지막으로 우리는 빠르고 값싸게 테스트해볼 수 있도록 일반적인 XYZ가설을 더 작은 xyz가설 여러 개로 바꾸어야 한다. 예를 들면 다음과 같다.

적어도 20퍼센트의, 오늘 점심으로 학교 카페테리아 포장 초밥을 구매한 학생은 가격이 절반일 경우 '하루 지난 초밥'을 선택할 것이다.

간단한 세 단계를 통해 우리는 막연하고 고차원적인 아이디어를 분명하고 쉽게 테스트할 수 있는 가설로 바꾸었다. 이제 xyz가설로 무장한 우리는 신제품 아이디어를 표적 시장에서 테스트할 준비가 됐다. 아직까지 가설을 검증할 때 사용할 제품은 없지만, 프리토타이핑을 이용하면 제품 없이도 검증을 진행할 수 있다.

프리토타이핑 도구

프리토타이핑은 아이디어 검증에서 핵심적인 역할을 할 수 있다.

프리토타이핑은 전통적인 시제품(prototypes)과는 다르다. 시제품은 통상 어떤 아이디어를 구현할 수 있는지, 가장 잘 구현할 수 있는 방법은 뭔지, 기대하는 성능을 낼 수 있는지 확인하기 위해서 설계하고, 만들고, 사용한다. 반면에 프리토타입은 아주 중요한 단일 목적, 즉 시장 호응 가설을 검증하는 목적만을 위해 만든다.

시제품이 답해주는 핵심 질문은 이것이다. '우리가 이걸 만들 수 있나?' 반면에 프리토타입은 전혀 다른 질문에 답해준다. '우리가 이걸 만들어야 하나?' 프리토타이핑을 이용하면 빠르고 저렴하게 이 질문에 대한 답을 찾을 수 있다. 전통적인 시제품은 개발에만 수백만 달러의 비용과 함께 몇 주, 몇 달, 몇 년이 걸리는 반면 프리토타이핑 실험은 적은 비용으로 몇 시간, 며칠 만에 데이터를 내놓을 수 있다.

프리토타이핑 기법에는 미캐니컬 터크, 피노키오, 가짜 문, 외관, 유튜브, 하룻밤, 잠입자, 상표 바꾸기 등이 있다. 하지만 이것들은 아이디어를 프리토타입할 수 있는 수많은 효과적이고 효율적이고 재미난 방법 중에 몇 가지일 뿐이다. 어떤 신제품 아이디어든 프리토타이핑을 통해 몇 시간 내에 '나만의 데이터'를 얻을 수 있는 훌륭한 방법이 적어도 하나는 있다. 위에 나열한 것들을 기본 기법 삼아 여러분의 아이디어에 딱 맞게 수정하고, 조정하고, 결합해서 사용하라. 여러분만의 기법을 새로 고안해 실험해 보고 거기에 이름까지 붙인다면 더 좋다(예컨대 마이크의 매직카펫 프리토타입).

분석 도구

잘 설계한 프리토타이핑 실험을 몇 번 수행하고 나면 여러분에게
는 마침내 가장 귀중하고 중요하고 믿을 만한 데이터가 생긴다.
여러분의 표적 시장으로부터 얻은 따끈따끈한 '나만의 데이터'
말이다. 하지만 신선한 '나만의 데이터'가 생긴 것만으로는 충분
하지 않다. 이것들의 점수를 매기고 해석해야만 어떤 의사결정의
기초가 될 결론을 도출할 수 있다. '적극적 투자 지표'와 '될놈척
도'라는 분석 도구를 활용하면 여러분이 수집한 '나만의 데이터'
를 엄격하고 객관적으로 가늠하고 분석하고 해석할 수 있다.

적극적 투자 지표를 이용하면 적극적 투자가 얼마나 동반되느
냐를 기준으로 여러분이 수집한 데이터에 적절한 점수를 할당할
수 있다. 예를 들어 250달러어치의 선주문은 대기자 명단에 오르
기 위한 보증금 50달러보다 큰 점수를 받아야 하고, 보증금은 이
메일 주소 제출보다는 큰 점수를 받아야 한다. 물론 '의견'의 점수
는 '0'이다. '좋아요'나 댓글도 마찬가지다.

될놈척도는 각 프리토타이핑 실험에서 나온 결과를 XYZ가설
및 xyz가설에 견주어 내 아이디어가 '될 놈'일 가능성이 얼마나
되는지 판단하게 도와주는 그래픽 도구다. 될놈척도는 '매우 높
음'부터 '매우 낮음'까지 5단계로 구성된다. 그리고 대부분의 신제

품 아이디어는 시장에서 실패한다는 사실을 상기시키기 위해 바닥에는 시장 실패의 법칙을 나타내는 커다란 검은색 화살표가 '매우 낮음'을 가리키고 있다. 이 화살표는 한두 개의 고무적인 실험만으로는 최초의 확률을 지울 수 없다는 사실을 일깨워준다.

대부분의 새로운 아이디어는 실패하기 때문에 만약 여러분이 실험을 객관적으로 설계하고 결과를 공정히 평가했다면 첫 될놈 척도에서 '낮음'이나 '매우 낮음'이 나왔다고 해도 놀랄 필요는 없다. 하지만 계속 해나가다 보면 결국에는 될놈척도에서 아이디어 화살표가 '높음'이나 '매우 높음'을 가리키는 것을 보게 될 것이다. 물론 '보장'은 없다. 하지만 주의 깊게 객관적으로 그리고 공정하게 여러 도구를 적용하고 데이터를 판단했다면 긍정적 될놈척도가 나왔을 때 아이디어 개발의 다음 단계로 넘어가도 좋을 것이다. '제대로 만드는' 단계 말이다.

3부 복습 : 유연한 전략

이 책의 도구를 좀 더 효율적이고 효과적으로 사용할 수 있게 해주는 여러 전략으로는 '생각은 글로벌하게, 테스트는 로컬하게', '내일보다는 오늘 테스트하는 게 낫다', '싸게, 더 싸게, 제일 싸게 생각하라' 등이 있다. 이런 전략들은 데이터까지의 거리와 시간, 비용을 최소화하는 방향으로 실험을 설계하라고 알려준다. 마지

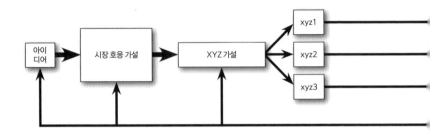

막 '고치고 뒤집고 다 해보고 그만둬라' 전략은 처음의 실험에서 나온 '나만의 데이터'가 실망스럽더라도 아이디어를 폐기하기 전에 고쳐보는 것이 중요하다고 말한다. 아이디어의 첫 번째 버전은 '안 될 놈'이었더라도 몇 군데만 손보면 '될 놈'이 될지도 모른다. 그러니 테스트하고, 고치고, 반복하라.

마지막에 나온 종합 사례, 즉 통근 버스에서 수업을 하는 버스U 사례는 이 책이 소개한 많은 도구와 전략을 어떻게 적용하고, 결합하고, 실행할지 보여준다. 우리는 아이디어에서 출발해 가설로, 실험으로, 의사결정으로 옮겨갔다. 사례는 현실적이었고 예기치 못한 난관이나 기회도 군데군데 끼어들었다. 이런 것들은 여러분이 실험을 진행하면서 시장에 관해 알게 된 사실에 따라 얼마든지 최초 아이디어를 수정하고 계획을 바꿔도 된다는 것을 보여준다. 아니, '그래도 된다'가 아니라 '그렇게 해야 한다'.

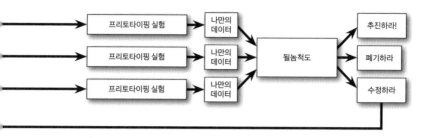

보장되는 것은 아무것도 없다

휴, 지금까지 정말 많은 내용을 다루었다. 다 따라가기에는 많아 보일 수도 있다. 혹시 더 짧게 혹은 더 간단하게 쓸 수 있었다면 나도 그렇게 했을 것이다. 흔히 알베르트 아인슈타인이 했다고 전해지는 말처럼 "모든 것은 최대한 간단하게 만들어야 하지만, 그 이상은 아니다". 그러나 이 책의 내용은 각 단계가 논리적 순서를 따르고 있기 때문에 기억하기 쉬울뿐더러 몇 번만 직접 해본다면 자동적으로 나올 만큼 익숙해질 것이다.

① 아이디어로 시작한다.

② 시장 호응 가설을 확인한다.

③ 시장 호응 가설을 '숫자로 이야기하는' XYZ가설로 바꾼다.

④ 범위 축소를 통해 더 작고 테스트하기 쉬운 xyz가설을 여러 개 만

든다.

⑤ 프리토타이핑 기법을 이용해 실험을 실시하고 '나만의 데이터'를 수집한다.

⑥ 될놈척도 및 적극적 투자 지표를 이용해서 '나만의 데이터'를 분석한다.

⑦ 다음 단계를 결정한다.

   a. 추진하라! 여러분의 아이디어가 '될 놈'인지 100퍼센트 확신할 수는 없는 법이다. 하지만 위험을 감수할 정도로 '나만의 데이터'가 유망해 보인다.

   b. 폐기하라. 여러분은 아이디어를 너무나 성공시키고 싶겠지만, 여러분의 '나만의 데이터'는 끝내 그렇지 못할 거라고 말하고 있다.

   c. 수정하라. 아이디어를 테스트하는 과정에서 여러분의 표적 시장이나 제품에 대한 시장 호응 가능성과 관련해 귀중한 사실을 여럿 알게 됐다. 망설이지 말고 그렇게 알게 된 사실에 맞춰 최초의 아이디어(혹은 가설)를 수정하라. 최초 아이디어에 대해서는 시장의 관심이 충분치 않은 것으로 밝혀졌더라도 그와 관련된 다른 아이디어에 대해서는 시장이 큰 관심을 가질 수도 있다. 혹은 아이디어를 완전히 뒤집어서 뭘 생각해낼 수 있는지 보라.

유능한 실행력을 가졌더라도 이 단계들이 시장 성공을 '보장' 해주는 것은 아니다. 가장 전도유망하고 잘 검증된 아이디어조차 시장 실패로 만들어버릴 수 있는 모든 외부 요인을 미리 예측해서 조치를 취하는 것은 불가능하다. 하지만 이 책에서 알려준 것들을 부지런히 따라가고 적용한다면 세 가지는 내가 자신 있게 약속할 수 있다.

'**약속 1 : 실패 가능성을 극적으로 낮출 수 있다.**' 얼마나 극적이냐? 잘 설계된 프리토타이핑 실험을 충분히 실시한다면 결과는 여러분의 가설을 일관되고 강력하게 긍정할 테고, 그 경우 아마도 여러분은 '될 놈'인 아이디어를 찾아냈을 것이다. '될 놈'을 가졌다면 확률은 여러분에게 유리한 쪽으로 뒤집힌다. 80퍼센트 수준의 실패 가능성이 80퍼센트 수준의 성공 가능성으로 바뀌는 것이다. 물론 여러분이 그 아이디어를 유능하게 실행했을 경우다(즉 '제대로 만들었을' 경우). 예견할 수도, 예방할 수도 없는 외부 사건이나 불운으로 인해 최종적으로 실패할 가능성은 여전히 남아 있다. 하지만 그 경우에도 두 번째 약속은 할 수 있다.

'**약속 2 : 실패하더라도 바보가 된 기분은 들지 않을 것이다.**' 아이디어를 제대로 검증하지 않아서 시장에서 실패했다면 바보 같은 기분을 느껴야 마땅하다. 특히나 이 책을 읽은 사람은 그렇게 해서는 안 된다. 하지만 성실하고 객관적으로 시장 테스트를 모두 했는데도 실패했다면 실망과 낙담은 들겠지만 바보 같은 기분은 들지 않을 것이다. 에이스 넉 장(4000분의 1의 확률)을 손에 쥔 포커 플레이어가 크게 베팅을 했다가 상대방이 로열 플래시(7만분의 1의 확률)를 내는 바람에 졌다면 바보 같았던 것이 아니라 극도로 운이 나빴던 것이다.

'**약속 3 : 포기하지 않는다면 결국은 성공할 것이다.**' 이 책 곳곳에서 실패라는 야수와 시장 실패의 법칙에 관해 많은 얘기를 했다. 실패는 이 책의 악당이다. 훌륭한 악당이 으레 그렇듯이 실패는 우리의 관심을 사로잡고 주의를 요구한다. 그러나 시장 성공이 훨씬 적게 일어난다고 해서 '아주 드문' 일은 아니라는 사실을 잊지 말아야 한다. 시장 성공은 100만분의 1의 확률이 아니다. 복권 당첨이 아니다. 그보다 훨씬 더 좋은 확률이다. 만약 신제품의 80퍼센트에서 90퍼센트가 시장에서 실패한다면, 10퍼센트에서 20퍼센트 정도는 성공한다는 얘기다. 그 정도 확률이면 덤벼볼 만하다.

그 말은, 곧 운이 좋다면 여러분이 이 책에서 배운 것을 적용할 경우 5개에서 10개 정도의 아이디어(혹은 최초 아이디어의 변형)를 거쳐야 할 수도 있지만 결국에는 '될 놈'인 아이디어를 찾아낼 거라는 얘기다. 물론 각각의 아이디어(혹은 변형된 버전)에는 이전의 시장 실험에서 알게 된 사실이 반영된다는 전제하에 말이다. 프리토타이핑 실험이 여러분의 가설을 검증하지 못하는 경우조차 여러분은 시장에 관해 뭔가 새로운 것을 배울 수 있을 것이다. 알지 못했던 새로운 팩트, 기회, 자원 같은 것들 말이다. 그리고 여러분이 똑똑하다면 그렇게 새로 알게 된 정보와 자원을 활용해서 다음 단계를 정할 테고, 그러면 '될 놈'을 더 빨리 찾을 수 있을 것이다.

이것은 마치 블랙잭에서 카드를 세는 것과 비슷하다. 이미 나온 카드를 잘 기억했다가 베팅을 조절한다면(남은 카드가 불리해 보이면 베팅 금액을 줄이고, 유리해 보이면 늘리는 식으로) 이길 확률을 여러분에게 유리하게 바꿀 수 있다. 그렇기 때문에 대부분의 카지노에서는 카드를 세는 사람들의 출입을 금지시킨다. 물론 현실 세계는 카지노 게임보다 훨씬 더 복잡하고 예측하기도 훨씬 더 어렵다. 시장에서는 어느 아이디어에 대한 위험이나 보상, 성공 확률이 시시각각으로 변한다(그렇기 때문에 직접 조사한 신선한 데이터, 즉 '나만의 데이터'가 중요하다). 그러나 주어진 시장에서 실험을 통해 데이터를 더 많이 수집할수록 시장 행동을 더 잘 이해하게 되고, '될 놈'인 아이디어로 수렴될 가능성이 더 높아진다는 사실은 바뀌지 않는다.

자, 이제 거의 다 왔다. 하지만 마지막으로 정말, 정말 중요한 주제가 남아 있다.

무엇을 만들 것인가

직접 적용해봤다면 알겠지만, 이 책에서 설명하는 도구와 전략들은 강력한 효과를 지녔다. 제대로 사용한다면 '안 될 놈'은 피하고 '될 놈'을 찾아 성공 확률을 여러분에게 유리한 쪽으로 바꿀 수 있는 힘이 있다. 이것은 결코 사소한 일이 아니다. 실은 남들보다 어마어마하게 유리한 입장이다!

하지만 흔히들 말하듯이 힘에는 책임이 따른다. 그 힘을 여러분은 어떻게 사용할 것인가? 좀 더 정확히 말해, 성공을 어느 정도(80퍼센트 수준이라고 치자) 확신할 수 있다면, 여러분은 어떤 종류의 새로운 아이디어를 만들고 내놓을 것인가?

사소한 질문이 아니다. 실존적 질문이다. 많은 생각이 필요한 질문이다. 왜냐하면 여러분이 '될 놈'을 가졌다고 확신하더라도 여전히 그것을 제대로 만들고 유지하려면 많은 시간과 투자, 노력, 희생, 헌신이 필요하기 때문이다. 이 질문에 온전히 제대로 답하는 것은 이 책의 범위를 넘어서며, 아마도 책 한 권이 따로 필요할 것이다. 그래서 이 질문의 핵심 측면 두 가지만 간단히 다뤄보겠다.

그 아이디어는 여러분을 위한 '될 놈'인가?

그 아이디어는 세상을 위한 '될 놈'인가?

여러분을 위한 '될 놈'이 되게 하라

최고의 아이디어, 그러니까 시장이 엄청난 관심을 보이고 열렬히 반응하는 아이디어는 종종 최고의 노력과 헌신을 요구한다. 알지도 못하는 사이 여러분은 수천 명의 열렬한 고객이 여러분의 (가짜) 문을 두드리고 있는 것을 발견할 수도 있다. 신나는 일이다. 하지만 버거운 일이기도 하다. 여러분이 그 아이디어에 대해 온전한 확신을 갖고 있고 앞일을 모두 준비해둔 게 아니라면, 그런 종류의 성공은 실패보다 더 많은 두통과 고통을 야기할 수도 있다.

사회생활 초년기에 나의 상사 중 한 명이 그런 상황에 딱 맞는 표현을 알려주었다. 그는 그런 상황을 '성공 참사'라고 불렀다. 그는 이렇게 말하곤 했다. "실패가 힘들다고 생각한다면 아직 제대로 성공해보질 않아서 그래." 나 자신이 성공 참사의 시나리오 속으로 들어가보기 전에는 그의 말뜻을 제대로 이해하지 못했다. 그의 말이 맞았다! 실패는 야수지만, 성공 역시 야수가 될 수 있었다. '될 놈'인 아이디어를 찾아내는 게 호랑이의 꼬리를 잡는 격이 될 수도 있다. 테슬라의 일론 머스크처럼 말이다.

내가 이 책을 쓰고 있는 지금, 일론 머스크가 바로 그런 성공 참사를 겪고 있다. 2016년에 테슬라는 오랫동안 기다려온 테슬라

모델3를 발표했다. 테슬라가 내놓는 가장 저렴한 차로, 이전 모델들의 거의 반값이었다. 자사의 입증된 각본에 따라 테슬라는 이 차의 구매 대기자가 되고 싶으면 1000달러를 보증금으로 입금(적극적 투자)하라고 했다. 수십만 건의 선주문이 쏟아져 들어왔다(어마어마한 '나만의 데이터'!). 며칠 만에 모델3의 1년치 생산량이 매진됐지만 주문은 계속 쏟아져 들어왔다. 결국 선주문은 50만 건에 이르렀다. 사람들이 적극적 투자를 보여준 금액만 5억 달러(약 6000억 원)였다. 자동차 산업의 표준에 걸맞지 않은 유례없는 일이었다. 이제 테슬라는 수십만 대의 모델3 제품을 만들어서 배달하기만 하면 됐다. 하지만 갓 시작한 상대적으로 작은 자동차 회사에 이것은 상당히 많은 양이었다.

1년이 지나자 놀랍지 않게도 제조상의 여러 문제로 인해 일정은 많이 지연됐고 자동차는 언제 배송될지가 불확실했다. 테슬라의 은행계좌에 1000달러를 입금했던 많은 사람들이 화를 냈고 언제 자기 차를 받을 수 있는지, 아니 받을 수 있기나 한 건지 알고 싶어 했다. 일론 머스크는 그중 한 명에게 (트위터로) 다음과 같이 대답했다.

알게 되는 즉시 알려드리겠습니다.
제조가 정말 지옥이네요.

또 한 번은 다음과 같은 트윗을 올리기도 했다. "현실은 한없는 희열을 느낄 때도 있고, 끔찍하게 좌절할 때도 있고, 스트레스는 수그러들지 않는다는 것. 내 좌절과 스트레스에 관해서는 사람들도 듣고 싶지 않을 것."

하지만 사람들은 듣고 싶어 했다. 그리고 머스크가 끔찍한 좌절과 수그러들지 않는 스트레스에 어떻게 대처하는지도 알고 싶어 했다. 머스크는 다음과 같이 답했다(강조는 저자). "나보다 더 훌륭한 답들이 분명히 있을 것이다. 나는 그냥 고통을 받아들이고, **내가 하는 일을 정말로 소중히 여기려고 한다.**"

일론 머스크, 고마워요. 용기뿐만 아니라 이 부분에서 핵심 메시지를 전하는 데 사용할 표현까지 주셨네요.

'될 놈'을 만들고 있는지 분명히 확인하고,

제대로 만들기 전에

그 일이 내가 정말 소중히 여기는 것인지 확인하라.

앞서 배운 것처럼 '될 놈'을 찾는 일은 결코 쉽지 않다. 많은 노력과 창의성, 집요함이 필요하다. 아주 운이 좋은 경우가 아니라면 몇 번이고 테스트하고, 실패하고, 다시 처음으로 돌아가기를 되풀이해야만 우리의 시장 검증 절차를 모두 이겨낸 아이디어를 발견하게 될 것이다. 마침내 그 이기는 신제품 아이디어를 발견하게 되면 제대로 대접할 수 있게 미리 준비하라. 앞으로의 힘든 고생에 대비하라. '될 놈'을 찾아내는 것은 한 여정의 끝이자 다른 여정의 시작이다. 더 길고 힘든 여정의 시작 말이다. 그 제품을 제대로 만들고, 제대로 마케팅하고, 제대로 팔고, 제대로 서비스하는 등등을 모두 해내면서 '될 놈'인 새로운 아이디어가 발견되었을 때 반드시 등장하는 경쟁자와도 싸워야 한다.

우리가 일론 머스크만큼 큰 규모의 성공 참사에 놓일 가능성은 낮다. 그러나 장담하건대 여러분도 다양한 문제와 부작용, 즉 여러분만의 작은 참사에 대처해야 할 것이다. 그리고 여러분이 여러분의 아이디어를 정말로 소중히 여기지 않는 이상, 그런 장애물을 감당하고 결실을 볼 수 있을 만큼의 동기를 스스로에게 부여하기가 힘들 것이다. 다시 말해 어느 아이디어가 궁극적으로 성공하려면 그 아이디어가 시장에서 '될 놈'이라는 것을 아는 것만으로는 충분치 않다. 그 아이디어는 '여러분'을 위한 '될 놈'이어야 한다. 양방향으로 서로 맞아야만 한다.

어느 아이디어가 여러분에게 맞는지 어떻게 미리 알 수 있을까? 이번에도 내가 여러분에게 보장해줄 수 있는 것은 아무것도 없다. 그러나 생각랜드를 떠나서 프리토타이핑 과정을 밟는 동안 여러분은 아이디어에 대한 시장의 실제 반응뿐만 아니라 이 아이디어와 작업하는 '여러분 자신'의 반응에 관해서도 알게 될 것이다. 그리고 바로 그렇기 때문에 더더욱 프리토타이핑이 필요하다. 좀 더 자세히 설명해보자.

분명한 가설을 세우고 테스트한 다음 그 결과를 객관적으로 분석하는 것은 가장 효과적이고 효율적으로 여러분의 아이디어를 시장에 대해 검증하는 방법이다. 거기에는 결의와 함께 상당한 노력이 필요하지만 동시에 재미있고, 흥미진진하고, 관심을 끄는 요소도 있어야 한다. 아이디어를 작업하는 이른 단계에(예를 들어 프리토타이핑 실험을 고안하고, 만들어내고, 실시할 때) 약간의 재미와 흥분조차 경험하지 못한다면, 여러분이 잘못하고 있거나, 아니면 여러분이 테스트하는 아이디어와 시장이 아마도 여러분과 맞지 않는 것이다. 이는 결코 간과해서는 안 되는 사실이다. 왜냐하면 여러분이 작업하고 있는 그 아이디어가 여러분을 위한 '될 놈'이 아닐 수도 있다는 강력한 신호이기 때문이다.

프리토타이핑 과정을 즐기고 있지 못하다면 어느 시점엔가는 스스로에게 힘든 질문을 해야만 한다.

- 내가 생각랜드에서 부화시킨 이 아이디어가 '될 놈'으로 밝혀진다고 하더라도, 진짜 '내 것'이 될 것인가?
- 이런 종류의 작업, 이런 종류의 제품(혹은 서비스 혹은 사업)에 내가 잘 맞는가?
- 앞으로 몇 년간 나는 정말로 이 시장에 있기를 원하는가?

이 질문들에 고개를 끄덕일 수 없다면 해당 아이디어를 추진하는 것을 다시 한 번 고민해봐야 한다. 심지어 그게 시장에서 성공할 가능성이 높은 아이디어를 폐기하는 것을 뜻하더라도 말이다. 소중히 여기지 않는 무언가에 집요하게 매달리는 것은 좋은 일이 아니다. 조만간 (아마도 그리 멀지 않아) 여러분은 그 아이디어에 질릴 테고 더는 최선을 다하지 않을 것이다. 더 이상 제대로 만들지 않게 될 것이다. 그것은 여러분의 아이디어에게, 투자자에게, 고객에게, 여러분 자신에게 온당치 못한 처사다.

나를 포함해 많은 사람들이 식당을 열고 싶어 한다. 아내와 나는 늘 그 얘기를 한다. 생각랜드에서는 식당을 소유한다는 게 아주 멋진 일처럼 들린다. 즐겁게 홀을 설계하고, 메뉴를 만들고, 고객들과 어울리고, 돈까지 많이 벌 것만 같다. 그러나 식당 주인이라면 누구나 알고 있듯이 현실은 그와 많이 다르다. 빛나기보다는 지저분한 쪽에 가깝다. 여러분의 식당 콘셉트가 '될 놈'이라고 해도 여러분은 완벽한 스테이크 타르타르보다는 마케팅, 직원, 재료 공급, 회계 등등에 더 많은 시간을 써야 할 것이다.

아이디어를 프리토타이핑하면서 여러분은 그 아이디어가 '될 놈'인지뿐만 아니라 내가 그 아이디어를 실행하기에 딱 맞는 사람(혹은 팀)인지도 알게 될 것이다. 그리고 이것 역시 중요한 문제다. 전형적인 사례를 하나 들려주겠다.

2년 전에 나는 어느 젊은 창업가로부터 이메일 한 통을 받았다.

그의 이름을 '대럴'이라고 하자. 대럴은 혁신적이고 친환경적인 기저귀 배송 및 수거 서비스에 대한 아이디어를 갖고 있었다. 그는 나의 소책자 《프리토타이핑하라》를 읽고는 내가 설명한 두 가지 프리토타이핑 기법이 본인의 아이디어를 테스트하기에 완벽하다고 생각했다. 그는 자신이 제대로 방향을 잡은 것인지 확인하기 위해 내게 연락해서 자신의 콘셉트를 설명하고 본인의 프리토타이핑 계획에 대한 피드백을 구했다. 나는 그의 테스트를 좀더 객관적으로 만들기 위해 두어 가지 작은 수정 사항을 제안하면서 행운을 빌고 앞으로의 경과도 알려달라고 했다. 우리집 아이들은 이제 20대이기 때문에 나는 한동안 기저귀에 관한 생각을 할 일이 없었다.

몇 달 후 나는 구글의 요청으로 대형 생필품 회사의 기저귀 사업부에 가서 프리토타이핑에 관한 세미나를 열게 됐다. 세미나 준비를 하다가 대럴의 기저귀 배송 아이디어가 생각났다. 그의 프리토타이핑 실험이 어떻게 됐는지 궁금해진 나는 그에게 연락했고, 다음날 이메일이 왔다.

알베트로 선생님, 약속대로 경과를 알려드리지 못해서 죄송해요.
저는 의논드렸던 실험을 실시했고 좋은 결과를 얻었어요.
이 아이디어가 '될 놈'일 가능성이 아주 높다고 확신할 수 있을 정도였어요.

하지만 그 과정에서 저는 제가 정말로 기저귀 사업을 하고 싶지는 않다는 사실을 깨달았어요. '제 것'이 아니더라고요. 그 사업을 성공시킬 수 있겠다는, 심지어 크게 성공시킬 수 있겠다는 확신이 들었지만 작업 과정이 재미나지 않았어요. 솔직히 말하면 아주 싫었어요! 훌륭한 아이디어이고, 다른 누군가는 해야겠지만, 저는 아닌 것 같아요. 저는 기저귀에 1원어치도 관심이 없다는 걸 알았어요. 아직 아이도 없고요. 제가 한다면 오로지 돈을 위한 것일 텐데, 그걸로는 충분하지 않았어요. 제가 정말로 열정과 관심을 갖고 있는 것은 축구예요. 그래서 축구와 관련된 아이디어를 생각해내서 선생님의 기법을 써보려고요. 선생님의 시간을 낭비해서, 그리고 실망시켜드려서 죄송해요.

대럴은 내 시간을 (그리고 그의 시간도) 낭비하지 않았고, 나를 실망시키지도 않았다. 전혀 아니다. 그는 자신이 기저귀 사업에 충분히 몰두할 수 없다는 사실을 발견했다. 잘된 일이다! 그는 이 업계가 자신의 분야가 아니라는 것을 발견했고, 이는 아주 좋은 일이다.'이미 두 발을 담근 후에 깨닫는 것보다는 지금 알아차리는 것이 낫다.

프리토타이핑을 이용해서 어느 아이디어를 시장에서 테스트할 때는 그 아이디어와 시장도, 말하자면 '여러분'을 테스트한다. 그러니 어떤 아이디어의 시장 적합성에 대한 데이터를 수집할 때는 그 일이 즐거운지까지 신경을 써야 한다. 이 시장에서 이 제품을 가지고 오랫동안 작업하더라도 즐겁겠는가? 내가 생각해낸 아이디어로 사업을 운영한다는 게 생각랜드에서는 훌륭하게 들리지만, 대럴을 비롯해 식당 주인을 꿈꾸는 많은 사람들이 발견한 것처럼 현실은 전혀 다를 수도 있다.

여러분의 아이디어가 시장에만 꼭 맞는 것이 아니라 여러분에게도 꼭 맞는지 반드시 확인하라.

세상을 위한 '될 놈'인지 확인하라

이 부분을 맨 마지막까지 남겨둔 이유는 나중에 생각이 났다거나, 추신으로 쓸 내용이거나, 비교적 덜 중요하다고 생각해서가 아니다. 정반대로 이 주제를 마지막까지 아껴둔 이유는 정말 중요한 문제라고 생각했기 때문이다. 마지막으로 여러분에게 이 얘기를 꼭 해주고 싶었다.

지금까지 내가 알려준 것들은 모두 팩트와 관련되거나 실용적이고 논리적인 얘기였다. 도구와 기술, 전략을 이야기했고, 척도와 시장, 돈을 다루었으며, '테스트하고 시도하고 고치라'고 했었다. 이제 모드를 바꿔서 이야기의 차원을 한 단계 높여보자. 조금은 철학적이 되어보자. 장기적으로 여러분 자신을 위해서 그리고 세상을 위해서 말이다. 걱정하지 마라. 여러분에게 일장 연설을 늘어놓으려는 것은 아니다. 이제 여러분의 성공을 도와줄 도구와 노하우가 생겼으니, 더 크고 훌륭하고 가치 있는 아이디어를 추구할 수 있는 자신감이 생겼기를 바라는 마음에서 하는 얘기다. 모든 아이디어가 똑같이 노력할 가치가 있는 것은 아니다. 기술적으로는 '될 놈'이라고 해도 말이다.

나쁜 아이디어를 생각해내지 마라

우리가 순전히 시장 수요(즉 많은 사람이 원하고 필요로 하고 구매할 제품인가)와 시장 성공(이익률이 높은 수백만 달러짜리 분야인가)에만 기초해 '될 놈'을 정의한다면 마약과 담배를 비롯해 최근에 개발된 중독성 있는 여러 제품과 물질까지 합법적이건 불법적이건 모두 그 요건을 충족시킬 것이다.

어느 아이디어가 잘못된 '될 놈'이라는 기준은, 그러니까 시장에서는 성공하겠지만 관련된 모든 이들에게 선보다는 해악이 많은 제품이라는 기준은 대체 어디에 세워야 하는 걸까? 이것은 내가 말해줄 수 있는 문제가 아니다. 나도 분명히 내 생각을 가지고 있지만 그것은 온전히 주관적이고 편향된 것이니까. 나에게 마약은 나쁜 것이지만, 수제 맥주는 좋은 것이다(싱글 몰트 스카치위스키면 더 좋다). 여러분의 양심과 해당 지역의 법률 및 관습이 여러분의 가이드가 될 것이다. 스스로에게 물어보라. '우리 할머니는 이 아이디어를 어떻게 생각할까?' 그러면 늘 옳은 길로 갈 수 있을 것이다(단정해서 말하지 않은 것은 내가 여러분의 할머니를 모르기 때문이다).

이제 이런 도구와 지식을 손에 넣었으니 여러분은 다양한 아이디어를 탐구하고 테스트할 수단이 생긴 셈이다. 그러니 여러분 자신이나 남들을 곤경에 빠뜨릴, 위험하거나 어둡거나 불법적인 제품이나 사업에 연루될 이유가 전혀 없다. 바라건대 여러분의 아이디어가 사막 한가운데서 마약을 제조하는 일은 아니길 빈다. 나쁜 일에 연루되지 마라. 반면에 여러분의 새로운 아이디어가 맛있는 수제 맥주나 싱글 몰트 스카치위스키와 관련된 것이라면 언제든지 나에게 샘플을 보내달라.

한몫 챙기는 것 이상을 생각하라

신제품에 관한 어떤 아이디어들은 법률이나 관습을 위반하는 것도 아니고, 부도덕하거나 비윤리적인 것도 아니지만, 거기에 우리의 지식과 시간, 노력을 쏟는 것은 최선이 아닐 때가 있다. 그런 아이디어는 세상을 더 나쁜 곳으로 만들지는 않을지 몰라도 더 좋은 곳으로 만들지도 않는다. 어느 쪽으로도 큰 차이를 만들어내지 않는 것이다. 충동적으로 구매해서 한두 번 사용한 다음에 멀리 치워버리거나 잊어버리는 눈속임 같은 제품들이 바로 그렇다.

예를 들어 최초의 아이폰이 출시된 직후 시장에는 온갖 바보 같은 99센트짜리 앱이 넘쳐났다. 방귀 기계, 종이 스테이플러 시뮬레이션, 가상 담배 라이터, 가상 버튼을 몇 번이나 누를 수 있는지를 경쟁하는 '게임' 등등이었다. (솔직히 밝히자면, 나도 2008년에 그런 앱을 한 번 사본 적이 있다. 하지만 이 중 어느 것인지는 말하지 않겠다.) 한몫 챙기는 아이디어를 추구한다고 해서 근본적으로 잘못되었다고 할 수는 없다. 특히나 커리어 초창기이거나(예컨대 학자금 대출을 갚기 위해) 급히 현금이 필요하다면(예컨대 테슬라를 한 대 사려고… 농담…은 아니다…) 말이다. 하지만 휴대전화 앱을 개발할 수 있는 프로그래밍 기술을 가졌으면서 정말로 만들고 싶은 것이 고작 휴대전화(놀라운 기술적 개가다)로 방귀소리를 내는 앱인가?

비즈니스 너머를 생각하라

이 책에 나오는 대부분의 사례는 비즈니스 아이디어에 기초하고 있다. 하지만 여러분이 배운 콘셉트나 도구는 다른 영역에도 적용될 수 있고, 적용되어야만 한다. 자선사업과 같은 비영리단체, 병원, 학교, 심지어 정부도 상업적 벤처 사업 못지않게 시장 실패의 법칙에 지배된다. 사회적 기업들은 돈이 아닌 다른 기준으로 성공을 측정한다(예컨대 깨끗한 물을 접할 수 있는 사람의 비율, 말라리아 사망자 수의 감소, 풀려난 정치범의 수). 그러나 그들 역시 새로운 아이디어나 접근법이 생각했던 것만큼 혹은 희망했던 것만큼 좋은 효과를 내지 못할 가능성이 매우 높다는 문제를 겪는다. 사실 우리는 세상의 가장 심각한 문제들(기근, 예방 가능한 질병, 온갖 폭력 등)

중 다수에 대해 아직도 '될 놈'인 해결책을 간절히 찾고 있다. 실패라는 야수는 목적이 선하다고 해서 무사통과시켜주지 않는다. 그러나 우리가 배운 도구와 전략들은 선한 목적을 위해 싸우고 이기도록 도와줄 것이다.

올바른 '될 놈'을 추구하라

성공할 것임을 이미 알고 있다면 여러분은 무엇을 만들겠는가? 어떤 종류의 제품, 서비스, 책, 회사를 만들겠는가?

세상은 해결을 기다리는 심각한 문제들과 챔피언을 기다리는 의미 있는 기회로 가득하다. 나는 여러분이 이 책에서 배운 것을 통해 노하우만이 아니라 자신감과 용기를 얻어서 더 높은 곳을 바라보고, 세상에 뭔가 지속될 가치를 만들어내길 바란다. 세상을 더 좋은 곳으로 만들어줄 무언가, 가치 있는 무언가, 여러분이 시도할 만한 무언가를 만들기를 바란다.

'될 놈'인 아이디어를 찾아내 그것을 제대로 만들고, 시장 성공을 이루고, 거기서 금전적 보상을 거둬들이는 것은 기분 좋은 일이다. 하지만 여러분에게 특히 의미가 있고 세상에 도움이 되는 아이디어를 가지고 똑같은 것을 달성한다면 이루 말할 수 없이 기쁠 것이다.

나아가 어느 아이디어가 여러분에게 의미 있고 세상에도 도움이 된다면 성공 확률은 극적으로 상승한다는 사실을 알게 될 것이다. 거기에는 두 가지 이유가 있다. 첫째 여러분이 정말로 관심 갖는 문제를 해결하고 관심 갖는 시장에 이바지하려고 할 때는 첫 번째(두 번째, 세 번째 혹은 무수한) 장애물에 부딪혀도 그 아이디어를 폐기할 가능성이 훨씬 적다. 그 어떤 난관이 닥쳐도 꿋꿋이 해나가면서 극복할 수 있는 에너지와 동기가 생길 것이다.

둘째, 여러분의 제품이 세상에 가치를 가지고 도움이 되면 저항이 훨씬 적을 뿐만 아니라 예상치 못한 온갖 사람과 단체가 나타나 여러분을 도와주고 가는 길을 응원해줄 것이다. 왜냐하면 그들도 여러분의 아이디어가 성공하는 것을 보고 싶기 때문이다.

그러니 아무 아이디어에나 안주하지 마라. 올바른 '될 놈'인 아이디어를 찾아라. 유능하게 실행하면 시장에서 성공할 뿐만 아니라 여러분에게 의미 있고 세상에 도움이 될 아이디어를 찾아라. 그런 다음 최선을 다해 제대로 만들어라.

나도 여러분을 응원한다!

감사의 말

가장 먼저 스탠퍼드대학교 티나 실리그 교수에게 감사를 표하고
싶다. 티나는 오랫동안 나의 작업을 지지하고 홍보해주었을 뿐만
아니라, 더 이상 핑계대지 말고 "그냥 앉아서 그놈의 책을 좀 쓰
라"고 그 누구보다 열심히 나를 격려하고, 재촉하고, 등 떠밀었
다. 내가 차일피일 미루는 동안 티나는 두 권의 책을 출판하고 세
번째 책을 집필하기 시작했고, 그 덕분에 나는 창피함을 느끼면
서 어서 시작해야겠다는 동기를 얻었다. 티나 교수님, 교수님이
아니었으면 이 책은 아직도 저만의 생각랜드에 존재할 거예요.
정말 고마워요. 보석 같은 분이세요.

　다음으로, 나의 최초 기획서를 검토하고 나서 다른 사람들과
공유할 가치가 있는 남다른 내용이라고 나를 설득해주었던 하
퍼원(HarperOne)의 기디언 웨일(Gideon Weil)에게 감사하고 싶
다. 기디언을 비롯해 레이나 애들러(Laina Adler), 주디스 커(Judith
Curr), 킴 데이먼(Kim Dayman), 메리 듀크(Mary Duke), 에이드리
언 모건(Adrian Morgan), 앤 모루(Ann Moru), 커트니 노빌(Courtney

Nobile), 시드니 로저스(Sydney Rogers), 리사 주니거(Lisa Zuniga), 디자이너 테리 맥그래스(Terry McGrath) 등 하퍼원의 팀원들은 함께 작업하기에 환상적으로 멋진 사람들이었다. 나의 도서 에이전시 러바인 그린버그 로스턴(Levine Greenberg Rostan)과 함께 일할 수 있어 영광이었다. 짐 러바인, 그 경험 많고 현명한 품속에 나를 받아줘서 고마워요.

"한 번 영어 선생님은 영원한 영어 선생님"이라 말하는 나탈리 팬필리(Natalie Panfili)에게도 가슴에 우러나온 감사를 표하고 싶다. 팬필리는 내가 초고를 쓰는 동안 편집을 도와주고 귀중한 피드백과 제안을 제공했다. 그때는 이 책의 완성이 불가능하리만치 멀리 있는 것처럼 보였는데도 글을 써가면서 늘 나탈리에게 의지할 수 있다는 사실이 내게는 작업을 계속 해나갈 수 있는 자신감과 동기를 주었다. 책을 집필하는 것이 마라톤과 같다면(실제로 종종 그런 느낌이 든다), 나탈리는 내가 결승선까지 갈 수 있게 옆에서 함께 뛰어주는 친구와 같았다. 나탈리, 우리가 해냈어요!

두 번째로 감사를 표하고 싶은 분들은 여러 가지 방식으로 내가 이 책에 있는 내용들을 개발하고, 다듬고, 공유할 수 있게 도와주신 분들이다.

이 책에 나오는 개념과 도구들을 처음 개발하고 테스트한 것은 내가 구글에 있을 때였는데, 당시 직원 수백 명이 함께 참여하며 도움을 주었다. 안타깝게도 그분들 모두에게 감사를 표할 수

아이디어 불패의 법칙

는 없지만 특별히 언급해야 할 분들과 팀이 있다. 에릭 슈미트와 웨인 로징(Wayne Rosing)은 선마이크로시스템스에서 젊은 엔지니어였던 나를 채용하고 멘토가 되어주었을 뿐만 아니라, 나를 다시 구글 최초의 엔지니어링 책임자로 고용해 대단한 영광과 기회를 주었다. 어스 휠즐(Urs Hölzle)은 현명한 지도와 지원을 주었고, 아마존 리테일 부문 부사장으로 있는 패트릭 코플랜드는 내가 프리토타이핑으로 실험을 하기 시작했을 때 나를 챙기며 위대한 전도사이자 후원자가 되어주었다. 처음에 프리토타입 혁신팀이 되어주었던 밥 에번스(Bob Evans), C. P. 림(C. P. Lim), 스티븐 얼러(Stephen Uhler), 디나 첸(Deanna Chen)에게도 고맙다. 세실리아 워건 실바(Cecelia Wogan-Silva)는 처음으로 나와 내 작업을 구글 밖으로, 실리콘밸리 밖으로 끌고 나왔다. 구글의 최고 혁신 전도사이자 스탠퍼드대학교 부교수인 프레더릭 G. 퍼트(Frederik G. Pferdt)에게도 고맙다. 마지막으로 특별히 감사하고 싶은 팀은 구글의 경영자 정상회의 팀이다. 그들은 '될 놈'과 프리토타이핑을 공유할 수 있는 기회를 수많은 세계 최대 규모 기업들과 영향력 있는 기업들에게 주었다. 브랜디 앤드루스 미하일로프스키(Brandi Andrews Mihailovski), 얼레이나 비먼(Alaina Beeman), 크리스티나 캐럴(Christina Carroll), 앨런 이글(Alan Eagle), 마이크 엠링(Mike Emling), 매슈 허바드(Matthew Hubbard), 크리스티 레인(Kristie Lane), 미첼 마이오리노 켈리(Michele Maiorino Kelly),

제시카 미카엘리스(Jessica Michaelis), 테레사 오코넬(Theresa O'Connell), 아이번 타마리즈(Ivonne Tamariz), 크리스틴 빌라누에바(Kristin Villanueva), 제시카 웹(Jessica Webb) 모두 고맙다.

스탠퍼드대학교 경영대학원 교수 바바 시브(Baba Shiv)는 처음으로 나를 초청해 스탠퍼드에서 프리토타이핑 강의를 하게 해주었다. 깊은 감사를 표한다. 바바, 고마워요! 2011년 첫 강의 이후 나는 강의와 수업, 워크숍을 통해 수백 명의 스탠퍼드 학생들과 방문 경영자들에게 프리토타이핑을 가르치고, 코치하고, 공유하는 영광과 기쁨을 누렸다. 바바 시브와 티나 실리그 외에도 많은 스탠퍼드 교수진 및 직원들이 내게 오랫동안 가르칠 수 있는 기회와 지원을 주었다. 타니아 애비디언(Tania Abedian), 톰 바이어스(Tom Byers), 레티샤 프리토스 카바나로(Leticia Britos Cavagnaro), 척 이슬리(Chuck Eesley), 마크 그런드버그(Mark Grundberg), 맷 하비(Matt Harvey), 레이철 절코스키(Rachel Julkowski), 리타 카틸라(Riitta Katila), 하로스 카라(Harjoth Khara), 톰 코스닉(Tom Kosnik), 마이클 페냐(Michael Peña), 내브딥 사니(Navdeep Sahni), 아네 상저드(Anaïs Saint-Jude), 니키 샐가도(Nikkie Salgado), 엘리 셸(Eli Shell), 라이언 시바(Ryan Shiba), 대니얼 스투시(Danielle Steussy) 모두 감사한다.

'가르치면서 배운다'는 속담은 늘 옳다. 나는 프리토타이핑 프로젝트와 워크숍, 수업, 대화 때마다 늘 무언가 새로운 것을 배우고 기존 자료를 개선할 방법을 찾아냈다. 그러니 나의 모든 학생들에게도 큰 감사를 전한다.

2011년 나는 일주일간 시간을 내어 이 책의 프리토타입이라고 할 수 있는 《프리토타이핑하라》라는 소책자를 집필하고 편집했다. 그리고 무료 PDF 파일을 공개했다. 얼마나 많은 사람이 《프리토타이핑하라》를 읽었는지는 나도 모른다. 이후로 수년간 수없이 많은 웹사이트에서 공유되고 자원자들을 통해 10여 개 이상의 언어로 번역되었기 때문이다. 그 소책자를 좋아해주고 나에게 더 많은 도구와 사례를 가지고 '제대로 된 책을 써보라'고 촉구했던 전 세계 독자들이 보내온 수많은 이메일 덕분에 나는 이 책을 쓸 수 있는 데이터를 얻고 동기를 부여받았다. 모두에게 감사한다.

나의 학생, 동료, 독자들 중에는 내 작업에 대한 관심에서 한 발 더 나아가 프리토타이핑 도구와 기법들을 실제로 실천하고, 전파하고, 가르친 사람들이 있다. 나 혼자서는 결코 닿을 수 없었을 수많은 나라와 단체에서 이 책의 개념들이 교육되고, 연마되고, 실천될 수 있는 것은 그들 덕분이다. 더없이 소중한 이 프리토타이핑 파트너들 중에 특별히 언급할 필요가 있는 분들이 있다. 미국에 있는 제러미 클라크(Jeremy Clark), 패트릭 코플랜드, 리치 콕스(Rich Cox), 에릭 얼레샌드리니(Eric Alessandrini), 마이클 토머스(Michael Thomas), 유럽에 있는 리어나도 장랜도(Leonardo Zangrando), 팀 뱅(Tim Vang), 댄 코블리(Dan Cobley), 엘라라미 라프키(Elalami Lafkih), 호주와 아시아의 레슬리 배리(Leslie Barry)에 게 감사한다.

지난 몇 년간 나는 수많은 사람들의 경험과 지식, 도움의 혜택을 보았다. 내가 충분한 감사를 표해야 하는데 여기 미처 다 적지 못한 분들에게는 너무나 죄송한 마음이다. 그런 분들은 내가 고마운 마음이 없어서가 아니라 내 기억력이 형편없기 때문임을 알아주기 바라고 진심으로 사과드린다.

마지막으로 가족, 친구들에게 사랑과 감사의 말을 전한다. 내가 이 책을 쓸 수 있었던 것은 모두 훌륭한 아내, 딸, 아들, 부모님, 친구들의 격려와 지원 덕분이었다.

아이디어 불패의 법칙

용어 해설

그들의 데이터 : 다른 사람이, 다른 시기에, 다른 곳에서, 다른 목적을 위해 다른 방법과 필터를 사용해서 수집한 시장 데이터. 엄밀히 말하면 그들의 데이터도 데이터지만, '나만의 데이터'가 아니기 때문에 의견만큼이나 위험하고 판단을 오도할 수 있다. 그들의 데이터는 나만의 데이터를 대체할 수 없다. 그들의 데이터는 나의 아이디어를 평가하는 데 필요하지도, 충분하지도 않기 때문에 그들의 데이터를 찾느라 시간을 낭비하지 않는 것이 좋다.

긍정 오류 : 생각랜드에서는 근사하게 들리지만 유능하게 실행하고 출시해도 처참하게 실패하는 아이디어. 대부분의 시장 실패는 긍정 오류다.

나만의 데이터 : '내가' '나의' 시장 가설을 검증하기 위해 '내가' 설계하고 '나나 나의 팀원'이 직접 수집한 '내 제품' 아이디어에 대한 데이터. 이 조건을 충족시키기 위해서는 적극적 투자로부터 나온 데이터여야 한다('적극적 투자' 참조). 그들의 데이터와는 달리 나만의 데이터는 나의 아이디어를 평가하는 데 반드시 필요하고 또 충분하다.

데이터까지의 거리 : 시장 데이터를 수집하기 위해 가야 할 거리를 수치화하고 최소화할 수 있게 도와주는 지표.

데이터까지의 비용 : 시장 데이터를 수집하기 위해 드는 비용을 수치화하고 최소화할 수 있게 도와주는 지표.

데이터까지의 시간 : 시장 데이터를 수집하기 위해 걸리는 시간을 수치화하고 최소화할 수 있게 도와주는 지표.

될 놈 : 유능하게 실행할 경우 시장에서 성공할 신제품(혹은 서비스, 기업, 운동 등) 아이디어. '될 놈'은 실패라는 야수에게는 크립토나이트와 같다.

될놈척도 : 프리토타이핑 실험 결과를 시각화하여 표시해주는 도구. 어느 아이디어가 '될 놈'일 확률이 얼마나 높은지 판단하게 도와준다.

만들면 찾아오겠지 : 벤처 사업에 맞지 않는, 과도하게 낙천적이고 근거 없는 감정. '될 놈'을 만들지 않는 한 구매자는 찾아오지 않는다. 그러나 글자를 몇 개 바꾸고 물음표를 추가하면 무언가를 만들기 전에 반드시 물어봐야 할 중요한 질문을 얻을 수 있다. '만들면 찾아올까?' 이 책은 바로 이 질문에 당신이 답할 수 있게 도와준다.

범위 축소 : XYZ가설을 시공간의 범위를 좁혀서 관련 있는 더 작은 xyz가설로 도출하는 절차. xyz가설은 로컬하게, 빠르게, 저렴하게 테스트할 수 있다. 예를 들어 '하루 지난 초밥'의 xyz가설은 "적어도 20퍼센트의, 오늘 점심으로 학교 카페테리아 포장 초밥을 구매한 학생은 가격이 절반일 경우 '하루 지난 초밥'을 선택할 것이다"다. 만약 XYZ가설이 참이라면, 범위 축소를 통해 쉽게 테스트할 수 있게 도출한 xyz가설도 참일 것이다.

부정 오류 : 생각랜드에서 이리저리 치이고 조롱받았지만 유능하게 실행하고 출시할 경우 성공작이 되는 아이디어.

생각랜드 : 신제품 아이디어들이 시간을 보내는 상상 속 공간으로, 부탁했든 안 했든 각종 의견이 모여든다. 생각랜드를 방문할 때는 라스베이거스를 방문할 때처럼 짧은 것이 가장 좋다. 생각랜드에서 일어난 일은 대부분 생각랜드 밖으로 나오지 말아야 한다.

생각은 접어두고 데이터를 모으라 : 시장에서 성공 확률을 높이고 싶다면 예외 없이 내 것으로 만들고 실천해야 할 핵심 규칙. 의견에 기초해서 제품에 대한 의사결정을 내리지 마라. 시장 데이터를 기초로 결정하라. 아무 데이터, 오래된 데이터, 남들의 데이터가 아니라 '나만의 데이터'를 기초로 결정하라.

숫자로 이야기하라 : 가능할 때는 언제나 수치화하라는 뜻. 그 숫자가 처음에는 그저 경험을 바탕으로 한 추측에 불과하더라도 애매모호한 단어들보다는 유용하고 많은 것을 알려준다. 예를 들어 "우리 장치는 저렴할 거야"라고 말하지 말고, "우리 장치는 10달러의 비용이 들 거야." 혹은 "우리 장치는 경쟁사의 제품보다 40퍼센트 비용이 절감될 거야"라고 말하라.

시장 성공 : 신제품에 투자했는데 시장 결과가 기대에 부응하거나 기대를 능가하는 것.

시장 실패 : 신제품에 투자했지만 시장 결과가 기대에 미치지 못하거나 기대와 상반되는 것.

시장 실패의 법칙 : "대부분의 신제품은 시장에서 실패한다. 유능하게 실행해도 마찬가지다." 대부분의 신제품은 실패할 운명이며 아무리 유능하게 실행해도 그것을 피할 수 없다는, 변하지 않는 확고한 팩트.

시장 호응 가설 : 신제품 아이디어의 기본 가정과 표적 시장이 거기에 어떻게 호응할지에 대한 비전을 결합한 고차원적인 설명. 예를 들어 '하루 지난 초밥'의 시장 호응 가설은 다음과 같다. "건강한 음식을 먹고 싶고 초밥을 좋아하는 사람들이 초밥을 자주 먹을 수 없는 이유는 초밥의 가격이 상당히 비싸기 때문이다. 초밥을 다른 패스트푸드만큼 저렴하게 만들 수 있는 방법을 찾아낸다면, 많은 패스트푸드 애호가들이 덜 건강한 음식보다는 초밥을 선택할 것이다."

시장이 없으면 방법도 없다 : 어느 아이디어에 대해 시장의 관심이 전혀 없다면, 근사한 디자인과 놀라운 엔지니어링, 뛰어난 안정성, 불꽃놀이 같은 마케팅을 아무리 많이 쏟아부어도 아이디어는 성공할 수 없다.

시장이 있다면 방법은 있다 : 어느 제품 아이디어에 대한 시장의 관심이 충분하기만 하다면, 그 아이디어를 실현하기까지 엔지니어링상, 재무상, 법률상, 기타 어떤 장애물이 있다고 해도 보통은 그것을 극복할 방법을 찾을 수 있음을 되새겨주는 말. 어느 아이디어가 '될 놈'이면 보통은 어떤 식으로든 결국 출시된다.

실패는 옵션이 아니다 : 힘이 나게 해주긴 하지만 틀린 내용 또는 믿음이며 종종 해를 끼친다. 할리우드 영화에는 적합할지 모르나 대부분의 벤처 사업에는 맞지 않는 말이다. 아널드 슈워제네거가 나오는 액션 영화의 대사를 쓸 때만 사용할 것.

실패라는 야수 : 인정사정없고 만족을 모르는 상상 속 생물. 대부분의 신제품 아이디어를 먹어치우며, 검증 없이 신제품 아이디어를 추구한 사람들을 콱 깨물고 응징한다.

안 될 놈 : 유능하게 실행한다고 해도 시장에서 실패할 신제품(혹은 서비스, 기업, 운동 등) 아이디어. 실패라는 야수에게 먹잇감과 같다.

의견 : 어느 아이디어의 성공 여부를 전망하는 주관적이고 편향되고 종종 근거 없는 판단. '될 놈'을 찾는 여정에서 의견이란 단순히 쓸모없는 정도가 아니라, 명백히 위험하고 판단을 오도한다.

적극적 투자 : 시장이 내 아이디어에 대한 관심의 증거로 내놓은, 무언가 가치 있는 것. 적극적 투자의 가장 간단한 형태는 돈(선결제 주문, 보증금 등)이다. 하지만 누군가의 시간, 정보, 명성 등도 적극적 투자가 될 수 있다.

적극적 투자 지표 : 적극적 투자를 측정하고 수치화하는 것을 도와주는 도구. 이것이 필요한 이유는 적극적 투자라고 해서 모두 동일하지는 않기 때문이다. 예를 들어 어느 제품을 1000달러어치 선주문하는 것은 동일 제품에 대한 보증금으로 100달러를 내는 것보다는 중시되어야 한다. 또한 시간짜리 발표에 참석하기로 약속하는 것은, 예컨대 이메일 주소보다는 중시되어야 한다.

전문가 의견 : '의견' 참조.

프리토타이핑 : 여러 도구와 기법을 이용해서 신제품 아이디어에 대한 신선하고, 믿을 만하고, 관련성 있는 시장 데이터('나만의 데이터' 참조)를 최

대한 빠르고 저렴하게 수집하는 것. 프리토타이핑의 목표는 '제대로 만들기 전에 될 놈을 만들고 있는지' 확인하는 것이다.

프리토타입 : 프리토타이핑에 사용되는 구체적 물건이나 기술. 이 책에서 소개한 프리토타입의 유형으로는 미캐니컬 터크, 피노키오, 가짜 문, 외관, 유튜브, 하룻밤, 잠입자, 상표 바꾸기가 있다.

XYZ가설 : '숫자로 이야기하라'를 시장 호응 가설에 적용했을 때 얻을 수 있는 것. XYZ가설의 기본적인 형태는 '적어도 X퍼센트의 Y는 Z할 것이다' 다. 여기서 X퍼센트는 표적 시장 Y의 퍼센티지를 나타내고, Z는 그 퍼센티지의 시장이 당신의 신제품 아이디어에 어떻게 호응할지를 나타낸다. 예를 들어 '하루 지난 초밥'의 XYZ가설은 "적어도 20퍼센트의, 포장 초밥 구매자는 가격이 절반일 경우 '하루 지난 초밥'을 시도해볼 것이다"다.

xyz가설 : 범위가 더 큰 XYZ가설로부터 도출한, 쉽고 빠르게 테스트할 수 있는 작고 구체적인 가설. XYZ가설과 일관되어야 한다. 예를 들어 '하루 지난 초밥'의 xyz가설을 한 가지 생각해보면 "적어도 20퍼센트의, 오늘 점심으로 학교 카페테리아 포장 초밥을 구매한 학생은 가격이 절반일 경우 '하루 지난 초밥'을 선택할 것이다"다. 범위가 큰 XYZ가설로부터 하나 이상의 xyz가설로 가는 과정을 '범위 축소'라고 부른다.

찾아보기

야수는 아직 그곳에 있습니다.

여전히 기다리고 있습니다. 여전히 굶주린 채로.

놈은 바뀌지 않았고, 바뀔 수도 없습니다.

싸울 준비를 하세요.

저도 그럴 겁니다.

옮긴이 **이지연**

서울대학교 철학과를 졸업 후 삼성전자 기획팀, 마케팅팀에서 일했다. 현재 전문 번역가로 활동 중이다. 옮긴 책으로 《시작의 기술》, 《만들어진 진실》, 《위험한 과학책》, 《제로 투 원》, 《카피 공부》, 《파괴적 혁신》, 《기하급수 시대가 온다》, 《빅데이터가 만드는 세상》, 《리더는 마지막에 먹는다》, 《인문학 이펙트》, 《빈곤을 착취하다》, 《행복의 신화》, 《평온》, 《매달리지 않는 삶의 즐거움》, 《다크 사이드》, 《포제션》 외 다수가 있다.

아이디어 불패의 법칙

구글 최고의 혁신 전문가가 찾아낸 비즈니스 설계와 검증의 방법론

초판 1쇄   2020년 3월 30일
초판 20쇄   2024년 10월 17일

지은이 | 알베르토 사보이아
옮긴이 | 이지연

발행인 | 문태진
본부장 | 서금선
편집 2팀 | 임은선 김광연 원지연

기획편집팀 | 한성수 임선아 허문선 최지인 이준환 송은하 송현경 이은지 장서원
마케팅팀 | 김동준 이재성 박병국 문무현 김윤희 김은지 이지현 조용환 전지혜
디자인팀 | 김현철 손성규   저작권팀 | 정선주
경영지원팀 | 노강희 윤현성 정헌준 조샘 이지연 조희연 김기현
강연팀 | 장진항 조은빛 신유리 김수연 송해인

펴낸곳 | ㈜인플루엔셜
출판신고 | 2012년 5월 18일 제300-2012-1043호
주소 | (06619) 서울특별시 서초구 서초대로 398 BnK디지털타워 11층
전화 | 02)720-1034(기획편집) 02)720-1024(마케팅) 02)720-1042(강연섭외)
팩스 | 02)720-1043   전자우편 | books@influential.co.kr
홈페이지 | www.influential.co.kr

한국어판 출판권 ⓒ ㈜인플루엔셜, 2020
ISBN 979-11-89995-56-0 (03320)

• 이 책은 저작권법에 따라 보호받는 저작물이므로 무단 전재와 무단 복제를 금하며, 이 책 내용의 전부 또는 일부를 이용하려면 반드시 저작권자와 ㈜인플루엔셜의 서면 동의를 받아야 합니다.
• 잘못된 책은 구입처에서 바꿔 드립니다.
• 책값은 뒤표지에 있습니다.
• ㈜인플루엔셜은 세상에 영향력 있는 지혜를 전달하고자 합니다. 잠신한 아이니너와 원고가 있으신 분은 연락처와 함께 letter@influential.co.kr로 보내주세요. 지혜를 더하는 일에 함께하겠습니다.